愛情、革命與詩

反叛精神的俄羅斯文學巨匠
既是革命的喉舌
也是追尋愛情卻充滿矛盾的靈魂

Владимир Маяковский

馬雅可夫斯基的
愛情
悲劇

余鳳高，馮高 著

「在這世界上，我最想做的事就是追隨妳。」

這即將到來的第一次見面和隨後的相識，
揭開了一段浪漫故事的序幕，
最終卻導致了一場 20 世紀的愛情悲劇。

馬雅可夫斯基是俄羅斯著名詩人、劇作家、未來主義代表人物之一，
以其大膽的創新風格和革命性的詩作聞名，擅長用簡練而有力的語言表達對社會和政治的思考。
這樣的他，愛情路上卻屢遭打擊，至人生最後，依舊得不到他「理想中的愛」。

目 錄

一、任性的大小姐 ──
　莉麗婭　　　　　　　　　　　　　　　　　　　005

二、未來主義詩人 ──
　我們從高聳入雲的摩天大廈上，
　看他們多麼渺小！　　　　　　　　　　　　　　027

三、受挫的愛情 ──
　她像是麗莎・喬宮多，「已經讓人偷走了。」　　049

四、ЛЮБЛЮ ──
　不間斷的愛、反覆的愛和持續的愛　　　　　　　073

五、戰爭歲月 ──
　有妳在場，輪船都不敢冒煙了！　　　　　　　　095

六、逃離彼得格勒 ──
　大地是我們的，天空是我們的！　　　　　　　　115

七、「宗教劇」和「羅斯塔」──
　那個冬天，瘦削而又嚴峻，
　掩埋了所有永遠走入夢境的人　　　　　　　　　135

目錄

八、愛情「協議」──
　　暫時分開兩個月　　　　　　　　　　　　　　　153

九、《關於這個》──
　　對莉麗婭・勃里克表現愛情的詩　　　　　　　175

十、美國之旅前後──
　　他就像蘇維埃俄羅斯本身一樣質樸而偉大　　　193

十一、娜塔莎──
　　你為什麼不說你愛我呢？　　　　　　　　　　215

十二、塔基亞娜──
　　反正有一天我要帶走妳──
　　把妳一人，或和巴黎一起　　　　　　　　　　231

十三、最後一根稻草──
　　維羅妮卡是他最後的愛　　　　　　　　　　　249

十四、「事情已經了結」──
　　愛的小舟在生活的暗礁上撞碎。　　　　　　　267

後記　　　　　　　　　　　　　　　　　　　　　287

一、任性的大小姐 —— 莉麗婭

一、任性的大小姐——
莉麗婭

　　莫斯科郊區的塞爾普霍夫斯基縣，離莫斯科－庫爾斯克鐵路上的洛帕斯尼站大約 15 公里處，最初有一個屬於一位小領主的梅里霍沃莊園，後來由於主人經營不善，土地荒蕪，被作為產業出賣。1892 年，作家安東·契訶夫在這裡買下一塊地，在灌木林深處建起一座低低的木房子，還修建了遊廊、花圃，甚至一片富有詩意的小湖，清潔而幽靜，極具典型俄羅斯式憂傷、沉鬱的色調。又過了一些時間，來的人多了，這塊土地漸漸擴大，形成一個小鎮，附近又增加了新別墅。

　　1915 年 7 月的一個黃昏，有三個人坐在這座別墅前的院子裡聊天：卡岡姐妹，還有一位她們家的親密朋友，這年 26 歲、在銀行裡工作的列夫·阿歷克山大洛維奇·格林克魯格（Лев Александрович Гринкруг）。他們知道還要來一個人，於是都坐著，但並沒有專意在等他來，相反，心裡倒有點不太歡迎。這人是妹妹認識不久的一位朋友，與姐姐，嚴格說還未曾相見過面。只是這即將到來的第一次見面和隨後的相識，揭開了一段浪漫故事的序幕，最終卻導致了一場 20 世紀的愛情悲劇。

　　卡岡姐妹的父親尤利·阿列克山大洛維奇·卡岡（Юрий Александрович Каган）是一個猶太人，1865 年生於立陶宛一個小村莊。立陶宛，北連今日的拉脫維亞，東南與白俄羅斯接壤，西南和俄羅斯和波蘭為鄰。從 14 世紀起，一兩百年來，當時的立陶宛大公國都是東歐的一個獨立強國。只是到了 16 世紀下半葉，由於在與莫斯科大公國發生戰爭時資源不足，不得不向波蘭求援，致使於 1569 年與波蘭聯合成為統一的波蘭共和國。18 世紀，波蘭領土三次被俄國、普魯士、奧地利瓜分，致使波蘭共和國在 1795 年從歐洲的地圖上消失。這樣一來，原先生活在東歐，包括立陶宛在內的猶太人，大約有 100 萬之多，也就被劃進俄國領土的境內了。

　　猶太是一個長期遭受苦難的民族。

《聖經‧新約》的「四福音書」記載，耶穌被門徒之一的加略人猶大出賣，遭猶太教大祭司的差役拘捕，以「謀叛羅馬」罪被送交給羅馬駐猶太總督本丟‧彼拉多，最後在審訊中，以「猶太人的王」之罪被判極刑。本來，「彼拉多想要釋放耶穌。無奈猶太人喊著說，你若釋放這個人，就不是該撒的忠臣。」並且不斷喊叫要「除掉他，釘他在十字架上。……於是，彼拉多將耶穌交給他們去釘十字架。」《聖經》將耶穌的死歸罪於猶太人造成的，彼拉多則是被迫才不得不這樣做。另外，《新約‧啟示錄》還寫到，耶穌曾對他最信賴的使徒之一約翰說：「……那些自稱是猶太人……其實他們不是猶太人，乃是撒旦一會的人」。這些記載都指認猶太人是一手造成主耶穌死的罪魁禍首，是一些與魔鬼撒旦聯盟的民族。

其實，西元前1200年至西元前100年猶太人用希伯來文寫的「舊約」《聖經》，與基督教後來新增上的「新約」《聖經》，內容是不完全相同，有的還是很不相同。對猶太人的這種描述，全然是由於基督教和猶太教兩個教派之間發生爭執而產生的偏見形成的。但是，《聖經》作為基督教的經典，是人類歷史上最有影響的一部書，《聖經》裡的記述和論述，在很多讀者，尤其是基督教徒看來，都是曾經出現過的歷史事實和必須嚴加恪守的宗教規範。因此，根據《聖經》，猶太人是「反基督者」或「敵基督者」，猶太人與魔鬼聯盟的觀念，在基督教世界就深入人心，被認定是牢不可破的真理，影響所至，千百年來，幾乎整個西方社會都對猶太人抱有無比仇視的態度，以致造成一次次的反猶事件。猶太民族於西元586年被巴比倫人所征服，淪為「巴比倫的囚徒」；中世紀，猶太人又一次次遭受宗教迫害；甚至到了近代，猶太人仍然為各國的主體民族所不容。原來居住在東古巴勒斯坦的猶太人於是開始逃亡，從14世紀起向東方漂流，穿越歐洲時，最初受基督徒的僱用，讓他們發揮智慧幫助理財；到了18世紀之後，就被趕進限制猶太人活動範圍的「柵欄區」。

一、任性的大小姐──
莉麗婭

當然,對猶太人的態度,也有相對比較寬鬆的時期。例如,在德國,1782 年到 1848 年這段時間,至少有一百多個猶太富翁得到「賜封」的貴族稱號,躋身於統治者行列;進入 20 世紀,威瑪共和國成立後,民主憲法取消了公民在血統和宗教上的區別和限制。

尤利·卡岡原先也是由遵從猶太教的父母教匯出來的,但他是一個被異教「同化」了的猶太人。

猶太人一般都信仰猶太教。正統的猶太教徒,在宗教觀念、社會體制以及文化形態甚至生活習俗方面都有非常嚴格的規定,不但每日禮拜,定得使用傳統的禱文和禮儀,平日必須經常研讀律法書,嚴守安息日和宗教節日,連個人的起居方式都有規範,如在會堂,不但實行男女分座,甚至每一個動作,像睜眼、欠身、起坐、穿衣、起立、洗臉、洗手、行走、繫鞋帶、束頭巾時,都要祈禱。對這一套,許多有思想、高智慧的人,都難免覺得有些過於苛求。

可以想像,尤利·卡岡對這些不會感到興趣,並能嚴格遵守。於是在他離開家庭,學習了法律,成為一名律師之後,就放棄了正統的猶太教,在莫斯科的斯帕科－戈里尼雪夫(Спасо-Глинщевский)定居下來,後來又遷居到市中心的一處時髦地段馬洛賽伊卡(Маросейки)巷。他主要的業務是為音樂家簽訂合約,還負責奧地利使館的法律事務,大概是使館的法律顧問,幫助他們解決涉及有關猶太人問題的法律程序,同時也接待來自奧地利的舞臺演員、體操運動員、巡迴表演藝術家、穿奇裝異服的夜總會歌星等人與業主發生糾紛時的諮商。此外,他有很多時間還花在與猶太人在莫斯科居留的一些問題上。據說他從來沒有受僱於異教徒,為他們出庭辯護案例。當時俄國的知識分子可以分為西歐派和傳統斯拉夫派兩派,斯拉夫派的種族意識十分強烈,一心排擠外來者,對猶太人自然更不在話下,因而必然會將猶太人推向左傾。尤利歷來做事

比較謹慎，雖然游離於傳統斯拉夫派，可能也只是一個穩健的自由主義者，所以，實際上他是一個為異教同化了的進步猶太人的代表人物。

尤利的妻子，葉連娜·尤利耶芙娜·別爾曼（Елена Юльевна Берман），生於里加，也出生猶太人家庭。葉連娜極富音樂才華，她曾修畢莫斯科音樂學院的課程，只因要在考試的前夕出嫁，才未能取得文憑；她還曾師從俄國作曲家亞歷山大·柯列恰尼洛夫學習作曲，並有一張莫斯科交響樂團鋼琴家的執照。雖然葉連娜從來沒有參加過職業性的演出，卻經常跟其他音樂家一起在自己家舉行音樂晚會。卡岡的家，正如他們的女兒說的，是一個「音樂之家」：房間裡擺放著兩架大鋼琴，牆上掛滿了俄國鋼琴家彼得·柴可夫斯基（Pyotr Ilich Tchaikovsky）、德國音樂大師理察·華格納（Wilhelm Richard Wagner）、德國鋼琴家費利克斯·孟德爾頌（Felix Mendelssohn）和德國作曲家賈科莫·梅耶貝爾（Giacomo Meyerbeer）等人的畫像或浮雕。主婦大多都是在全家人就寢之後，關起門來悄悄彈奏羅伯特·舒曼（Robert Alexander Schumann）、柴可夫斯基（Chaykovskiy）、克勞德·德布西（Achille-Claude Debussy）等著名鋼琴家的作品。這位女鋼琴家對音樂是那麼的摯愛，簡直到了虔誠的地步，以致每次總是懷著伊斯蘭教徒去朝覲聖地麥加似的心情，去德國中部巴伐利亞州的城市、華格納旅居和匈牙利鋼琴家法朗茲·李斯特葬身之地拜羅伊特（Bayreuth）參加每年都要舉行的音樂節。葉連娜還寫詩和作曲，她不但為自己用德文寫成的詩配曲，也為德國詩人的作品配曲，還為俄國詩人瓦列里·布留索夫（Valery Bryusov）的詩歌配曲。與丈夫一樣，葉連娜也是一個被同化了的無神論者，當然也不是基督教徒。

這是一個與那些沒有文化底子的窮苦猶太人根本不同的知識分子家庭，舒適、幸福而又富有教養。尤利·卡岡在法律事務上的收入相當可觀，這保證了他們全家擁有寬敞的住宅，有好幾個僕人，暑假還能外出

一、任性的大小姐——
莉麗婭

旅遊；孩子們物質享受優越，晚上在低低的動聽的音樂聲中入睡，家庭裡洋溢著濃重的文化氣氛。但父母對生於1891年10月30日的頭一個女兒莉麗婭（Лиля）是過於寵愛了，只知道無微不至地關懷她、照顧她，聽憑她要什麼都滿足她，結果養成她的嬌氣和任性，想怎樣就怎樣，想要什麼就不能沒有什麼，對她無比遷就。一次她當著客人的面說了使對方難堪的話語，父母也沒有什麼表示。最後，這位大小姐甚至在她還很年輕的時候，就覺得自己理應擁有別人所沒有的特權。在莉麗婭兩歲那年，母親第二次懷孕。一天，女兒把一條菜梗塞進了她的喉嚨，使她幾乎窒息而死，導致她不久以後流了產。直到1896年再次懷孕，生下了女兒愛爾莎（Эльза）。

尤利和葉連娜都講一口流利的德語，使莉麗婭在父母身邊很方便地在俄語之外學會了德語作為她的第二語言。她的家庭教師達西小姐原來還想教她法語，作為她的第一外國語，但是莉麗婭太忙於自己喜愛的事了，沒時間去學那麼多東西，而且對一直教她的鋼琴也不喜歡，沒有大進步。鋼琴可是上層人家的子女參與社交所不可或缺的啊，別的還能說什麼呢。莉麗婭無疑十分聰明，就是不肯努力，在學校裡，她只對數學感興趣，曾因數學成績優異，得過一枚金獎章。畢業後，大約有一年時間，她完全被數學迷住了，她專心研究數學，至從德國訂購數學書籍來學習。但是到了1911年，她對數學的興趣就大為減退了，覺得最吸引她的是藝術，於是進了莫斯科建築學院學習雕塑和繪畫。她的確是認真做出這個決定的，她還懇求父親允許她去德國慕尼黑，進當時比較好的一所以施瓦格爾（Schwagerle）命名的私人創作室學習雕塑。她在那裡也是學得最好的幾個學生之一。後來，一次她的父母去慕尼黑看她時，見她的手因為雕塑時被黏土磨損得又紅又粗糙，大吃一驚，心疼極了。父親說：「妳的手原來可是多麼的漂亮啊！」他們又是說服又是強迫，要她回

家。莉麗婭為父母的愛所感動，孝順地接受了他們的意見，學了一年之後，她便離開了這個雕塑工作室。

莉麗婭在十多歲的時候就已經長得比她母親高了，雖然她從來沒有長成為一個高挑的女子。到了成熟年齡後，她高高的白皙的前額，大大的褐赭色的眼睛，勻稱有力的顎和秀美的嘴，以及繁密華美的棕紅色頭髮，使她顯得異常的漂亮，加上她喜歡穿一身淺色布料、做工精巧的服裝，戴一頂平頂草帽，一雙長手套，帶一把纖巧的摺疊傘，極富風度，十分招人喜愛。

莉麗婭確實很早就引起男孩子們的興趣了。莉麗婭自己也喜歡引人注意，所以她很早就有男朋友。不過，實際上，她並不主動刻意去交男性朋友，她與男孩子們的見面和相識，大多都是偶然的，她也並不真正投入感情，而是像鬧著玩似的。一次，她和兩個喜歡他的男孩子一起去劇院看戲，全場演出中，她都坐在他們兩人中間，雖然帶了皮手套，雙手卻沒有放進手籠裡。幕間休息時，她只是默默地垂著眼簾，任憑兩個男孩子把手伸進她的手籠握住對方的手，兩個人都以為自己緊緊握住的是她的手。只是到了1905年她14歲那年，莉麗婭真的愛上了一個男人：奧西普‧馬克西莫維奇‧勃里克（Осип Максимович Брик）。

奧西普‧勃里克生於1888年1月16日，比莉麗婭大四歲。他個子不高，身體看起來非常瘦弱，近視眼鏡後邊是一張學者的敏感的臉。

011

一、任性的大小姐──
莉麗婭

大學時代的奧西普‧勃里克

1905年一開始就發生了「流血的星期天」事件。這年的第三個星期天，1月22日，十萬名聖彼得堡工人冒著風雪，請願遊行向皇上要求公道和保護，遭到沙皇政府的鎮壓，死傷四五千人。第二天，布爾什維克發出《告人民書》，號召工人「武裝起來！」許多地方爆發了抗議沙皇暴行的大罷工。到了秋天，革命之風席捲全國，也刮進了莉麗婭的校園，許多學生都深受影響，主張波蘭自治，醞釀革命，組織政治經濟學學習小組。這年，莉麗婭剛升到五年級，也跟在大家的後面，和她的同學，奧西普的妹妹薇拉她們時常在家裡或學校裡聚會，一致推選奧西普為學習小組的領導人。奧西普原來在另一個學校讀八年級，已經像是一個革命者了，不久前還因參加革命宣傳被學校開除，到秋天才重新被接受入學。莉麗婭和奧西普就是這樣認識並在接觸中增進友誼的。看到他們的關係，一次在一起學習時，等奧西普發過言之後，薇拉不知是否故意地，這樣問莉麗婭：「妳喜歡我哥哥嗎？」莉麗婭不確定她這話的含義，就只是謹慎地回答：「我很喜歡他的演說。」聖誕節，莉麗婭過了14歲生日之後近兩個月的一天，勃里克家邀請莉麗婭去他們家參加一個交際

性的派對。對莉麗婭來說,這無疑是向她發出的一個訊號。

這完全可以理解。

勃里克和卡岡兩個家庭很有些相似之處。

勃里克家也是猶太人,與莉麗婭的父母同屬一個階層,雖然要比卡岡家更富有一些。奧西普的父親馬克西姆·帕夫洛維奇（Максим Павлович）是一位成功的跨國大古董商和大珠寶商,他特別熱衷於作黑珊瑚營業,經常去義大利收購來,再往中亞細亞和西伯利亞等地銷售。奧西普的母親也像莉麗婭的母親一樣,是一個受過教育的女子,能說好幾國語言。她是俄國著名作家、社會哲學家、回憶錄《往事與隨想》的作者亞歷山大·赫爾岑（Aleksandr Ivanovich Gertsen）作品的崇拜者,她平日也很慫恿兒子對社會主義感興趣。

奧西普一家,1906年

聖誕節的派對結束後,奧西普叫來出租馬車送莉麗婭回家。一當兩人上了車、單獨相處之後,奧西普就把莉麗婭抱住,問她:「您不覺得我們之間存在超過友誼的感情嗎?」莉麗婭當時年紀還輕,對奧西普所暗示的「感情」——愛情,缺乏現實感,所以她覺得似乎還沒有體驗到這

一、任性的大小姐——
　　　莉麗婭

　　種情感，只是對他所提的這個問題，倒是感到一點興趣。等過了幾個月之後，莉麗婭就意識到，自己一定已經愛上奧西普了，而且漸漸地對愛情產生迫切感。

　　1906年夏天，卡岡全家都去德國萊茵河畔氣候溫和的礦泉療養地黑林山度假。莉麗婭把她們所在的地址寄給奧西普。她這樣做的心意是不難想到的：希望奧西普能夠來看她，至少也該來封傾吐感情的信。誰知一直等不到奧西普回音。起初她猜想，也許是他沒有接到她的信。於是她寫了第二封，又寫了第三封。最後，終日等待的信總算來了。出於莉麗婭意料的是，奧西普不但沒有直接說出她所期望的心裡話，相反還隱隱約約地表達了這樣一個意思：即他奧西普犯了一個錯誤，事實上，他並不像他自己原來想像的那樣愛她；他還在信中告訴她，說他永遠不會結婚，他要把他的一生獻給革命。莉麗婭絕望了。她是習慣於從來不知克制的，可是現在，她的情緒往哪裡發洩呢？於是，在極度的痛苦壓抑中，她臉容憔悴，甚至頭髮都開始有些脫落了。這種情結使她發展成為顏面神經痙攣的疾患。

　　炎熱的夏天過去了，莉麗婭在這年秋天回到莫斯科。她沒有見到奧西普。過了幾個月，慢慢地她也就不再想他了。在此期間，她遇到並結識了另外一些年輕人，其中有一個是頗有天賦的作曲家，是她母親的朋友，已經結婚。莉麗婭與他的交往最後發展成為一樁曖昧事件，結局鬧得很不愉快。在這之後，16、17歲時，她繼續結交男朋友，跟她一起的這些仰慕者，對於她，動機彷彿都非常明確：他們一個個都希望跟她結婚。為了平息感情的起伏和生活的孤獨，莉麗婭對每個求婚者都不明確地拒絕，而與他們保持若即若離的關係。可是命運像是在跟她開玩笑，她每次接受一位男性的求婚，隨後都會在街上或劇院裡碰到奧西普，而她對奧西普畢竟還是有感情的，於是她就不得不一次次對那些男性毀約。

莉麗婭是這樣，奧西普實際上也沒有忘記莉麗婭。此前那段時間裡，他是因為大學裡的功課太忙，才顧不上跟她接觸。到了1911年底，莉麗婭剛從慕尼黑學習雕塑回來，他又在莫斯科找到了她。那段時間，莉麗婭正與一位非常英俊又非常富有的年輕人談戀愛。這天，她剛好跟這個年輕人一起上藝術劇院看戲。奧西普得知莉麗婭在莫斯科，就往她家裡打電話，莉麗婭母親把她的去處告訴了他。奧西普家離莫斯科劇院很近，他就直接往劇院跑。他沒有買票，在那裡等到幕間休息，才找到了她。任性的莉麗婭很快就與奧西普商定在第二天再正式見面，把那個熱戀中的男孩丟在一邊。

第二天，這兩個重新恢復關係的男女在旅館租了一個單人間。那年，莉麗婭已有20歲，這個年齡是可以被允許進入單人房間的。兩個人在一起的時候，奧西普以愛稱稱呼她，深情地對她說：「莉麗婭奇卡，嫁給我吧。」上次的事，當時雖然使莉麗婭深感痛苦，後來隨著時間的過去，莉麗婭對奧西普的情感也就慢慢開始冷卻下來了，因此，儘管奧西普提出這樣的要求，她也並不感到激動，所以她對他的答覆是不確定的。不過奧西普表示：「那麼，莉麗婭奇卡，讓我們嘗試嘗試我們的感情進展吧。」猶豫不定中，莉麗婭回答說：「那麼好吧。」誰都聽得出來，她這樣的回答，表明在她的內心實際上是已經答應了。

奧西普因為父親的商業事務去了西伯利亞。這邊，奧西普的母親就開始兒子和莉麗婭的婚禮做準備。他們在今日高爾基大街附近的一個黃金地段租了一間公寓住宅，他父親則從一家熟悉的德國人的公司訂購結婚禮服和亞麻製品。未來的新婚夫婦一邊透過信件傾吐他們狂熱的情感，同時也不時有爭吵，不時又和解，最後於1912年3月26日在卡岡家舉行婚禮。雙方的父母都很滿意，因為這對新人同意莉麗婭父親的一位拉比朋友進卡岡的住宅，按照傳統在挑篷下面為他們舉行猶太教的結

一、任性的大小姐——
莉麗婭

婚儀式。莉麗婭對拉比說，希望儀式盡可能簡單一些，參加婚禮的也只是直系親屬。這可能使拉比不太滿意，以致在婚禮結束後，拉比冷冷地說，但願這不至於對兩位年輕人有什麼不好的影響；而且在婚禮上，拉比在講話中提到，說他們的婚禮從來沒有正式登記過，使新婚夫婦總覺得有幾分鐘抬不起頭。不過莉麗婭的母親是非常滿意的，她很高興，她說，其他的一切都算不了什麼，最重要的是她始終記得婚禮上女兒的牙齒，因為女兒在婚禮上是那麼的愉快，儘管那件做工考究、裁剪貼身的結婚禮服使她的臉全被一層薄紗罩住了，母親還是清晰地看到她因不時歡笑露出的潔白的牙齒。禮儀結束後，莉麗婭和奧西普來到他們的新居，見到母親在他們婚床旁的桌子上放好一大把鮮花，還有兩瓶香檳酒。

莉麗婭和奧西普結婚，左是愛爾莎

莉麗婭和奧西普的婚姻，最初是相當美滿的。他們生活過得非常愉快。莉麗婭父親帶去一筆三萬盧布的鉅額嫁妝給女兒，保證了他們有足夠的錢做任何他們想做的事。莉麗婭是一個愛享受的女性；奧西普雖然信仰馬克思主義，卻不是一個清教徒，絕不拒絕過新婚夫婦時髦、奢侈的生活。他們用一萬盧布來裝修房子和添置家具，另外的兩萬盧布就花在他們過國王般的日子上了。

他們夜裡的經常節目是上劇院去看戲，星期天一般都是去賽馬場，當然，他們也常要去他們喜歡的各處地方旅遊；他們甚至租來昂貴的汽車。他們決心不生孩子，因為責任過於重大，又得花去很多精力，且要犧牲兩人的玩樂和享受。

一次，勃里克夫婦由詩人康斯坦丁·里普斯卡洛夫陪同，去烏茲別克旅行。這個地方在19世紀被俄國吞併之前，還是一個「汗國」，直到十月革命都還有「後宮」的宮女存在；另外還留有不少舊時的風俗，如婦女們走在街上，臉上都戴面罩。莉麗婭曾去拜訪一位原在後宮服務的女子，那女子對莉麗婭這個外地女人怎麼穿這樣的裙子，感到非常驚訝。莉麗婭他們又去逛那裡的集市，買當地特有的葡萄和烙餅吃。他們非常喜歡那個地方，甚至設想以後要去那裡住幾年，過這種獨特的生活。當然，這個計畫沒有實現，因為三萬盧布在第一年就被他們花光了，不得不自謀經濟收入。

到了1914年，經朋友、大劇院的一位男高音歌唱家介紹，奧西普進了駐在彼得格勒的軍需汽車隊工作，於是奧西普和莉麗婭兩人把家遷到那裡，暫時把家具都留在莫斯科。

一、任性的大小姐——
莉麗婭

莉麗婭 1914 年 23 歲生日

這正是第一次世界大戰的第一年，俄國與德國、奧地利在東線展開幾次激烈的戰鬥，後方對前線的軍需自然就吃緊了。奧西普感到他的工作又累又枯燥，得把他全部的精力都投放進去，非常不高興。莉麗婭覺得，他不妨拖下去。誰知上司明目張膽地蓄意要把猶太人送上戰場，說猶太人不屬於汽車隊的成員。於是，所有的猶太人都被命令在 24 小時內集中，作為應徵的新兵，先是被遣送到一個選定的村莊，然後被當作懲戒性的兵力開赴前線。

莉麗婭哭了。她跟丈夫說，他必須反抗，他不能允許自己像囚犯似地受軍方押送，叫他去那裡就乖乖地跟著去那裡；她威脅說，如果他真的跟著人家一起去，她就不再是他的妻子，而且她還會永遠忘掉他。對於莉麗婭的這要求和警告，奧西普盡了一切力量，也只能做到一部分。他設法讓自己住進醫院，在此期間，其他的猶太人都被押送去了一個小村莊。等到奧西普出院之後，上司覺得，已經不值得花費人力、物力，

專程派遣兩名衛兵去遣送他這麼一名猶太新兵了。起初，奧西普還穿著一套軍裝，待在彼得格勒的公寓裡，使人看起來彷彿是等著去前線的樣子；後來，他就大膽地穿上普通民服上街了。在戰爭的混亂狀態中，人們實際上已經完全把他忘記了。

彼得格勒原名聖彼得堡，是一個以彼得大帝的名字命名的城市。

俄國沙皇彼得大帝一世是俄國最偉大的政治家和改革家，他在位的時期是俄國歷史上最輝煌的一頁。彼得大帝深感俄國的落後，祕密出國旅行，考察西歐的經濟、文化、科學和技術，回國後力主改革，興辦工廠，發展貿易。為了「打開一個瞭望歐洲的窗口」，他於1703年在流入芬蘭灣涅瓦河三角洲的兔子島上建立了彼得保羅要塞，隨後擴建為城，稱聖彼得堡，1712年定為俄國的新首都。1914年改為彼得格勒，布爾什維克革命勝利後又改為列寧格勒，1991恢復聖彼得堡原名。

聖彼得堡是最輝煌壯麗和最優美和諧的歐洲城市之一。當年，俄國偉大詩人亞歷山大·普希金曾這樣歌頌這個偉大的城市：

……我愛你啊，彼得的創造，／我愛你端莊整齊的容顏、／涅瓦河浩浩蕩蕩的激流、／它那大理石砌成的兩岸，我愛你圍牆上鐵鑄的花紋、／你那深沉靜寂的夜晚、／無月的光亮、透明的薄暗……我愛你那嚴酷的冬天裡／凝然不動的空氣和嚴寒，寬廣的涅瓦河上飛馳的雪橇，／比玫瑰豔麗的少女的臉蛋，／舞會上的豪華、喧鬧和細語，／還有單身漢熱鬧的歡宴，／那冒泡的酒杯的噝噝的響聲／和潘趣酒燒起的藍色火焰。／我愛你瑪斯校場上那種／威武雄壯生氣勃勃的場面……我愛你啊，這軍事的都城……展現出你全部的美吧，彼得的城！（馮春譯詩）……

雖然改為彼得格勒，面貌仍然依舊，它的一切都與莫斯科不同。莫斯科一年裡差不多有一半時間都積著皚皚白雪，天氣陰暗寒冷；這裡的

一、任性的大小姐──
莉麗婭

冬季雖然也冷，但要比莫斯科好，夏日更是氣候溫和。莫斯科到處是教堂、宮殿、鐘樓、大廈，這裡是一條條的運河，一座座的橋梁，和更多的掩映在針葉林中或建造在美麗的海灘和沙丘上的別墅和旅遊點，被稱為「北方的威尼斯」；好像這裡的天空和空氣也都與莫斯科不一樣。但是一向喜歡刺激的莉麗婭對彼得格勒沒有新奇感，沒有什麼興趣，因為初來這裡，跟任何人都不相識，使她經常都覺得非常的寂寞甚至氣悶。她感到實在是無處可走，後來就上毗連冬宮的宮廷博物館「埃爾米塔日博物館」去參觀，然後沿著涅瓦大街一帶回家，一路上觀賞商店的櫥窗布置。但仍舊感到無聊，夜裡都得等到很遲才得以入睡。儘管這年，她因父親患了癌症，得經常去莫斯科看望父母和她的妹妹愛爾莎，她仍覺得日子過得很慢，沒有滋味，也缺乏刺激。她是一個渴求刺激的女人。

不久，刺激倒是真的來了。

奧西普在彼得格勒有一位遠親，是個非常有錢的男人。一次，他的妻子邀請莉麗婭陪她去皇村遊覽。建於18世紀初的皇村，外形宏偉莊嚴、富麗堂皇，內部雕刻裝飾異彩紛呈，是歷代沙皇的行宮；大詩人普希金曾在這裡的一所培養貴族的公立中學「皇村學校」就讀。莉麗婭以前從未來過這裡，現在有當地人陪同，自然十分樂意。

去皇村的火車已經滿座，他們只好去擠汽車，坐在一個角落裡。在她的正對面，莉麗婭注意到有個非常奇特的人，不時要眼睛掃過來瞟她一眼。這人穿一件絨質面料的長外衣，以顏色鮮豔的絲綢作襯裡，是神職人員穿的長袍；漂亮反領海狸皮帽子，高高的長筒靴，手杖上飾有一塊昂貴的雕球；鬍子和指甲都很髒。莉麗婭被他奇麗的服裝迷惑住了，便也長時間地盯住他看，以致他也勇於正面地看她了。莉麗婭見他藍色的眼睛非常明亮，並帶有一種快意。這人見莉麗婭在看他，就把臉縮在大鬍子裡，並抽起鼻子來。這就招得莉麗婭笑了。可是這麼一來，那人

便以他豐富的情場經驗跟莉麗婭說起輕佻的話來，隨後兩人也就相互開始調情了。

　　本來，像這類事，在旅途中是時有發生的，一般的，下車之後，也就各奔西東、互相忘卻，除非兩人有第二次的見面，關係才可能有進一步的發展。可是，遊覽過皇村之後，莉麗婭和親戚在等待開回彼得格勒的火車時，在車站的月臺上，又碰到這個奇特的人。這次，他與莉麗婭一直談了長長的時間，並邀請她可以隨時去看他。本來，這往往也是說過就忘的話語，可莉麗婭的親戚告訴她：「這人就是拉斯普廷。」這個名字引起莉麗婭的興趣。

　　格里高利・葉菲莫維奇・拉斯普廷（Григорь Ефимович Распутин, 1869-1916）原是西伯利亞波克洛夫斯科耶村的一個盜馬賊的兒子，後來自己也成了盜馬賊，因為生性淫蕩，當地人就賜給他一個姓，叫「Распутин」（拉斯普廷）。「распутин」一詞來源於「распутный」（淫佚放蕩）或「распутник」（淫棍），從此，這個姓也就一直沒有離開過他。

　　拉斯普廷有一對十分明亮的與眾不同的藍眼睛，不少人據此認為他是一個具有特異心靈的人。詩人安娜・阿赫瑪托娃（Анна Ахматова）也曾在火車上見到過拉斯普廷，後來回憶說這傢伙當時就以「一對像是有穿透力的催眠的眼睛看她」。長期的流浪生活使拉斯普廷磨練出機敏狡詐的個性和堅毅不拔的意志力。他下定決心，機械地背熟了《聖經》中的一些章節和某些宗教箴言，又曾去希臘的阿陀斯山和巴勒斯坦的耶路撒冷等聖地朝聖，隨後，便穿起一套神職人員的服裝，回到波克洛夫斯科耶村給人治病，使一些缺乏科學知識的農民被他所迷惑，特別是那些虔誠於宗教的村姑農婦投入他的懷抱，受他欺騙，贏得了相當的信譽。一次在流浪中，拉斯普廷遇到一位信仰虔誠而又天真純潔的年輕教士。這位教士很輕信拉斯普廷對宗教的真誠，於是把他介紹給了費奧凡主教；費奧

一、任性的大小姐──
莉麗婭

凡主教也被他騙住了，於1903年將他帶到彼得堡；在彼得堡，拉斯普廷以篤信宗教的俄國朝聖教徒的面目出現，朦騙了很多人，傳到皇宮，給皇后留下了非常強烈的印象。

沙皇尼古拉二世的妻子、皇后亞歷山德拉・費奧多羅芙娜患有神經系統方面的疾病，對那些所謂先知、預言家的「通靈法力」、「招魂降神」以及其他種種巫術之類，都非常熱衷。現在，羅曼諾夫王朝唯一的繼承人阿列克謝患有血友病，這是一種因先天缺乏某種凝血因子而引起的遺傳性出血性疾病。孩子從小就症狀明顯，皇帝和皇后正在為他的病情發愁，現在得知「先知」拉斯普廷的消息，便萌發了出現奇蹟的期望。因此，當費奧凡主教將他介紹給尼古拉・尼古拉耶維奇大公爵夫人阿納斯塔西婭・切爾諾高爾斯卡婭，這位大公爵夫人和她的公爵丈夫又把他介紹給亞歷山德拉皇后時，皇后便把他當成為救他的皇室繼承人的最後一個希望，使這個被稱作「神痴」、「聖人」的拉斯普廷終於在1905年被召進入皇宮。入宮後，拉斯普廷透過催眠和巫術，使阿列克謝進入睡眠狀態來減輕他的病痛，並使孩子養成聽他的話，和在無盡的夜間聽他講笑話和說故事的習慣，甚至只要他一走進臥室，病孩便馬上停止哼哼呻吟或鳴暗哭泣，從而獲得皇后的特別尊重，把他看成是上帝的代言人，認為是上天賦予他「崇高的睿智、對人的了解以及預見一切事件的能力」。拉斯普廷在皇宮裡裝出一副虔誠的宗教信徒的模樣，但一出宮門，便恢復他原來的浪蕩本性，誘騙了不少情婦，還企圖誘姦許多婦女，成為當時轟動一時的大新聞。於是，拉斯普廷在全俄國也就無人不知、無人不曉了，直到1916年12月29日夜，他因被懷疑是德國人的間諜而被兩名貴族密謀殺死。

拉斯普廷也算是名人了，自然會引起莉麗婭的興趣，何況傳說與他進行肉體接觸能淨化靈魂和治療疾病，是多麼的神祕。回到家後，莉麗

婭就把自己這次與他的邂逅告訴了奧西普，並為自己能夠受邀去拜訪這位名人而興奮不已。當然，她說得也是有限度的，如有關與他肉體接觸能淨化靈魂和治療疾病這一點，就沒有向丈夫坦露。不過奧西普顯然已經看出她的心跡了。他拒絕與她一起去看望拉斯普廷，他表示，他奇怪，她怎麼會對這再一次的見面竟那麼的感興趣。莉麗婭嘆了一口氣：叫她說什麼呢？在隨後的兩三天時間裡，看到街道上的每一個人，只要是有一對藍色的、清澈明亮的眼睛，莉麗婭便都覺得像是拉斯普廷。

莉麗婭算了一下，差不多有一年時間，奧西普跟她都沒有過像一個男人跟他的妻子那樣的生活了。平時，奧西普因為自己是一個逃兵，終日擔心受怕，因而無法入睡，一直都與妻子分床；在汽車隊裡，他又因為工作太忙，一回到家裡，便覺得疲憊不堪，除了睡覺，什麼也不想了。這樣，他們的肉體關係就逐漸趨於結束。雖然在彼得格勒，莉麗婭對別的男人也時有輕佻的舉止，但她解釋說，輕佻不等於就是有風流韻事，她聲稱，她是真心愛奧西普的，只是他們的婚姻已經不再能夠使她感到滿意了。而在奧西普，在過了一年這種不像夫妻的生活之後，自然也不會感到滿意，又加上覺得莉麗婭對討論政治理論絲毫沒有興趣，於是就把感情轉到他的表妹伊莎多爾·羅歇身上，說是要與她建立理性的交往；雖然這兩個人之間的關係受到外界的壓力，還是產生了深厚的情誼。莉麗婭痛苦了，嫉妒心折磨著她，使她重新出現面神經痙攣。

那個年代，在俄國一批熱衷於馬克思主義的知識分子中間，正流行著一個關於純潔的婚姻和愛情的時髦話題，車爾尼雪夫斯基的小說《怎麼辦？》(*Что Делать?*)裡的主角成了這些人仿效的模楷。

窮教士的兒子尼古拉·加夫里諾維奇·車爾尼雪夫斯基 (Nikolay Chernyshevsky, 1828-1889) 是一個激進的新聞記者和作家，他追隨著名的文學批評家維薩里昂·別林斯基 (Vissarion Belinsky)，為進步雜誌《現代

一、任性的大小姐——
莉麗婭

人》撰稿,寫了不少貫串著革命民主主義精神的論著,同時還參加了實際的革命活動,因而曾於1862年被捕。在獄中,車爾尼雪夫斯基寫出了他這部著名的長篇小說《怎麼辦?》。

從藝術上看,《怎麼辦?》算不上是一部值得稱道的作品,但由於小說具有道德上的巨大意義,使它非常出名,吸引了很多讀者。

《怎麼辦?》裡所宣揚的道德,看起來彷彿非常純潔、非常高尚,實際上卻是非常冷漠的,甚至可以說帶有一種禁慾主義的成分,例如它把普羅霍夫「看他所愛慕的女孩時眼光是那麼純潔,做兄弟的也未必都能用同樣的眼光看自己的姐妹」,作為值得讚美和仿效的作風來加以描述。《怎麼辦?》所讚頌的愛情自由是旨戀愛的自由、情感的真誠和個性的獨立自主,這種愛情自由的概念與西方的道德觀是截然不同的。在西方,所謂「愛情自由」,指的首先是性的關係,認為愛情完全是個人之間的事情,不涉及社會。車爾尼雪夫斯基的「愛情自由」,首先強調尊重愛情的價值。這種價值觀認為,男女之間的關係,即使經過教會和法律獲得了神聖化,但如果缺少愛情,他們的結合也是不道德的。《怎麼辦?》裡的男女主角德米特里·謝爾格伊奇·洛普霍夫和韋拉·帕夫洛夫娜就都是按照婚前這樣的「約法三章」來過他們的夫妻生活的:

第一,我們要有兩間房,你一間,我一間,還有第三間,我們用來喝茶、吃飯和會客,客人是來看我們兩個,不是看你一個人活著我一個人的。第二,我不得進你的房間,以免叫你厭煩。……你也不得我的房裡。……第三,我無權盤問你,我親愛的。如果你願意或者需要對我說說你的事情,你可以自動對我說。在我這方面也同樣。這就是約法三章。……(蔣路譯文)

後來,薇拉愛上了她丈夫的一位朋友。知此內情的普羅霍夫便假裝自殺,然後祕密出國,目的是為了使人們相信他已經不在人世,並使薇

拉也能輕而易舉地取得丈夫去世的證明，與她所愛的人結婚。一段時間之後，普羅霍夫又化名回國，與薇拉的女友結婚。從這之後，這兩個家庭始終保持著友好的關係。——這就是車爾尼雪夫斯基理想中的解決自由愛情的模式。

《怎麼辦？》在當時俄國的知識分子中間非常流行，著名的女革命家亞歷克山德拉‧柯倫泰（1872-1952）就受到它很大的影響，十月革命後，她在1920年任黨的婦女工作部部長，積極提倡自由戀愛、簡化結婚和離婚手續，消除對私生子的社會和法律歧視。甚至蘇聯社會主義共和國的締造者弗拉迪米爾‧列寧都很稱頌這部書，說作者是馬克思之前最有才能、最了不起的社會主義的代表。車爾尼雪夫斯基的這部書不但吸引過列寧的積極參加革命的哥哥，列寧甚至說，「也很吸引我」，「使我這整個的人來了一次深刻的轉變」。那時俄國的許多知識分子主張，婚姻伴侶不是對方的所有物，每個人都可以盡可能過自己認為自由的生活；他們激烈抨擊對於愛情、婚姻、性方面的「過分關心」，認為這種「關心」不但不是非馬克思主義的，而且是反社會的；主張人類的一切關係都應該是理性的，有組織、有系統的，在愛情和婚姻上，不應該多考慮生理方面的要求，等等。

奧西普‧勃里克也是這些讚賞《怎麼辦？》的知識分子中間的一個。他除了對莉麗婭所表現出的「愛情自由」表現得毫不在乎甚至漠不關心外，他還以這一理論來為自己的事辯護。他說，他與伊莎多爾之間完全是一種新的關係，他們這樣做，是要改革婚姻制度，將婚姻制度革命化。

像是要對勃里克的理論親身做一次實際的嘗試，一次閒逛時，遇到兩個來自莫斯科上流社會的年輕人，便和他們一起去了輕歌劇院，後來又一起在餐廳用餐，喝了很多酒，隨後又去彼得堡。第二天早晨醒來

一、任性的大小姐——
莉麗婭

時,她「發現自己躺在一張大床上,房間的天花板上都是鏡子,地上鋪滿地毯,窗簾是捲著的 —— 原來,她在一家出了名的幽會場所過了一夜。她匆忙趕回家,把這一切都告訴了奧西普。奧西普平靜地說:『她應該去洗個澡,然後把這一切都忘掉。』」奧西普這種毫不在乎的態度使莉麗婭感到十分懊惱,尤其是他竟然消極地接受或者說是預設了她這一明顯的背叛行為,清楚地表明了,他對她已經完全沒有感情,他們兩人的肉體關係也已經徹底完結。以後一連幾個星期裡,莉麗婭都繼續她的風流韻事,希望引起勃里克的嫉妒。但是勃里克始終沒有反應。接著,因為莉麗婭並非真的喜歡那個男人,於是她就猝然終止了與那人的關係。幾個月後,勃里克夫婦見到和認識了一個特殊人物,他就是卡岡姐妹在馬拉霍沃別墅等待的,那個命中注定要與莉麗婭發生一場可歌可泣的悲喜劇的男人。

二、未來主義詩人 ——
我們從高聳入雲的摩天大廈上，
看他們多麼渺小！

二、未來主義詩人──
我們從高聳入雲的摩天大廈上，看他們多麼渺小！

　　起初是遠處一點點閃爍在菸頭上的微弱的火光，隨後就聽到一位男子的聲音，最後出現在馬拉霍沃夫這座圓木房子的院子裡的，便是這位男子本人了。

　　他迫切地要來找愛爾莎，在莉麗婭和格林克魯格看來自然都覺得未免過於唐突，但愛爾莎顯然並不這樣看。於是，她便隨他一起離開，立刻就消失在院子前附近的林木叢中了。一會兒後，天下起了雨，卻不見他們回來，讓做姐姐的感到有點焦急，但也只好耐心地等下去。這樣，過了大約一個多小時，兩人終於回來了，愛爾莎的肩上還披著這個男子為她擋雨的外套。

　　莉麗婭一直在焦急地等他們，倒不是擔心這兩個年輕人會做出什麼魯莽的不正當行為，而是顧忌此事如果讓母親知道了，是會非常生氣的，因為對馬雅可夫斯基這位浪漫人物，人們一直有很多議論。母親倒也不是出於勢利，嫌棄馬雅可夫斯基的家境窮困，看不起他，因而厭棄他。她是擔心這個未來派詩人蓄意放蕩不羈的反社會行為，對自己的愛女可能會產生什麼壞的影響。莉麗婭這個做姐姐的則是要分擔母親的憂慮。出於這種心理，她以前就曾跟妹妹交代過，讓她警惕這位性格古怪的詩人，表示過她對他不賞識的態度。

　　馬雅可夫斯基不論從家庭出身或是生活經歷，都與莉麗婭、愛爾莎完全不一樣。

　　喬治亞是位於亞洲西南部高加索地區黑海沿岸的一個省城，南部與土耳其、亞美尼亞、阿塞爾拜疆接壤。這是一個十分古老的地域，西元前屬羅馬帝國，後來一直遭阿拉伯哈里發以及蒙古人、土耳其人和波斯人的統治，最後於19世紀被俄國所兼併。由於第一次世界大戰和俄國布爾什維克的革命，1912-1921年間，這裡是一個先是受彼得格勒統治的外高加索，再後來是一個獨立的喬治亞。1921年2月，蘇聯紅軍建立起一

個蘇維埃政權，即外高加索蘇維埃社會主義聯邦共和國。喬治亞居民除了將土語喬治亞語，大多都通曉俄語。

庫塔伊西瀕臨里奧尼河，是喬治亞中西部的一個城市，也是省名。它歷史悠久，曾為幾個王國的都城，有11和12世紀的大教堂、隱修院等名勝古蹟。俄國占領後，被立為省會。

庫塔伊西省的巴格達吉是一個只有200來戶人家的偏僻小山村，弗拉迪米爾‧弗拉基米洛維奇‧馬雅可夫斯基1893年7月19日在這裡出生的時候，做林務官的父親，以及他的妻子和兩個女兒，還住在位於山腳下一處圓木建成的三間簡陋的小屋裡。此地，周圍樹木繁茂，掩映在一片花圃、果林和葡萄園中間，環境非常幽美，空氣異常清新。但這裡是一個極少有人往來的地段，沒有近鄰，也沒有學校、教師和醫生。弗拉迪米爾——瓦洛佳（馬雅可夫斯基的愛稱）的姐姐柳德米拉上學去讀書，須得走一段很遠的路去梯弗里斯。這裡夜間還能聽到一群群豺狼在林間出沒，對著他們的房門嚎叫。1899年，在馬雅可夫斯基6歲的時候，他家遷進附近一處古代要塞遺跡領地的一間磚房。

馬雅可夫斯基最先是從他的母親或者兩位姐姐那裡接受他啟蒙的文化教育的。7歲那年，他想起要自己進學校去念書了，全家也都同意他的要求。不過學校裡的算術，他學起來覺得非常困難。馬雅可夫斯基後來解釋說，當時覺得算術好像是不真實的，在他看來，這種算術，根本就沒有什麼道理，不過他也沒有辦法，只得慢慢地學。另外，可能是同時使用兩種語言的關係：學校裡教課用的是俄語，全家人在家裡說的也是俄語，生活在喬治亞的小村子裡，他平時跟周圍的人卻不得不說喬治亞語。這種混亂的狀況，給他的學習增加了難度，使他學得很棘手。為了有利他的學習，母親最後送他去庫塔伊西，在那裡向一個脾氣急躁的地主租了幾間房子。這個地主，見少年馬雅可夫斯基在他打光的地板上

二、未來主義詩人——
我們從高聳入雲的摩天大廈上,看他們多麼渺小!

走路,就對他大聲吼叫:「你為什麼老要在地板上走來走去?你沒看到地毯嗎?這裡可不是森林!」後來雖然離開了老家,語言混亂的後遺症還有很長一段時間為他帶來麻煩。

1902年5月,馬雅可夫斯基終於準備去考庫塔伊西中學的高級預備班了。這次考試,在回答神父的問題時,由於他將古代斯拉夫語裡的「眼睛」這個詞,聽成了喬治亞語中讀音相近的「三磅」,差點沒有被錄取。此事為馬雅可夫斯基留下的印象很深,以致後來他在自傳《我自己》中把此事對他的影響大大地渲染了一番,說它使他「對一切古代的東西,一切教會的東西,以及一切斯拉夫的東西,一下子全都痛恨起來。我的未來主義、我的無神論和我的國際主義可能就是由此而產生的。」考試的最後一天,馬雅可夫斯基發了高燒,被診斷為傷寒,病了好幾個月。在他康復之後,醫生勸他,以後可再也不能喝沒有燒開的水了。醫生的這個警告,深深地印進了他的心裡,從此,他想到畢生都該注意清潔衛生。

馬雅可夫斯基的家也算得上是一個知識分子家庭。如今雖然沒落了,他們的祖上可隸屬於貴族階層,有的是作家,有的是團隊的首領、部隊的大尉;他的父母年輕時也都喜愛詩歌,母親對詩歌甚至非常著迷。他們「像所有的俄羅斯知識分子家庭一樣,有晚間朗讀和討論所讀內容的習慣。」傳記作家阿·米哈伊洛夫說,馬雅可夫斯基「一開始就囫圇吞棗地讀了不少書」;「讀過格列布·烏斯賓斯基的農村特寫、高爾基、庫普林、綏拉菲莫維奇、薩爾蒂科夫-謝德林、列斯科夫、高爾申和母親所喜愛的契訶夫的作品。瓦洛佳是這一活動必不可少的參加者,他醉心於果戈里的小說,許多內容都記熟了……」米哈伊洛夫特別提到,他「對(英國作家)馬因·里德、(美國作家)費尼莫爾·庫珀的驚險作品很著迷」,「十一歲就開始醉心於海涅的詩歌和十九世紀古典作家的作品」。

馬雅可夫斯基12歲時，他的在工藝學校讀書的姐姐回家度暑假時，從莫斯科帶來一些禁書和傳單。他很高興地讀了起來，並說「很喜歡，因為這是冒險的」。受了這些地下印刷品的影響，他跟隨鄉村裡的革命者，參加了示威遊行和群眾大會，並幼稚地以所謂「畫家的眼光」，機械地以顏色來判斷和分辨人的階層，認定穿黑色的是無政府主義者，穿紅色的是社會革命黨，穿藍色的則是社會民主黨，穿其他顏色的是聯邦黨，等等。大約也是從這個時候起，他開始閱讀作家馬克西姆·高爾基（Maxim Gorky）和革命家卡爾·馬克思（Karl Marx）的書。

第二年，即1906年2月，馬雅可夫斯基的家突然發生了變故：父親在裝訂公文的時候，被針扎傷了手指。那時，俄國的醫學仍然處在初始階段。雖然數十年前，法國的路易·巴斯德就發明了消毒病菌的方法，而且在歐洲一步步被應用。但這裡的醫生毫無所知。結果，他父親因為感染引發了敗血症，於1906年2月29日去世，成了血液中毒的犧牲品。父親的死，增強了馬雅可夫斯基對病菌和衛生的認知和重視。

但是父親一死，家庭的小康生活也就結束了。撫卹金少得可憐，每月僅有10盧布，後來經母親去林務司要求，提高到50盧布，也解決不了這個人口眾多家庭的困難，而只好變賣家具來餬口。絕望中，他家向一位朋友借來200盧布，得以於1906年8月1日遷居莫斯科。在莫斯科，他們既無親戚也無朋友可以依靠，更沒有希望能找到工作，全家只好在馬雅可夫斯基13歲生日後不久搬進一個空蕩蕩的房子裡的。可是在城市裡生活，什麼都要花錢去買，他們的收入卻那麼的少。於是，他們只好把房子讓出一部分來出租，兩個姐姐則以民間手工藝來裝飾木箱和復活節彩蛋來換取微博的收入，由馬雅可夫斯基幫助上釉，再在他每天去學校之前送到市場上去出售。

從小就過著窮苦不幸的生活，失去父親後，被迫離開鄉土，來到茫

二、未來主義詩人——
我們從高聳入雲的摩天大廈上，看他們多麼渺小！

無邊際的大城市，更是孤獨無援。這些都使馬雅可夫斯基比較容易接受馬克思主義。於是，到了1908年，他15歲那年，在接觸了他母親的房客，多數是馬克思主義者的思想之後，他加入了布爾什維克社會民主黨。此時，因為繳不起學費，他又被學校開除。

不久，在索柯爾尼克森林裡召開的一次黨代會上，馬雅可夫斯基被吸納為黨委會成員。一次，在與地下黨的領導成員聯繫時，馬雅可夫斯基被捕，警察從他身上搜出76份地下報紙《工人旗幟報》、4份《士兵報》，還有70份題為《資本的新進攻》的宣言。只是考慮他年齡太小，在關了兩個星期之後，便釋放了他，但仍然懷疑他是個重要人物，以致隨後有好幾個月，都有人在祕密監視他。1909年1月18日，因在他房內查出一支手槍，馬雅可夫斯基再次被捕，但也因年齡關係被釋放。差不多半年之後，7月2日，馬雅可夫斯基去援助一個被投入莫斯科監獄的囚犯的妻子，落入了警察的圈套，第三次被捕。雖然他寫了假資料，申訴了似是而非的理由，但因為有前科，結果被判有罪。

在獄中，馬雅可夫斯基不肯遵守獄規：他以戲弄警察、嘲笑他們的命令來反抗當局，還要求允許他去看望別的囚犯。有一次他去了廁所之後，連續半小時不回牢房，並向衛兵大喊大叫，引得別的犯人也起來騷動，還自稱是其他囚犯的代表。作為懲罰，他被轉移到莫斯科荒涼的中央流刑監獄，即布特爾基監獄103號單人牢房，一直關到1909年的年底。從此，他一輩子痛恨「103」這個數字，他被關牢房的號碼。

布特爾基監獄是一個頗有名氣的監獄。著名作家伊利亞·愛倫堡（Ilya Ehrenburg）年輕時也曾被監禁在這裡的一個單人囚室。愛倫堡說，監獄既是一個「像動物園裡的籠子似的大牢籠」，同時，「一般說來，監獄是個好學校，只要沒有鞭撻，沒有拷問，只要你知道監禁你的是敵人，而志同道合這正滿懷友情地懷念著你。」他認定，「在我的概念裡，監獄是

一個人成熟的畢業證書」。（馮南江、秦順新譯文）對馬雅可夫斯基來說，監獄也確實是一個「好學校」。

馬雅可夫斯基不願意白白放過在監獄裡的學習機會，就開始讀喬治‧拜倫、威廉‧莎士比亞和列夫‧托爾斯泰等人的作品，還在整本練習簿上寫滿了自己創作的詩句。後來，他母親去了首都彼得堡，要求釋放她的兒子。又是年齡幫了他的忙，母親的要求得到了滿足：1910年1月9日將他釋放，「交父母負責監視」，但禁止他外出，實際上他仍舊受著警察的監視。

監獄的生活條件嚴重損傷了馬雅可夫斯基的健康。在莫斯科暗探局的檔案裡，存放著一張有關馬雅可夫斯基的資料卡片，從貼在卡片上的年輕馬雅可夫斯基的照片看，他形體消瘦，使兩隻耳朵看起來顯得格外的大，而穿在身上的那件外套，從狹窄的肩膀上拖下來，直拖到膝蓋以下，也顯得特別的長。儘管被緊閉的嘴遮住看不見，實際上，他的牙齒已經完全壞了，像一粒粒棕黑色的菸蒂。他臉孔的表情，似乎有點恐懼的模樣，雖然他的眼睛發出挑釁的光，他的嘴仍舊是害怕地緊閉著。這一切都讓人想到馬雅可夫斯基苦難的童年和牢獄對他肉體和精神上的摧殘。據記載，在當時，監獄裡的醫生也曾檢查過馬雅可夫斯基的身體，發現他脈搏很快，每分鐘跳到多達108下，心臟也擴大了，而且病勢還在發展。因此，當他被釋放回來以後，他是多麼的高興啊！他姐姐還記得他回家的那天夜裡洗手時，他不顧兩手沾滿肥皂沫迫不及待地擁抱全家人的情景，說是現在他又可以和她們在一起生活了，多麼幸福啊！他沒有厚實的冬大衣，原來的那件已經交當鋪裡當掉了，可是，當他看到有朋友來看望他時，竟也不顧自己穿的是一件薄薄的學生服，便衝進寒冬的夜幕裡去迎接他們，向他們問好。

馬雅可夫斯基從入獄時與黨的關係中斷了之後，就沒有、甚至在布

二、未來主義詩人——
我們從高聳入雲的摩天大廈上，看他們多麼渺小！

爾什維克於1917年10月奪取政權之後都沒有再重新加入這個黨。沙皇的警察大概以為他們對他的關押起到了警示效果，因此在以後的幾個月裡，可能就沒有再監視他了。實際情況是，在布特爾基的那段似乎沒有盡頭的日子裡，馬雅可夫斯基想到，如果他再像以前那樣將全部時間和全副精力都完全投入革命，他就不可能學習，除了終身寫傳單，發表一些從那些正確的、但不是經過自己深思熟慮的書本上引來的意見。如果所讀過的東西一旦通通丟掉，還會剩下什麼呢？於是他決心學習，而停止做黨的這類工作。又由於覺得他以前寫詩的努力已經失敗，所以他從這時候開始便轉向於藝術。

馬雅可夫斯基先是在朱可夫斯基藝術學院學習畫寫生，學了四個月，覺得所學的東西太過傳統，便轉至現實主義藝術家彼得．凱林的工作室「畫人頭」，得到凱林的指導，於1911年夏，他18歲那年考入莫斯科繪畫、雕刻、建築學校。馬雅可夫斯基感到非常滿足，留起了小鬍子，穿上黑色的學生裝，這樣，看起來，他與班上其他的人就沒有什麼兩樣了。

愛他的母親還在市場上為他準備了存款，每個月，他可以花費十個盧布歸在她的帳戶上。不過馬雅可夫斯基也很節儉，從家裡到市場雖然比較遠，他都是步行去那裡，以節省車費；他買來廉價的臘腸，把它切成一小片一小片，這樣就可以不至於一次吃光，而在吃過一次之後等下一次出門之前餓了再吃：定額是早餐、晚餐吃半寸的寬度，中餐則多些，吃一寸的寬度。在學校讀了一段時間後，他發現學校當局所喜愛的都是一些平庸的模仿之作，看不慣有獨立思考的作品。而他自己，他覺得就是一個從本能上會遭學校另眼看待的人，因此心裡對學校感到極度的不滿，已經不再有大興趣了。正好，這時候冒出了一個使他獲得獨立的機會。

1912年的一天晚上，馬雅可夫斯基去貴族俱樂部參加謝爾蓋·拉赫曼尼諾夫(Sergei Rachmaninoff)的音樂會。拉赫曼尼諾夫今天是被公認為20世紀最著名的俄國鋼琴家和指揮家了，就在當時，他也已經顯露出異常的才華。那次，他演奏的作品是他從19世紀瑞士畫家阿諾德·勃克林(Arnold Böcklin, 1827-1901)的寓意神祕的作品《死亡島》(Die Toteninsel)吸取靈感而創作的同名交響樂，而且整個演奏都貫串著這位音樂家所堅持的19世紀的風格。這自然會使心底裡就對傳統抱有反感的馬雅可夫斯基感到「忍無可忍」。於是，坐了不一會兒，他就立起身，離開了音樂廳。在門口，他碰見同校的一位同學布林柳克。

　　大衛·布林柳克(David Burliuk, 1882-1967)平日裡一般都身穿大禮服，手拿長柄眼鏡，態度傲慢，像一個紈褲子弟，在學校時曾受到馬雅可夫斯基的嘲笑，兩人發生過對抗，有一次甚至幾乎打了起來。此刻相遇，寒暄中，馬雅可夫斯基才知道，布林柳克也是因討厭這場音樂會，失望而離開的，於是兩人就開始友好地交談起來了。他們從拉赫曼尼諾夫的無聊談到學校的無聊，從學校的無聊談到一切古典作品的無聊，最後，兩人不但成為一對親密的朋友，而且從此，馬雅可夫斯基開始走上一條改變他生活的創作之路，他自己甚至形容說：「俄國的未來主義便由此而產生了」。他滿懷深心地認為未來主義是一種促進「藝術中舊事物」趨於滅亡的力量。

　　大衛·布林柳克來自與與馬雅可夫斯基完全不同的家庭背景，比馬雅可夫斯基差不多大十歲。布林柳克的父親是一個莊園主，也有說是一位貴族領地的管家，擁有一幢有十幾個房間之多的樓房，還有涼臺、花房、池塘、運動場和所有一切的生活設施，使他們全家一直來都過著舒適的資產階級生活。優越的經濟條件使布林柳克與他的兩個兄弟和兩個姐妹歡喜想學什麼就可以學什麼。大衛在此之前是學習藝術，已經去過

二、未來主義詩人——
我們從高聳入雲的摩天大廈上，看他們多麼渺小！

德國兩年、去過法國一年，後來又再上了莫斯科藝術學校。馬雅可夫斯基要讀點書卻是如此的艱難。布林柳克和他的兄弟弗拉迪米爾、尼古拉三人都投身於先鋒派的藝術運動，他自己還是慕尼黑 1911 至 1912 年由名畫家瓦西里·康丁斯基（Wassily Kandinsky）創立的、對現代藝術、特別是抽象藝術產生過重大影響的「青騎士」展覽會的參展者之一。布林柳克已經達到這樣的造詣，還仍舊從一處到另一處，繪畫、寫作，從事他所熱衷的組織工作，物色和提攜那些他看中後與他有交往的天才人物。

或許是因為布林柳克本身有一種不安定的情緒，使他對自己的作品總是感到非常的不滿意。雖然布林柳克參與了早期的先鋒派的活動，而且與不少俄國重要的新潮藝術家，像從事印象派抽象設計而聞名俄國的舞臺設計師、先鋒派的創始人之一米哈伊爾·菲奧多羅維奇·拉里奧諾夫（Mikhail Fyodorovich Larionov），出生於貴族家庭、光線派的創始人、熱衷於立體主義和未來主義的女畫家、雕塑家、舞臺設計師娜塔莉婭·岡察洛娃等，都交往非常密切。布林柳克幾乎受過現代繪畫藝術中的每一個流派的影響，卻從未形成自己獨立的風格，他的作品也都是嘗試性的，風格散亂而不確定。但是在覺得自己毫無作為的馬雅可夫斯基看來，布林柳克卻是一個富有自信的成功的藝術家的典型。

在馬雅可夫斯基與布林柳克這樣見過面之後，一次，他們兩人漫步在莫斯科幽暗的街道上，馬雅可夫斯基向布林柳克朗誦了他自己寫的一首詩，實際上是詩的幾個片段。他故意說是他的一個朋友寫的。布林柳克聽後，突然停住腳步，站立了下來，很認真地將他上下打量了一番，大聲叫了起來：「這是你自己寫的！你可真是一個天才詩人啊！」

本來，缺乏自信的馬雅可夫斯基原以為自己的詩根本毫無價值、不值一提，現在受到如此的推崇和誇耀，還對他使用了「天才詩人」這麼個堂皇的不恰當的形容詞，他自然感到非常高興，受到極大的激勵。於是

從此刻起,他又振作了起來,重新又全部都被迷在詩裡了。同時,布林柳克因為從他父親那裡弄到一筆錢,也就毫不猶豫地樂意支持他認為有價值的事:他每天供給馬雅可夫斯基50戈比零用錢,讓這位他心目中富有前途的窮詩人在創作時不至於為生計而發愁。

第二天,熱情的布林柳克又把馬雅可夫斯基介紹給他的一位朋友,說:「啊,你不認識嗎?這是我的天才的朋友,著名詩人馬雅可夫斯基。」他不斷鼓勵馬雅可夫斯基,說:「現在寫吧。不然,你就要叫我處於最愚蠢的地步了。」這樣一來,馬雅可夫斯基也就「不得不寫」了。「於是」,他在《我自己》中說,便「寫了第一首詩(第一首職業的、發表出來的詩)──『紅色的和白色的』等等」。他這所謂「紅色的和白色的」是指他寫於1912年的《夜》,《夜》的第一段是這樣的4行:「紅色的和白色的被丟擲去,揉成一團,/一把把威尼斯金幣向綠色的投來,/而給那飛掠過的窗戶的黑色手掌/分發著一張張閃閃的黃色紙牌。」

馬雅可夫斯基深深懷念布林柳克,說他的確是他的一位「絕妙的朋友」,是他把他造就成為一個詩人,並始終「懷著始終不渝的敬愛想起他」。

很快,馬雅可夫斯基就進入到了布林柳克這個作家藝術家的圈子裡了。這個圈子原來的成員包括年輕的詩人和它的先驅領導人瓦西里·卡緬斯基和卡緬斯基帶進來的極其古怪的天才詩人維列米爾·赫列勃尼可夫。卡緬斯基是雜誌《春》的編輯,曾經在1908年發表過一首關於赫列勃尼可夫的詩,這是在俄國出現的最早的未來主義先鋒派作品。一向對新思想懷有直覺敏感的布林柳克立即作出反應,在1910年春見到馬雅可夫斯基前,出版了一部收有他朋友的繪畫和詩歌的作品集《為鑑賞家設的陷阱》。這部文集的文字都印在糊牆紙的背面上,然後裝訂成書,以這種顯示低廉的東西來對抗當時那些昂貴的出版品。大概是因為裝幀沒有

二、未來主義詩人——
我們從高聳入雲的摩天大廈上，看他們多麼渺小！

特色，引不起讀者的注意，加上那些寫詩、作畫的窮藝術家又付不起出版的費用，以致原來印好的三四百冊書，只有 20 冊出廠上市，所以此書一般不為人們所知曉，更談不上產生什麼影響了。

馬雅可夫斯基加入的這個未來主義的小圈子是當時俄國作家藝術家中的眾多團體之一，這些團體試圖追隨十年前最初出現在義大利文學界，隨後像空氣一樣，對俄國、法國和全歐洲的音樂、繪畫、戲劇、雕塑、建築、舞蹈、電影、攝影甚至服裝、時尚、生活方式都產生深刻影響的一種新的文藝浪潮。

未來主義意識形態的創始人是義大利籍的法國小說家和戲劇家菲利普·托馬佐·馬里內蒂（Filippo Tommaso Marinetti,1876-1944）。

馬里內蒂

馬里內蒂生於埃及，父親是在亞歷山大港開設事務所的一位義大利律師。馬里內蒂從最初在亞歷山大港一所耶穌會學校讀書時起，就對法國文學產生偏愛，隨後前往巴黎準備文學學士考試，廣泛接觸了法

國現代派的文學作品,並開始文學創作,以致後來被人稱為「半個義大利人、半個法國人」。19世紀初開始,馬里內蒂奔波於全國各地,舉行集會,發表演說,朗誦維克多・雨果、夏爾・波特萊爾(Charles Baudelaire)、斯特凡・馬拉美(Stéphane Mallarmé)、亞杜・韓波(Arthur Rimbaud)和埃米爾・維爾哈倫(Émile Verhaeren)等人的詩篇,大力宣傳法國浪漫主義、尤其是象徵主義的詩歌,並很快就進入米蘭文化界,在一家義大利文和法文雜誌工作,結交了幾位著名作家。1909年2月20日,他起草了《未來主義的創立和宣言》,在巴黎的《費加洛報》上發表,創造出「未來主義」這樣一個名詞,宣告未來主義流派的誕生。第二年,他又與人一起來往於各大城市,組織集會、遊行,張貼宣傳品,舉行未來主義晚會,鼓吹未來主義。1911年,馬里內蒂發表了《未來主義第二號政治宣言》。此後,他先後或是單獨或是與人共同發表未來主義的「文學技巧宣言」、「戲劇宣言」、「舞蹈宣言」、「政治綱領」和相關的文章,甚至《義大利未來黨宣言》。他的思想很快在義大利為人所接受。

馬里內蒂的「未來主義者」,主張同舊的傳統文化決裂,追求文學藝術內容和形式的革新;在創作方法上,他們強調直覺,提倡以「自由不羈的字句」為基礎,運用一系列類比、感應乃至凌亂的想像,來表現詩人朦朧、奧祕的感受;他們的詩作,有人說,可以算是刺耳的放蕩主義。這些詩人還喜歡把他們的能量消耗在寫作過分華麗的宣言和穿著奇異可笑的服裝上。這一切的背後當然也有明確的目標,雖然這目標非常混亂,不受理性與邏輯的指導。

馬里內蒂曾於1914年1-2月來俄國訪問,在莫斯科和聖彼得堡舉行報告會,發表以《自由的美學的社會》為題的講演,宣傳他的未來主義。布林柳克和他的朋友們起初稱馬里內蒂他們為「未來人」,不過各個媒體還是管他們叫「未來派」;又因為未來主義與反傳統的立體主義有些相

二、未來主義詩人──
我們從高聳入雲的摩天大廈上，看他們多麼渺小！

似，兩者都希望表現一個嶄新的現實境界，他們一個時期也以「立體未來派」而聞名。一段時間之後，「未來派」這個名字在俄國也被接受了。但是莫斯科人受不了馬里內蒂在演講中、和在與俄國未來派會晤時所表現出來的那種「未來主義運動領袖」的架勢。同時，俄國的未來派也覺得他們的基本傾向與自己不太一致，他們的這種傾向不久更表現得非常露骨。

布林柳克 1914 年

1915 年，馬里內蒂出版了詩集《戰爭──世界唯一的救星》，熱烈歡呼第一次世界大戰的爆發，公開聲稱法西斯主義是未來主義的自然擴張。他還在同年 2 月和 4 月兩次舉行遊行示威活動，狂熱支持墨索里尼，煽動義大利政府參加這次世界大戰，成為一個活躍的法西斯分子。他的這種政治態度表明，他與樂意為布爾什維克效勞的俄國未來主義不是同一路人，雖然布林柳克他們的未來主義也反傳統，也否定文化遺產，革

新詩歌的形式，他們的語言常常也顯得晦澀難解。布林柳克和他的追隨者們不承認自己受歐洲的先鋒派、未來派團體的影響，他們說，早在馬里內蒂來俄國之前，他們就已經議論過那些義大利未來派的與他們看法類似的作品，實際上，他們在許多方面都超過了義大利的未來主義。布林柳克和他朋友們聲稱，他們是希望設法從瓦列里・布留索夫、安德烈・別雷（Andrei Bely）、亞歷山大・勃洛克（Alexander Blok）等象徵派詩人對俄國文學的控制下擺脫出來，希望跳出象徵派曖昧不明的語言和非現實夢想的「汙濁沼澤」，希望運用街頭的語言和詞彙本身的聲音、甚至模擬自然界的聲音來創造新的詩篇。

俄國的未來主義團體在為自己的藝術作宣傳時，常常都自己來做廣告，有時還帶上他們自己的畫像。不久，人們在此類場合便經常看到，在這些人中間也出現馬雅可夫斯基的面孔。起初，他看起來還讓人不太相信，因為除了赫列勃尼可夫，其他人都比他富有得多，他跟他們不相稱。如他們都穿昂貴的服裝，有暖和的外衣，布林柳克由於童年時壞了一隻眼睛，通常戴單片眼鏡。馬雅可夫斯基穿的卻是一件鬆垮的短外衣，披一身破舊的長外套，戴一頂疲軟的寬邊帽，那條領帶飄飄然的，看起來完全像一個典型的窮大學生。看他的畫像，也是一副像是天天都在挨餓的模樣，臉瘦瘦的、拉得長長的，只有兩隻眼睛充溢著強大的生命活力。但馬雅可夫斯基是懷著堅毅的心參加未來主義團體的。對於一直是飽受折磨的馬雅可夫斯基來說，投入未來主義運動就是要為他自己創造一個真正屬於他自己的自我，詩人這種「創造自己」的想法，始終深深地印刻在他的生活和作品之中。

於是，在共同參加活動中，馬雅可夫斯基和布林柳克就更親近了。布林柳克剛剛結婚不久，與新婚的妻子住在莫斯科的羅曼諾夫卡旅館。和布林柳克同時租居這個旅館的大多是音樂學院的學生，他們獲許可以

二、未來主義詩人——
我們從高聳入雲的摩天大廈上，看他們多麼渺小！

練奏、練唱到深夜。深受布林柳克鼓舞的馬雅可夫斯基一般都在布林柳克喝茶的時候去他那裡，不只是去看他，主要還是向他學習朗誦詩歌。通常見馬雅可夫斯基來了，布林柳克便站起身，離開桌上的茶炊、麵包和蜜餞，與他一起坐到房子中央去。這時可以看到掛在積滿汙垢的粉紅色牆上的那面模糊不清的鏡子裡，映出他們的身影。在他發聲和擺姿勢的時候，他的嗓音，和學生們從隔間傳來的聲樂、器樂聲混淆在一起，合成一片。

與此同時，他們的事業也在發展。1912 年 12 月，莫斯科的未來派還共同出版了一本文集《給社會趣味一記耳光》(*Пощёчина общественному вкусу*)。在文集的開頭，是詩人們的與書名同一題目的綱領，對俄國文化上先於他們的每一事件都大肆進行攻擊。他們聲稱：「這是我們給讀者們的第一個新的、出乎意料的東西。只有我們才是我們時代的面貌。時代的號角由我們透過語言藝術吹響。過去的東西很困難。學院派和普希金比象形文字還難於理解。把普希金、杜斯妥也夫斯基、托爾斯泰等，從現代生活的輪船上扔出去……」在他們看來，「所有這些馬克西姆・高爾基們、庫普林們、勃洛克們、索洛古勃們、列米佐夫們、阿韋爾琴柯們、喬爾內依們、庫茲明們、蒲寧們等等……我們從高聳入雲的摩天大廈上，看他們多麼渺小！」文中最好還列出「我們命令尊重詩人們的下述權利」，如「有任意造詞和衍生詞（造新詞）以增加詞彙數量的權利」等四條權利 (張摧譯文)。

這本新文集被認為實際上就是反對當時文學時尚的另一個宣告，或者說是「未來主義」的宣言。集子裡的詩文也都印在灰色或褐色的包裝紙上，用粗糙的麻袋布作封面。這也表示他們跟當時出版昂貴書籍的時尚針鋒相對的態度。

俄國未來派另外的重要活動就是在布林柳克的努力下，在刊物上展

開有關未來主義的爭論。大家情緒都有些激動，口吻也不斯文，引起人們的注意。未來主義的詩人們還上街去遊行，有時帶上大鋼琴去朗誦詩歌，穿的是奇特古怪的服裝，鈕扣上插一支花，臉孔塗了油彩，表情木然像個傻子。馬雅可夫斯基的服裝通常都是他母親和姐妹為他縫製的那件著名的農民式的黃罩衫，再披一件綠色的外衣，戴一頂大禮帽。

後來，馬雅可夫斯基和布林柳克不滿足於僅是在莫斯科一地活動，他們還要去俄國的其他大城市甚至村鎮去走走，以擴大影響。但他們的演說或朗誦常常遭到聽眾的噓叫，以致往往場上引起喧嚷和吵鬧。為對付這種情況，他們想出了一個保護自己的辦法。一次，在基什涅夫鎮時，他們出錢僱用了 50 個男孩子，來對付那些高喊「未來派來了！」、「未來派來了！」進行搗亂的人。這些男孩子們跑遍全鎮，故意將俄語的「未來派」（Футуристы）跟讀音與它相近的另一個詞「足球員」（Футболисты）相混淆，大聲歡呼「足球隊來了！」「足球隊來了！」結果壓過了對方，使他們的搗亂難以施展。當布林柳克和朋友們宣傳到喬治亞時，馬雅可夫斯基以他所獨有的喬治亞語向他故鄉的聽眾講話，使他們聽起來感到異常的親切，在此種情形下，詩人所表述的有關藝術方面的觀點，也就很容易被他們接受了。

1913 年，馬雅可夫斯基開始寫一篇比較長的詩作，那是一部實驗性的詩劇《弗拉迪米爾·馬雅可夫斯基（悲劇）》。此劇只有兩幕，外加「序幕」和「尾聲」，於這年的年底在彼得格勒「明月公園」劇院演出，作為未來派小劇院慶祝典禮的內容之一。劇中的其他人物，不論是領著一群又黑又瘦的貓的老頭，還是那個沒有眼睛和腿的人，沒有腦袋的人，帶著兩個吻的人，都不重要，像一個個木偶，全部由學生和業餘戲劇工作者扮演。只有馬雅可夫斯基本人扮演的弗拉迪米爾·馬雅可夫斯基一角，是全劇的中心人物。詩劇作者本人同時還兼任導演和舞臺監督。雖然內

二、未來主義詩人──
我們從高聳入雲的摩天大廈上，看他們多麼渺小！

容有些離奇，動作也晦澀難懂，以致演出時，如作者在自傳中所形容的：「人們把它噓穿了許多小窟窿」。不過，實際上，這次演出倒也不能說是不成功的，因為很多觀眾對未來派這些比較新奇的東西還是賞識的；而且有鑑賞力的人畢竟還是有的，不只是他們未來主義的同志，還有不少覺得表演令人感動流下眼淚的入場者。

《弗拉迪米爾·馬雅可夫斯基（悲劇）》一劇裡面的人，生活在「街道像蛛網一樣的城市」裡，已經被奴役成可以說完全是沒有心靈、或者是沒有心的物件和東西了，「他們該有眼睛的地方說不定有耳朵」，或者相反，該有耳朵的地方說不定有眼睛；這些人都不是殘廢就是受傷，而且整天擔心受怕。他們能帶給詩人的只有痛苦、恐怖和眼淚。主角──詩人馬雅可夫斯基站在高處，依次迎接這些人物，與他們討論這類問題；與他一起的是他的那位既不說話、也沒有動作的女友。在交談中，觀眾了解到，在這座城市裡，痛苦的神話不斷擴大，煙囪的頂管都在跳猥褻的「馬特奇卡」舞，個個小巷弄都捲起袖管準備戰爭，煩惱在增長，就像眼淚在哭泣著的狗的鼻梁上流……由此可以看出，整個第一幕就是一個革命的寓言。第二幕的劇景是革命後的首都，不但含著的「舞臺說明」告訴觀眾這首都「厭煩又陰鬱」，而且儘管民眾已經準備好要膜拜詩人，並帶著禮品來了，但他們同時還帶來了眼淚。在這種情境下，詩人宣布說，他只好放棄桂冠，放棄他滿心的快樂。

作為莫斯科的一位詩人，馬雅可夫斯基將他在這座城市裡親眼所見到的人類的痛苦，集中在一個個怪異的意象中。他是把加在自己身上的痛苦看作受苦的義務的，但他不能容忍當代畸形的城市。這部劇作在歌頌作者自己作為一位詩人的天才的同時，主要是表現他這位「帶著一顆殘缺的心」、希望有誰來「修補一下我的心靈」的詩人，內心存在著的孤獨感，一個受盡束縛、受盡摧殘的意象。他的這種奇特的感受，與詩人

自己本人痛苦的生活經歷和感情經歷有著直接的關係。這不僅含有馬雅可夫斯基以前的那段因為物質生活的匱乏和革命活動的遭際所產生的痛苦，還有他近年來感情上的痛苦。

是的，這個時候，年輕詩人馬雅可夫斯基，才華洋溢，體格強壯，儀表英俊而瀟灑，有無窮無盡的精力。他渴望愛情，渴望有勇於冒險的少女投入他的懷抱。他的這個願望有一部分獲得了實現，他時常設法讓布林柳克注意他這種放蕩的業績。其實，從馬雅可夫斯基當時的地位和條件來看，他也只好滿足於小鎮上的幾個對丈夫不忠的女人，或者年輕幼稚的女大學生的無拘無束的激情。但是，是她們缺乏激情，還是她們的勢利眼光？或是他自己心理上的原因？要不，這幾方面都兼而有之？反正是不久之後，他對這些女子就都感到厭倦了。朋友們覺得，對於馬雅可夫斯基來說，熱烈追求一位少女，與這女孩能給他怎樣的愉悅，都同樣會使他感到刺激。但他是否熱衷於追求新的刺激呢？不然就是，他還期望在愛情之外，再尋求別的什麼，尋求一種可以超過風流韻事的感情維繫。很有可能，馬雅可夫斯基的確強烈地渴求一處空間，渴求親密的友誼，就像他的詩作需要聽眾一樣的強烈。他可能正是懷著這樣一種純真的追求，在 1914 年 1 月與卡緬斯基、布林柳克一起去奧德薩朗誦詩篇時，愛上一位他認為是被他的詩感動了的少女瑪麗婭·傑尼索娃（Мария Денисова）的。

瑪麗婭·傑尼索娃是一個 16 歲的女孩。卡緬斯基一直記得，「瑪麗婭留給我們很深的印象，使我們回到旅館之後很久，都不能平靜下來。」他回憶說，「布林柳克久久一聲不響，只是把目光緊盯著沃洛佳，沃洛佳則不安地在房間裡來回踱步，不知道自己該怎麼辦，在愛情的波濤突然衝擊到他的時候得怎麼做……他急速從這邊走到那邊，一次次低聲說：『我怎麼辦？我該如何行動？可那不是很愚蠢嗎？……我直接跟她說怎麼

二、未來主義詩人——
我們從高聳入雲的摩天大廈上，看他們多麼渺小！

怎麼呢？那她是會被嚇壞的。』」

後來，瑪麗婭自己來到這幾個未來主義者這裡，使馬雅可夫斯基，卡緬斯基說：「完全失去了理智。」「他整夜睡不著覺，也不讓我們睡。」但是，當他們就要離開、去往別處的那天，馬雅可夫斯基向她表白愛情時，結果卻十分兩人沮喪，因為瑪麗婭已經答應嫁給別人了。瑪麗婭・傑尼索娃帶給他的仍舊只有痛苦。

很快，馬雅可夫斯基就發現，瑪麗婭原是一個追求生活享受的女性，有如他所傾慕的人物——美國作家傑克・倫敦（Jack London）暫短愛情中的富家女子梅布林・阿普爾加斯，「她對傑克既缺乏理解又缺乏信心，傷透了傑克的心」，「他再也無法（像最初那樣）把她看作是安在臺座上的一尊女神像，而是看到了她的本色：一位出身於中產階級家庭的漂亮女人，智力平平，滿腦子的傳統觀念。」（劉榜離、喬法州譯文）傑克・倫敦後來將她作為小說《馬丁・伊登》(*Martin Eden*) 女主角羅絲・摩斯的原型，說她看起來「是一個精靈，一個天仙，一個女神」，實際上，卻是一個「真正的資產階級小姐，凡是資產階級的弱點她全有，又懷著資產階級那不可救藥的偏狹心理……」

瑪麗婭也是這麼一個少女，窮詩人馬雅可夫斯基自然不可能為她所看中。遭瑪麗婭拒絕的馬雅可夫斯基，據卡緬斯基回憶，在受到這一深重的打擊之後「大笑又大怒」、「無法克服這強烈的情感」。隨後，他懷著深重的失戀的悲痛，把這個女子的事寫進了他創作的長詩《穿褲子的雲》中：

「你們以為，這是在熱病中講昏話？／事情發生在，／發生在敖德薩。……我……夜裡還想讓自己的聲音／藏進柔情的／女人的心中。……等啊、等啊，／我在等著……妳進來了，／真是意想不到，／

搓著麂皮手套，／妳說：／『我告訴你——／我要出嫁了。』／好，出嫁吧。／沒有什麼。／我非常鎮靜。／妳瞧——我多麼沉著！／就像死人的／脈搏。」

瑪麗婭像，馬雅可夫斯基、布林柳克和卡明斯基三人畫

但詩人愛的熱情是永不熄滅的，他繼續尋求他理想中的親密友誼，尋求真正的理想的愛情，尋求有一個安適的處所。就在這個時候，馬雅可夫斯基作為莫斯科許多公寓裡的一名常客，在一位雙方都熟悉的朋友家裡認識了莉麗婭的妹妹愛爾莎，繼而認識了莉麗婭，並愛上了這位在婚姻的第二年已經與丈夫分居、帶有一點禁慾主義的丈夫對她也感情冷漠的富家女子，再一次地開始他的愛情的冒險。

二、未來主義詩人——
　　我們從高聳入雲的摩天大廈上，看他們多麼渺小！

三、受挫的愛情──
她像是麗莎・喬宮多,
「已經讓人偷走了。」

三、受挫的愛情——
她像是麗莎·喬宮多,「已經讓人偷走了。」

1896 年,母親葉連娜·尤利耶芙娜第二次懷孕、莉麗婭還只有五歲的時候,一天,她去公園散步,遇見一位與他們家境有些相似的朋友,這家也快要生孩子了。交談中,兩人同意,根據兩家共同的傳統,如果他們一個生男,一個生女,那麼這兩個孩子長大之後成婚,是最理想的了。真巧,葉連娜在這年的 9 月 12 日果真生下了女兒愛爾莎,而這位朋友家果真也正好遲一個月生了一個男孩,就是未來的著名語言學家、布拉格學派的主要奠基人羅曼·雅科布松。羅曼後來的確曾向愛爾莎求婚,只是態度上有點半心半意的樣子,最終婚姻沒有成功。

愛爾莎和姐姐莉麗婭兩人,從小在一起,無憂無慮的童年生活過得很愉快。

卡岡姐妹:莉麗婭和愛爾莎,約 1900 年的照片

大約是 1902 年或 1904 年間的一天晚上,當時莉麗婭大約是 13 歲,愛爾莎只有 8 歲,兩姐妹躺在緊靠牆壁的一張床上,一邊聊天,一邊共同虛構出了一部長篇小說。在這部夜間幻想出來的小說裡,人物女的多於男的,而且全部都是藝術家,這使莉麗婭意識到,一位未來的女作家

愛爾莎已經在此刻誕生。姐妹這兩個人大部分時間雖然都相處很融洽，但是愛爾莎的倔強的個性有時也會表現出來。一次，由於莉麗婭弄錯了，將愛爾莎玩偶的衣服錯穿給了自己的玩偶，使愛爾莎產生嫉妒，把莉麗婭的玩偶撕了個粉碎。另外，在感情問題上，愛爾莎對莉麗婭也似乎有一點特別的敏感。

愛爾莎的感情似乎比較早熟，這可能與她閱讀某些課外書籍受的影響有關。

愛爾莎那一代的女孩子，都熱衷於讀瑪麗・巴什基爾采夫的日記。

瑪麗・巴什基爾采夫（Marie Bashkirtseff）是她去了巴黎生活之後的名字，她原來生於烏克蘭波爾塔瓦的一個富有的貴族家庭，原名瑪麗婭・康斯坦丁諾夫娜・巴什基爾采娃（Мария Константиновна Башкирцева, 1858-1884）。

瑪麗從小隨父母親去西方，漫遊德國和地中海沿岸，後又來到法國的尼斯，足跡遍及歐洲大部分地區，最後定居巴黎。這是一個異常聰慧的少女，除了本國的語言和法語外，還懂希臘、拉丁文；她喜愛文學藝術，對當時禁止年輕女子閱讀的巴爾札克、龔古爾兄弟的作品，尤其喜愛，經常讀得入迷。她立志要成為一位藝術家，自己一人去找了個畫家學習繪畫。瑪麗・巴什基爾采夫又有很漂亮的容貌，特別是蘊藏在她目光中的那種奇異的魅力，使見到她的人沒有不被打動而愛上她的。而她本人也時時想著愛，一心追求有美好的愛。她認為，人若不愛，無異於動物；一切功名、事業、美色、精神等等，無非都是為了愛情這一永久不衰的畫幅安上一個精美的框架。正是出於對愛的追求，瑪麗・巴什基爾采夫在1884年的春天，寫了一封信給正在法國南方濱海旅遊城市坎城療養的作家莫泊桑（Maupassant）。在信中，這位渴求愛情的少女說，雖然她從來沒有見過莫泊桑，而只知道他還年輕，沒有結婚，不過僅這一

三、受挫的愛情——
她像是麗莎·喬宮多,「已經讓人偷走了。」

點也就夠了。她聲稱,她是被他作品中所表達的細膩情感所感動,因而「暗暗愛上了他」,而且一年前就考慮過要寫信給他。只是,瑪麗·巴什基爾采夫對愛的實現,主要是精神上的,而不是肉體上的,她不但沒有把自己的真實姓名告訴莫泊桑,甚至一直沒有提出見面的要求。這也許與她嚴重的病體有關,因為這個敏感的少女患有肺結核這一當時的不治之症,醫生讓他臥床靜養。但她堅持作畫,常去塞納河畔寫生。她的努力果然取得了成績,她於1883年開過一次畫展,引起媒體的注意,認為她的作品表現了巴黎街頭的詩意,手法與生於巴黎的大畫家愛德華·馬內(Édouard Manet)頗為相似,出版家和收藏家都收購了她的一些畫。瑪麗·巴什基爾采夫的信所具有的神祕感以及獨特的語句引起了莫泊桑的興趣,從1884年3月到5月,瑪麗給莫泊桑寄了大約七、八封信,另外尚有幾封雖然已經寫好,卻沒有發出。她在這些信裡,有時傾吐她浪漫的情感,有時則意在表現她的才華和博學。莫泊桑回了她四五封信。這位才女於1884年10月31日去世,死時手裡還拿著莫泊桑最近出版的一本小說集。據說,她在死前不久,改變主意在一封信中把自己的姓名、地址告訴了莫泊桑,使莫泊桑終於來到她住處的花園中見到了她,隨後跟她一起進了房裡。她確實從來沒有像此刻這麼高興過。莫泊桑眼睛一直緊盯住她,使她有點感到慌亂。作家對她說,他很喜歡她的畫,它使他感動,他相信她會畫出大作品來的。告別時,莫泊桑特別強調,說他今後會珍惜自己與她的友情。瑪麗·巴什基爾采夫在給一位女性朋友的信中談到這次見面時說:「他令我傾倒。可是他的眼神使我不安。」

瑪麗·巴什基爾采夫從12歲起就開始用法文寫日記,毫無保留地記下自己在藝術上和情感上的發展經歷,坦率地披露了自己的心理,甚至承認自己怎樣受到性的壓抑。她曾這樣寫道:「如果我不在年輕之時就死去,我希望成為一位大藝術家;如果我英年早逝,我只想我的日記得以

出版，它不會不讓人感興趣的。」

確實，像瑪麗·巴什基爾采夫這樣的一個才女，年輕的女孩子怎麼會不喜愛呢？儘管她活的歲月很是短暫，但她這種浪漫的生活、浪漫的情調，在許多性意識開始覺醒的少女看來，都仍然會感到很有樂趣，是她們所嚮往的。她的日記首次在1887年出版後，立即獲得成功，並很快就被翻譯成俄、英、德等多種語言，為廣大讀者，特別是年輕的女性所喜愛，成為他們手不離卷的讀物。透過她的日記，許多學者還認定她是一位女權主義的先驅人物。

愛爾莎非常愛讀的瑪麗·巴什基爾采夫的這部日記，並且深深受了它的影響。愛爾莎愛藝術，但儘管生在音樂之家，有優越的條件，她也不願學音樂，而要像瑪麗·巴什基爾采夫那樣地學習繪畫；她又像瑪麗·巴什基爾采夫那樣，喜歡去國外旅遊。愛爾莎到過比利時、巴黎，還到過華沙、威尼斯等地；她也像瑪麗·巴什基爾采夫一樣，在很年輕的時候，就嚮往愛情，對愛情生活想得很多、很多。

愛爾莎小時並不漂亮，不過16歲起，她就開始顯露出女性特有的美質了。愛爾莎個子不高，體態有些豐滿；她眼睛深藍，頭髮淡紅色的，腰型比較纖小；她喜歡穿藍色的服裝，雪白的衣領大大的，在馬尾式的髮型上打一個大紅的大蝴蝶結，這種時髦的裝束，說明她愛情上的自我表現。與讀書慵懶的姐姐不同，愛爾莎在學校裡努力用功，學習也有上進心。

當愛爾莎還是一個學生的時候，在一位朋友的家裡，她見到了一位叫馬雅可夫斯基的人。馬雅可夫斯基作為一位詩人，具有詩人的浪漫氣質，他喜愛女性，特別喜愛與年輕女性交往。於是在第一次跟愛爾莎見過面之後，便常常要打電話給她。對於這個聽說是寫詩的人，愛爾莎其實一點也不了解，她只不過覺得他不讓她討厭，甚至心底裡還有點喜歡

三、受挫的愛情──
她像是麗莎・喬宮多,「已經讓人偷走了。」

他,至於是不是要與他進一步發展關係,這是她從來沒有想過的。因此,最初,愛爾莎便拒絕與他接觸。後來,命運使他們偶然地在街上又一次相遇了。那時,馬雅可夫斯基剛賣出第一首長詩,得到一點錢,於是有條件把自己打扮了一番。他穿了一身檸檬色的繡花長禮服,戴上一頂大帽子,結一條黑領帶,搖晃著一根手杖。這個高個子的男人揚起眉毛,微笑著要求愛爾莎允許他去看她。愛爾莎看他這個樣子,相當滑稽可笑,對他缺乏信賴感,而且她想父母親也不會贊成他們的關係,但不知怎麼的,自己也有點不明白,當時竟答應了他,說他可以到卡岡家來找她。

當馬雅可夫斯基出現在卡岡家的門前時,他這麼的一副裝束,首先就把他們的女管家給嚇壞了。家裡的其他人自然也覺得他非常奇特,有點怪,只是不像她那樣表現得明顯罷了。但他仍然幾乎每天都到她家去看愛爾莎。他對愛爾莎的母親很有禮貌,所以開始時曾博得她的好感,終於使這個家庭接受了他,有時甚至肯留他吃飯。再熟悉點之後,馬雅可夫斯基獲得許可在他們家作畫,那時他是靠繪畫來餬口的。他又常常要求愛爾莎彈鋼琴,自己則在她背後不停地來回踱步,一邊作著手勢。

馬雅可夫斯基被正式接受之後的第一件事就對卡岡家的整個住房巡視了一遍,很坦率地堅持提出,他們應該把牆上勃克林的那幅描繪一個人乘船向死亡之島駛去、寓意神祕不祥的病態象徵主義作品《死亡島》取下來。愛爾莎請他安靜,不要多囉嗦,免得影響她,因為她得完成學校布置下來的作業。於是他就獨自嘴裡含含糊糊地唸著詩句,一邊往愛爾莎的幾頁練習簿子上潦潦草草地寫下幾行詩句。他被自己寫的詩句迷住了,讀了幾段給愛爾莎聽。愛爾莎聽過之後,覺得一點也不受感動,還糾正了幾處他拼法上的錯誤。如果愛爾莎在彈鋼琴,馬雅可夫斯基便也跟她進臥室裡去,在她的身後踱過來踱過去,一邊作著手勢,嘴裡仍

是不停地唸著詩句。又一次，馬雅可夫斯基來的時候，愛爾莎剛好不在家，他便留下一張名片。這張名片特別大，用大號字印成黃色，讓卡岡家裡的人看起來像是一幅商業廣告。愛爾莎的母親後來便把它退還了給他，很有禮貌地對他說：「弗拉迪米爾·弗拉基米洛維奇，你昨天把招牌忘在我們家裡了。」

馬雅可夫斯基歡喜賴在卡岡家，總是跟愛爾莎一起待在房間裡，又讀他的詩給愛爾莎朗聽，又要愛爾莎彈鋼琴給他聽，而且每次都待得很晚，往往要等到葉連娜在臥室裡換好上床才穿的便袍、出來對他說，時間已經很晚，該回去了，才肯勉強離開。多次之後，一天晚上，愛爾莎·特里奧萊的傳記作者拉克倫·麥金農寫道：「母親葉琳娜最後進來，跟她說請他離開，她丈夫已經上床很久了。第二天，他又來了，告訴葉琳娜說：『昨天我是一直等到您要睡了才從窗口用繩子吊下去的。』葉琳娜淡淡一笑：多半他是從樓梯下去的。」

馬雅可夫斯基這實在也是出於無奈。他住在莫斯科郊外的一間破舊的小屋子裡，與愛爾莎家離得太遠了，來回很不方便。還有，他這樣遲遲的不肯走，除了家庭貧窮，他與他母親和姐姐的關係也是一個原因。以前，當他被關在監獄裡的時候，她們都很支持他，經常送食物給他，使他有堅持下去的勇氣和動力。現在，她們都是受苦家庭出來的人，她們考慮的問題非常實際，只希望兒子和弟弟成為一名有實際技術、能夠養家餬口的醫生，不理解他這樣空空地寫詩、畫畫有什麼用，與他沒有共同的語言。這使馬雅可夫斯基覺得在自己家裡沒有溫暖，沒有樂趣。不過，他還是把這種不愉快的情緒壓在心底裡，所以常常都是從卡岡家裡出來之後，不願回家，只好整夜都在街頭徘徊。青年馬雅可夫斯基實在是非常希望自己有一個空間、有一個家，在那裡得以過他的感情生活。希望一直待在卡岡家，是這位青年詩人為他的孤獨心靈尋求補充。

三、受挫的愛情——
她像是麗莎・喬宮多,「已經讓人偷走了。」

愛爾莎的父親歷來是不肯管閒事的,母親看到這種情境,覺得對他也實在沒有辦法,也便不再說什麼了,隨他高興怎麼樣就怎麼樣。等到後來,馬雅可夫斯基來的次數實在太頻繁了。於是,莉麗婭又再一次跟愛爾莎說,那個叫馬雅可夫斯基的又來過了,母親為此哭都哭過了。從這之後,愛爾莎便不再把馬雅可夫斯基帶到家裡來,兩人都是在外頭,例如在莫斯科「自由美學協會」的彈子房見面。這裡是馬雅可夫斯基常去的地方,他對玩彈子球很感興趣,曾付出極大的精力,雖然一次又一次都輸錢,他甚至曾經下定決心,希望能夠掌握這項遊戲。

1914年6月28日波斯尼亞的塞爾維亞人,民族主義者加夫里洛・普林齊普(Gavrilo Princip)在波斯尼亞首都塞拉耶佛,刺殺了正在那裡進行訪問的奧匈帝國皇位繼承人斐迪南大公。在此之前,幾十年裡,德國、奧匈帝國、義大利、俄國、法國、英國等幾個大國就已經形成敵對狀態。於是,這次刺殺事件便成為一支導火線:7月23日,奧匈帝國向塞爾維亞提出最後通牒,並於28日向它宣戰,最後導致第一次世界大戰的爆發。俄國為了對抗奧匈帝國,也宣布總動員。莫斯科的街道上擠滿了穿黑衣服的人,褲子塞進高統靴裡。應招動員起來的人,一隊一隊地開往前線。馬雅可夫斯基沉浸於愛情的心被打亂了。不過他還是申請參軍做一名志願兵。但是他的請求遭到了拒絕,原因是暗探局的檔案說他「政治上不可靠」。到了第二年——1915年,他才被徵調進了彼得格勒汽車學校,派在製圖室工作。

馬雅可夫斯基在 1915 年

這年春天的頭幾個星期，愛爾莎、她的母親和父親從莫斯科搬到馬拉霍沃的夏日別墅去住。母親雖然對馬雅可夫斯基無可奈何，也只得同意讓他來這郊外的鄉間見愛爾莎，不過有一個條件，就是兩人見面的地點得在鄉間的那個小車站，同時愛爾莎也必須得由她的姑母陪伴，後面這一條是西方和俄國家庭允許未成年少女外出時通常採用的習慣方式，成年婦女是作為她的保護人。愛爾莎覺得有這麼個老人在旁邊，多有不便，而又不能違拗，於是就故意把去車站的時間一拖再拖，只希望馬雅可夫斯基在那裡等得不耐煩了，管自己乘火車回莫斯科去。可是當她最後終於到達那邊時，見馬雅可夫斯基仍然等在車站附近，儘管確實顯得不耐煩。他叉開兩條腿站在那裡，昂著頭，臉色陰沉，嘴裡吊著一支菸。當他看到愛爾莎終於來時，就顯出一副怒不可遏的態度，責備她沒有按時來到，對他失約。於是，在相約下一次的見面時，他就堅持說，以後他們必須單獨會面，不能受人監視。但愛爾莎仍舊又遲了幾個小時

三、受挫的愛情──
她像是麗莎・喬宮多,「已經讓人偷走了。」

才去,馬雅可夫斯基也仍舊等在車站旁高高的松樹蔭底下不耐煩地抽著菸。在兩人一起散步時,馬雅可夫斯基壓制不住心中的憤怒,故意離得她遠遠的,不願走在愛爾莎的身旁,只是自己口中唸著詩句。這讓愛爾莎心中產生一種負疚之感,於是便主動表示希望聽他的朗誦。突然,她聽到:

聽著!
不是麼,如果星星在燃燒──
就是說──有人需要?
就是說──有人希望它們存在?
就是說──有人把這些廢物叫做珠寶?

這是他不久之後發表在《俄羅斯未來派的第一個雜誌》上的這首《聽著!》的前四行詩句。愛爾莎覺得,他那溫和地發出的聲音,在黑暗的夜幕中,好像沿著路旁的籬笆在滑動,使她第一次受到了感動。只是,這感動既不是由於他詩句的內容,也不是由於他朗誦時的情感。實際上,主要是她被他的真誠所感動。她覺得,此時,像是有一道光穿過她的全身,照亮了她的心,突然使她甦醒。

愛爾莎停住腳步,興奮地問:「這是誰的詩?」馬雅可夫斯基聽她這麼問,感到很受鼓舞,剛才的怒氣一下子全消了,變得異常的高興,便有點得意地說:「哦,妳注意到啦,喜歡嗎?」於是,隔閡消除了,兩人靠近在一起,繼續走了一段路,然後在一條長凳子上坐下來。馬雅可夫斯基又朗誦了好長一段時間。愛爾莎後來回憶說,就在這個晚上,她感到「有一種不可思議的、巨大的、無盡的敬畏之情和最忠誠的友好之情點亮了我的心坎。」這感情越來越清晰,越來越單純,使她覺得,今後她可以與馬雅可夫斯基親密相見,而且在心中做出這樣的決定時,絲毫沒

有不安和對任何人的負疚之感。從此之後，愛爾莎開始設法避開家人，單獨與馬雅可夫斯基在莫斯科見面。

　　莫斯科的家，因為原來住在那裡的人都離開了，公寓房間顯得空蕩蕩的，還散發著主人臨走時放置的衛生球的氣味；地毯也捲起來了，兩架大鋼琴被羊皮紙包紮起來，好像兩匹馬。愛爾莎和馬雅可夫斯基就在這裡見面。兩人單獨一起時，馬雅可夫斯基跟她深入地談到了感情的事。但是愛爾莎畢竟還小，對男女間的事，還只有一些朦朧的意識；實際上，她對自己與馬雅可夫斯基的關係，只看作是一種友誼，還沒有上升到愛情的階段。但母親對他們的這種來往非常關切、非常重視，她時刻注意她的動向，儘管莉麗婭堅持說，馬雅可夫斯基與愛爾莎兩個人，至多也不過是少男少女之間的嬉戲或調情，他們絕對不會發生什麼意外的事，請母親完全可以放心。

　　馬雅可夫斯基是十分富有浪漫情調的。就是在 1914 年初他遇到愛爾莎之後的幾個月裡，他還另外有過幾次浪漫事件。他與瑪麗婭・傑尼索娃的事是他的一次典型的浪漫衝動。與瑪麗婭見面之後，馬雅可夫斯基無比的興奮和激動，竟立即向她求婚，甚至向瑪麗婭表示，打算離開與布林柳克和卡緬斯基一起的旅行宣傳，放棄原來的工作，與她共度他的一生。但是與瑪麗婭在旅館房間裡幽會了幾個小時之後，他發現對方根本不想聽他這一套未來的計畫，他才明白，她像是李奧納多・達文西筆下〈蒙娜・麗莎〉的原型人物──麗莎・喬宮多（Lisa del Giocondo），「非讓人偷走不成！」而且「已經讓人偷走了。」於是，他只好重新繼續與布林柳克和卡緬斯基原來的行程……。回到莫斯科後，馬雅可夫斯基又曾和一個女子，德國畫家愛德華・席曼的妻子托尼婭・古米琳娜發生風流韻事。這段單方面的愛情，同樣也使詩人陷入了感情的深淵，同樣帶給他痛苦，但也同樣激發起他創作的激情。有研究者認為《穿褲子的雲》裡寫

三、受挫的愛情──
　　她像是麗莎・喬宮多,「已經讓人偷走了。」

　　的瑪麗婭不是瑪麗婭・傑尼索娃,而就是這個托尼婭・古米琳娜。

　　馬雅可夫斯基的熱情,以及他的才華,都使愛爾莎樂意和他接近、和他親密。但是深愛她的母親,還有她的姐姐對這個浪漫詩人的印象都並不好,仍然都不贊成她與他再交往下去。她們不但竭力阻止女兒和妹妹去和他接近,還設法擾亂她與馬雅可夫斯基友誼的繼續發展,她們特別警惕,怕這兩個人的關係會向愛情方面發展。不久,這段短促的愛情就結束了。

　　1917 年,愛爾莎結識了法國駐俄國的軍事代表團成員安德烈・特里奧萊,兩人於 1918 年結婚。看到革命所帶來的煩惱,她離開俄國,經斯德哥爾摩來到巴黎。愛爾莎後來在 1964 年這樣寫道:

　　「我離開俄國就為了嫁給一個法國人,這個法國人並不會寫詩……離家的時候,我相信很快就可以再回來,只不過是出門旅行罷了。我那時並不知道命運就是政治,雖然我尚未意識到十月革命的偉大意義,但我也沒料想到國家的所有口岸都被封鎖了。就這樣,為了生活,我只好帶著思鄉之情漂流海外。」(袁俊生譯文)

　　這段婚姻時間不長,他們於 1921 年離異。她旅居倫敦、柏林和南太平洋中的塔希提島,並用俄語寫出了她的第一部小說《在塔希提島》(*НаТаити*),遲至 1925 年才出版。

　　這是愛爾莎的處女作,雖然兩年前,她就和未來的小說家維克多・什克洛夫斯基合寫過一部書信體小說《動物園,並非情書,或第三個愛洛綺絲》(*Zoo.Письманеолюбви,илиТретьяЭлоиза*) 出版。她這段時間的其他作品還有用法語寫的《林中草莓》(*Fraisesdesbois*,1926 年,莫斯科)和《偽裝》(*Camouflage*,1928 年,莫斯科)。此後,愛爾莎經常往返於巴黎和莫斯科。1923 年,她來到柏林,在柏林整整待了一年之後來到巴黎

的蒙巴納斯，中間曾回過一次蘇聯。1924 年在巴黎藝術家聚合的蒙巴拿斯（Montparnasse）住下，進入費爾南德·萊熱（FernandLéger）、馬賽爾·杜尚（MarcelDuchamp）等超現實主義藝術家的圈子。1928 年 11 月 6 日，在蒙巴拿斯附近的「穹頂酒家」（LaCoupolecafe），愛爾莎和法國詩人路易·阿拉貢相遇，從此，如一直風流韻事不斷的阿拉貢說的：「從此我們不再分離」，「我們兩終於生活在一起⋯⋯一起度過美好的時光，愛情的時光」，廝守了 42 年。愛爾莎·特里奧萊最後是以獲龔固爾文學獎的小說集《第一次衝擊花費二百法郎》（*Le Premier Accroc coûte deux cents francs*）等作品的一位名作家身分為人所知的。

愛爾莎和特里奧萊在塔希提他們的家裡

莉麗婭可以說是沒有真正見過馬雅可夫斯基。1913 年 5 月 7 日的那次實在不能算是正式的見面。那天，「自由美學協會」在莫斯科聚會，主角是巴爾蒙特。

康斯坦丁·德米特里耶維奇·巴爾蒙特（Konstatin Dmitrievich Balmont, 1867-1942）出身於貴族，在莫斯科大學讀法律系時曾因參加學潮被開除。後來寫出了幾首追求誇飾和外表華麗的詩作，還翻譯過英國詩人

三、受挫的愛情——

她像是麗莎‧喬宮多,「已經讓人偷走了。」

珀西‧比希‧雪萊（Percy Bysshe Shelley）和法國詩人夏爾‧波特萊爾等人的詩篇，是俄國著名的象徵派詩人。7年前，巴爾蒙特流亡國外，現在剛回來不久。在這次「自由美學協會」為他舉行的禮節性的歡迎宴會上，與會的除了大多是一些象徵主義者和美學家外，馬雅可夫斯基也參加了。

馬雅可夫斯基對象徵主義是不以為然的，他穿著未來派的服裝，以顯示與他們的不一致，並作了一個題為《以敵人名義》的令人震驚的發言，還以宏大的聲音朗誦他未來派的詩。聽眾們對他的表現也表示出不以為然，他們吹起口哨，叫囂著、鬧鬧著。為了蓋過群眾狂熱的喊叫，馬雅可夫斯基對著他們不顧一切地咆哮。不過參加這次聚會的莉麗婭和奧西普‧勃里克兩人，聽他朗誦的詩，覺得還是有點喜歡，只是對他和另一些鬧事者的粗魯作風感到非常憤慨，認為有這批人，沒有一場演出會不摔破幾條凳子和需得喊幾個警察來維持秩序的。那天晚上，莉麗婭正巧站在離馬雅可夫斯基不遠他周圍一群人的旁邊，見馬雅可夫斯基正在端詳掛在牆上的一幅俄國名畫家伊里亞‧葉菲莫維奇‧列賓（Ilya Repin）畫的列夫‧托爾斯泰像，帶著冷笑，很輕蔑地說，你得是個大老粗，才能被畫成這個樣子。莉麗婭為他的這種態度感到吃驚，對他印象也不好。

1915年初夏，莉麗婭乘火車去彼得格勒郊外的那個夏季別墅看她父母親。這是7月的一個黃昏，上空的雲層壓得低低的，氣候相當悶熱。莉麗婭、愛爾莎和一位朋友——格林克魯格三人坐在別墅院子裡的凳子上。突然，從近旁小樹林中出來一個人，莉麗婭先看到一點菸頭的火光，隨後聽到一個深沉粗大的聲音在叫她的妹妹：「愛莉奇卡，我們去散散步。」愛爾莎聽到後，立刻站起身來，什麼也沒說，便跟那人一起走了。莉麗婭從聲音聽出，那人就是馬雅可夫斯基。在這之前，莉麗婭就曾跟妹妹說起過母親為此事的擔心。愛爾莎對姐姐承認，馬雅可夫斯

基向她表示過友好,甚至還曾向她求愛,但宣告說她是把他們的會面當作兒戲的,她覺得她們沒有擔心的必要;而且,她也認為馬雅可夫斯基是一個非常規矩的人。可莉麗婭總是不喜歡讓他們兩人沒有陪伴單獨在林中散步,此次她就焦急地等了好幾個小時。當時他們兩人回來後,愛爾莎就正式向姐姐介紹了馬雅可夫斯基。在濃重的幽暗中,莉麗婭看不清馬雅可夫斯基的臉孔,只覺得他個子很高大,愛爾莎還及不到他的肩膀,她也沒有注意到他有一副好嗓子。現在,算算時間已經很晚了,但馬雅可夫斯基還是不肯走,老是一直待著,莉麗婭婉轉地責備妹妹,表現出她的厭煩情緒。於是,愛爾莎轉身對馬雅可夫斯基說:「你看,沃洛佳,我跟你說過,她會生氣的。」但馬雅可夫斯基手指間夾著一支菸,什麼也不回答,最後才不聲不響地走了,像悄悄地來時那樣,悄悄地消失在林間。

愛的失落使馬雅可夫斯基情緒萬分沮喪,便來到庫俄喀拉,與他的芬蘭朋友一起待了下來。

庫俄喀拉(Kuokkala)是離俄國邊境兩公里處的一個熱鬧的小鎮。它原屬芬蘭的領土,從1809年起,芬蘭割讓給了俄國,直到1917年獨立以前,100多年裡都屬於俄羅斯的一個省分。庫俄喀拉地處波羅的海東支芬蘭灣之濱,稀疏的松樹林間,附近有沙質顆粒粗大的海灘,海灘上一座座巨石參差突起,漲潮時岩礁被海浪覆蓋,稍稍露出水面;退潮時,海水從沙面散開,形成綿延的長環,有如一條拉得緊緊的項鍊,是許多俄國人所喜愛的著名休假療養地,他們只要搭乘短程火車,就可以方便地從這裡往返彼得格勒。

莉麗婭和愛爾莎姐妹因父親尤利·卡岡患胰腺癌於1915年7月病逝,在莫斯科參加過葬禮之後,回彼得格勒郊外的夏日別墅去了。馬雅可夫斯基多數時間都來庫俄喀拉的海灘上,把自己的痛苦心緒,全部傾注到

三、受挫的愛情——
她像是麗莎・喬宮多,「已經讓人偷走了。」

創作他的詩篇上。他時而跨上一塊岩礁,沉入深深的思考,一會兒又跳回下來,點燃一支菸,在沙地上緩緩漫步,一邊在心中低聲念他心中的有韻律的詩句。他每天在這裡大約都要花上 5 個小時,一直持續了差不多兩個月,只去過幾次彼得格勒或莫斯科。這段時間裡,他與莉麗婭或愛爾莎,只有過一二次沒有任何感情進展的見面。

起初,馬雅可夫斯基僅是讓構思出來的詩行完整地保存在自己的腦子裡,沒有想把它錄到筆記簿子上去,僅是偶爾地有一二次,一邊在沙灘上散步,一邊往香菸盒子上記下幾個關鍵詞或一二行詩句。但是他每天都喜歡向朋友們朗誦這些詩。當時,他的一位朋友,真名叫尼古拉・瓦西里耶維奇・柯涅楚克的著名文學批評家和翻譯家柯爾涅・楚科夫斯基 (Korney Chukovsky) 也住在芬蘭灣上他的一幢兩層樓的避暑別墅,馬雅可夫斯基幾乎每天晚上都去那裡,與主人,以及主人的朋友、劇院導演尼・赫・葉夫列涅夫、列賓、尼古拉・普寧一起吃飯,然後每次都從頭開始起朗誦他寫的全篇詩作,只是加上當天寫出的六七行;有時,他讀過之後,憑著感覺,臨時會刪去一二行,等第二天在沙灘上漫步時寫出新的幾行來。

在芬蘭,離馬雅可夫斯基所待的庫俄喀拉不遠處,有高爾基的一幢避暑別墅。

馬克辛・高爾基 (1868-1936) 從世紀交界的幾年裡發表了他傑出的小說《切爾卡什》(Chelkash) 和《二十六個和一個》(Twenty-six Men and a Girl) 之後,就獲得了巨大的聲譽,最初甚至被認為可以與列夫・托爾斯泰和安東・契訶夫齊名。他與此同時寫的最著名的劇作《底層》和 1913 年開始寫出他自傳三部曲的第一部《童年》,也為他帶來很大的名聲。在當時的俄國文學界,高爾基算得上是一個重要人物了。

高爾基原來因為參加了 1905 年的莫斯科的武裝起義而受到迫害，於 1906 年初祕密流亡國外。1913 年，為紀念「羅曼諾夫王朝三百週年」，沙皇宣布大赦，俄國整個的政治氣氛比較寬鬆，允許寫作和出版文學刊物。弗拉迪米爾・列寧看了沙皇的「詔諭」之後，寫信給高爾基，說是好像文學界全部獲得了大赦，您應當試試回國一趟，也許他們不會指控您；而對於一個革命的作家來說，能到俄國 —— 新的俄國走一趟，以後可以給羅曼諾夫王朝百倍的打擊……與此同時，從 1912 年在聖彼得堡創刊就有列寧參與的《真理報》，也發表了它所團結的彼得堡工人《致馬克西姆・高爾基的公開信》，希望高爾基回到祖國來。

　　乘這個機會，高爾基於 1913 年 12 月底，在完成了他的《童年》之後，離開義大利的卡普里，回到了祖國俄羅斯，受到各方面的歡迎。

　　回國兩年，1915 年，高爾基就創辦起《紀事》雜誌，親自主持文藝部門，並建立了名為《帆》的出版社，提攜青年作家，介紹俄國各民族的文化。

　　在聖彼得堡伊塔里安斯卡婭街一角、米哈伊洛夫斯卡婭廣場的下面，有一個號稱「流浪犬地下室」（Подвал Бродячей Собаки）的咖啡館。這是科米薩爾熱夫斯卡婭劇院的演員鮑里斯・普洛寧的產業。去那裡得經一條狹窄的石樓梯下去，然後到達一個低得要脫掉帽子的小門。裡面只有三個房間：兩個廳堂，一個飲食店，窗子全都關了起來，避免受外界日常生活的干擾；牆壁和弧形天花板上是藝術家謝爾蓋・蘇傑伊金色彩鮮豔的花鳥畫，「俄羅斯芭蕾舞團」團長謝爾蓋・嘉吉列夫稱他的這些夜間創作的繪畫為「溫馨的藝術」。

　　「流浪犬地下室」不是通常意義上的酒館或咖啡館，而更像是一個俱樂部。每天晚上，在劇院散場之後，一批作家和藝術家就聚集在這裡，

三、受挫的愛情──

她像是麗莎‧喬宮多,「已經讓人偷走了。」

交談至破曉;也常有嚴肅的講座、藝術展覽和音樂晚會等活動,聚合了符塞伏洛德‧邁耶霍爾德和安娜‧阿赫瑪托娃等當時俄國文化界的菁英,它已被作為俄羅斯「白銀時代」的象徵性符號記入了歷史,是1910年代聖彼得堡的一道獨特的風景。

1915年2月25日,在「流浪犬地下室」舉行的一次晚會上,高爾基聽到馬雅可夫斯基朗誦他的長詩《穿褲子的雲》的片段,對馬雅可夫斯基留下深刻的印象。隨後,4月裡,這位大作家便在《紀事》雜誌上發表了一篇有關未來派的文章,其中特別提到並讚揚了這位詩人的作品。高爾基還吸收馬雅可夫斯基參加《紀事》的編輯工作。當他一次在《紀事》編輯部聽過馬雅可夫斯基朗誦他的新作、長詩《戰爭與和平》中的第3章後,立即決定發表此詩。可惜由於檢查機關的干預,此詩的校樣被抽了出來,但《戰爭與和平》仍被作為「由於和編輯部無關的情況而不能發表」的作品目錄中的一篇,刊載於《紀事》第6期上。後來,高爾基仍然不忘馬雅可夫斯基,他的《帆》出版社為他出版了厚厚的一部詩集。可以想像,在當時馬雅可夫斯基的未來主義不被人們理解、甚至受到攻擊的時候,前輩作家高爾基的這種態度,對這位年輕詩人無疑是一個極有力的支持。

1915年仲夏,高爾基正在庫俄喀拉避暑。當他得知馬雅可夫斯基也在這裡,便邀請他去他家共用早餐。

馬雅可夫斯基本來就深知能得到高爾基這位著名作家的支持,是多麼的重要,受到很大的鼓舞;現在,這位大作家又請他去他家,就更使他激動萬分,以致這天,他一早就來到高爾基的別墅,又興奮又緊張,只是因為主人還未下樓,他只好在樓下的地板上來回踱步,耐心等待。不久,高爾基由他的妻子瑪麗婭‧彼什可娃陪著,一邊交談,一邊走下樓梯。第一次見到馬雅可夫斯基,他那特別高大的身軀,使女主人留下

很深的印象,她想:真是一副英俊的模樣。但是在他與她微笑時,她見詩人的牙齒實在太糟糕,覺得他那麼年輕,卻缺牙齒,太可憐了。她正準備說什麼話的時候,突然好像想起什麼事,便立即轉身,回到房間裡去了。不一會,她取出咖啡、新鮮麵包以及火腿等一盤早餐食物。這時,馬雅可夫斯基不知怎麼的,一步跨了過去,把她攔住,不顧禮貌地問了她這麼一句:「妳不怕我會偷走妳的銀調羹嗎?」說得如此的愚蠢可笑,使女主人一下子呆住,尷尬得說不出話來。不過,高爾基夫人畢竟是經歷過社交場合的,她有對付各種突發事件的應變能力和智慧。猶豫了一剎那之後,她非常謹慎有禮又不失幽默地回答說:「不,我不怕。而且坦率地說,我們的調羹也不是銀的。」

竟能單獨地與大作家高爾基一起,對馬雅可夫斯基來說,真的是很大的安慰,使他心裡感到充實。早餐和幾杯酒之後,他更興奮了,就站到桌子旁,開始朗誦他的《穿褲子的雲》。詩人的聲音透過詞語傳達出內心的情感,朗讀得十分富有節奏感,連他整個身子都左右搖擺起來了。後來,他越讀越激動,越讀越興奮,詩句裡所表露出來的情緒又是激烈又有點焦慮,最後他甚至被自己的情緒所壓倒,竟然癱倒了下來,以致根本無法把整個詩篇讀完。這使高爾基也受了感動,流下了眼淚。面對這樣的場面,高爾基深有感觸,陷入了深思。他覺得這個青年詩人,表現得這樣的神經質,心中一定埋藏著極其深重的煩惱和痛苦。老作家直率地向他說出了自己的想法,他說,在他看來,馬雅可夫斯基會有偉大的前程,但這前程的獲得可能有一個艱難的經歷;詩人卓越的才華使他有可能創作出大量優秀的作品,但是為了這些作品的創作,他得要付出巨大的甚至痛苦的代價。這位洞察人世的大師深刻地指出,馬雅可夫斯基是一位「異常敏感、異常富有才華同時也異常不幸的人」,作為詩人,他似乎總是在用兩種聲音說話,一種是純真的抒情詩人的聲音,另一種

三、受挫的愛情──
　　她像是麗莎・喬宮多,「已經讓人偷走了。」

　　是尖銳的諷刺詩人的聲音⋯⋯但馬雅可夫斯基顯然根本不在乎高爾基關於他會有偉大前程的預言,對他來說,這些將來才可能有的東西,一切都不重要,他迫切渴求的是現在,現在的愉快和幸福。於是,馬雅可夫斯基陰鬱地向高爾基承認,他對現在的生活感不到有什麼樂趣,既然現在「沒有樂趣,我就不要什麼前程。」

　　《穿褲子的雲》的創作,只能使馬雅可夫斯基在愛情失落之後,情緒暫時獲得部分的宣洩和調節,他仍然迫切地感到,他的內心有一股巨大的力,逼著他去接近愛爾莎。7月初的一天,他離開庫俄喀拉,來到勃里克家的公寓,指望在那裡可以見到愛爾莎。但愛爾莎恰恰不在,只有莉麗婭一個人,全身都穿著黑色的服裝。

莉麗婭,約 1921 至 1922 年

　　馬雅可夫斯基見此,卻像是根本沒有想到,她是在為她剛去世不久的父親服喪,於是不加思索地輕易問道:「您瘦多了,出什麼事了?」莉麗婭覺得這個人情感太不細膩,語言也顯得粗俗,缺乏應有的禮貌,臉上流露出不快的神情。但對方對她的態度似乎根本沒有理會,更沒有想到自己此刻來到她家會不會引起她的不快,竟堅持要為她朗誦他的一首短詩。他只顧誇耀自己,說他的詩是很偉大的,在俄國,除了安娜・

阿赫瑪托娃和他兩個人，沒有第三個人寫得出這樣有才氣的詩來，只不過莉麗婭不懂罷了。莉麗婭感到他如此自我炫耀，非常沒有教養，因為她自己從孩提時代起，就被教知，自誇是一種十分不好的態度，於是她盡可能有禮貌地對他說，雖然她從來沒有讀過他的一首詩，不過她還是願意來讀一讀，如果他隨身帶有他的詩的話。這一下馬雅可夫斯基高興了，他掏出一首遞給她。這是他剛剛寫成的一首短詩，只有4段，共49行，題為《媽媽和被德國人殺害的夜晚》。莉麗婭認真地讀了開頭：

昏暗的街道上痙攣地躺臥著

面色蒼白的母親，好像棺材上的白綾。

在敵人被打敗了的叫喊聲中痛哭：

「呵，闔上吧，請闔上報紙的眼睛！」

然後把全詩讀完，內心裡覺得，的確寫得不錯。但她故意不對它作任何的評價，便把詩還給了他。她是為他那副傲慢的態度惹得非常不愉快，才不願說他一句好話的。天真的馬雅可夫斯基好像仍舊沒有注意到她的神態，反而帶著驚奇地問她：「妳不喜歡？」莉麗婭又特地言不由衷地回答說：「沒有什麼特別的！」不用說，這樣的對話，顯然不是馬雅可夫斯基所期待的，因而使他感到不快。當然，莉麗婭本人心裡也不舒服。

一個星期之後，馬雅可夫斯基好像把這一切全都給忘了，又來到這個公寓。這次恰好愛爾莎也在。

三、受挫的愛情──
她像是麗莎・喬宮多,「已經讓人偷走了。」

莉麗婭與她媽媽和妹妹,1922年在倫敦

儘管和馬雅可夫斯基之間的關係,愛爾莎本來就並不認真等待,同時他們的這種關係也一直受到來自母親和姐姐方面的阻力,只是她歷來都喜愛詩,甚至把詩看成是人生的一件大事,因此在與馬雅可夫斯基的接觸中,從他第一次給她朗誦了他的詩之後,她就簡直不知饜足地要他念詩給她聽了,甚至每次聽了他的朗誦,她都激動得差不多發狂,覺得在他的詩中,她發現了一種久已近在身邊、居然完全不了解的東西。她十分欽佩這位詩人的才華,對他的詩,有一種出於內心的喜愛。現在,這位詩人來到她的面前,她自然就懷有一種欽佩之心,為他端來了茶;

她同時還竭力說服和懇求莉麗婭和奧西普，堅持要他們好好地聽一聽馬雅可夫斯基朗誦他的詩。

就由於愛爾莎的懇求，使莉麗婭第一次不懷成見地去傾聽馬雅可夫斯基的朗誦，並透過這次朗誦，無可挽回地愛上了他的詩，進而又無可挽回地愛上這個寫詩的人。與此同時，馬雅可夫斯基也對應地、無可挽回地愛上了莉麗婭。

青年馬雅可夫斯基

三、受挫的愛情——
　　她像是麗莎・喬宮多,「已經讓人偷走了。」

四、ЛЮБЛЮ ——
不間斷的愛、反覆的愛和持續的愛

四、ЛЮБЛЮ——
不間斷的愛、反覆的愛和持續的愛

　　奧西普‧勃里克和莉麗婭‧勃里克夫婦在彼得格勒的公寓，是在離涅瓦大街不遠處朱可夫大街 7 號的一座老式的高房子裡。這裡雖然在彼得格勒還算屬於鬧市區，但各方面的條件都只能說是一個低等的住宅區。鵝卵石的路面像是一幅不知什麼時候就有的古老的圖畫，路口那盞鍛鐵製成的街燈也已經十分陳舊，庭院前面牆上的馬頭雕像更是破損不堪，一切都不能給人一點新的感覺，整個地段都顯得死氣沉沉的。莉麗婭和奧西普住的是這幢房子的 7 樓，只有 3 個很小的房間；儘管家具大多還都留在莫斯科，但那一架鋼琴、一個絲質軟墊的長沙發，還有夫妻各人一張床，加上其他一些不可缺少的日常用品，也就把幾個房間擠得緊緊的了，使主人覺得擁堵而且拘束。不過床上那條厚厚的、昂貴的駝絨被，和那張掛在牆上的俄國畫家鮑里斯‧格利戈里也夫作的大幅油畫，描繪莉麗婭躺在柔軟的綠草地上，著一身盛裝，背景是一片燦爛的晚霞，還使人能夠記起他們婚後那一年曾經度過的豪華生活。當然，現在已經今非昔比，他們在這裡住了一段時間之後，甚至使一貫貪圖享受的莉麗婭，也漸漸地習慣於過這低等住宅區的平淡生活，安於平靜，安於寂寞了。不過當愛爾莎和馬雅可夫斯基進來之後，原有的平靜和寂寞就被擾亂了，氣氛也顯得有點不那麼的自然。

　　馬雅可夫斯基從以往他們和他的關係中意識到，勃里克夫婦對他是不歡迎的，但是一種內心的渴求，還是使他受理智的驅使，遠遠地從郊區趕到這裡來，而且竭力要設法使自己引起他們的注意，獲得他們的好感。於是，進來之後，他就不等邀請，自行坐了下來，並努力主動地做到與他們彬彬有禮地交談。雖然這樣，莉麗婭仍然對他很警惕。她傾過身去，靠到妹妹的身邊，低聲對她說：「求妳，跟馬雅可夫斯基說一聲，讓他今天不要擠在這裡；告訴他，別再為我們讀他的什麼詩了。」可是愛爾莎帶馬雅可夫斯基到這裡來，本意就是要讓他來朗誦他的詩給他們聽

的，她自然不會聽從姐姐的意見，而堅持自己原來的想法。馬雅可夫斯基作為一位詩人和一個幾度感情失落的戀人，原來就有一股希望透過創作詩和朗誦詩來傾吐自己憂鬱情緒的強烈慾望。在庫俄喀拉時，馬雅可夫斯基就是每天夜晚都要朗誦他的《穿褲子的雲》的，起初朋友們還樂意聽他的，後來因為朗誦的次數多了，而且每次都要從頭開始，漸漸的，使他們對他感到有點厭煩了。所以現在，只要有機會朗誦，有人肯聽，不管怎樣，馬雅可夫斯基都很希望朗誦。於是，在交談了幾句之後，馬雅可夫斯基便根本沒有想到別人是不是願意聽，就站起身來，靠到房門前，把肩膀擱到門框上，作好準備，等待一個適當的時刻來開始讀他的詩，因為莉麗婭和奧西普兩人當時都只顧自己坐在桌子旁相互交談著什麼，好像根本沒有他這個人的存在似的。但是馬雅可夫斯基似乎也不在乎他們這種沒有把他放在眼裡的態度，過了幾秒鐘之後，便認真地從外衣口袋裡掏出一個小筆記本，翻了幾頁，看了看，又放回到衣袋裡，深深地陷入了沉思……

突然，他抬起眼睛，環顧一下房間的四周，說：

你們的思想

幻滅在揉得軟綿綿的腦海中，

如同躺在油汙睡椅上的肥胖的僕從。

我將戲弄它，使它撞擊我血淋淋的心臟的碎片……

對，他不是在「說」，而是在朗誦，朗誦他《穿褲子的雲》的「序曲」。接著，他又以低沉的，不像是朗讀詩、倒是像朗讀散文的聲調，挑釁似地接下去朗讀這首詩的第一節：

你們以為，這是在熱病中講昏話？

事情發生在，

發生在奧德薩。

四、ЛЮБЛЮ——
不間斷的愛、反覆的愛和持續的愛

　　詩人從自己經受過的感情經歷出發，以特有的情感，用詩的語言敘述了自己與瑪麗婭·傑尼索娃的那段痛苦的愛情：詩人期待瑪麗婭的愛情，可是瑪麗婭的親戚都不喜歡這個只有才華和愛情而唯獨缺少鈔票的詩人；於是，當詩人應約從下午4點鐘一直等到晚上10點鐘，額頂和臉頰緊貼著窗玻璃，在寒冷的雨夜，在痛苦的呻吟和抽搐中等待，結果等到的只是瑪麗婭絕情的回答：「我告訴你 ── ／我要出嫁了。」

　　馬雅可夫斯基的朗誦，像是低低的傾訴，也像是苦苦的哀求，又像是憤憤的狂怒，有時還像歇斯底里的發作。對他懷有成見、不想聽他朗誦的勃里克夫婦本來是不願去理睬他的，只是畢竟礙不過情面，有些不好意思，便故意把眼睛緊緊地盯住桌子上的那個茶杯。但是這個服裝不整、頭髮散亂、屹然站立的詩人正面對著他們的臉，在大聲傾吐自己的心聲，發洩那一直折磨著他的被壓制的情緒，是那麼的激烈、那麼的衝動，甚至把外衣都脫去了。他的這種強烈的激情，不管他們喜不喜歡，不能不使他們感動。結果，出乎自己的意料，勃里克夫婦兩個都真的受到了感動。

　　的確，是馬雅可夫斯基的詩感動了他們兩個。本來，莉麗婭在1929年寫的回憶錄《回憶1905-1917》中說：還在第一次世界大戰前，他們就與詩人康斯坦丁·里普斯凱洛夫（Konstantin Lipskerov）和索菲婭·帕爾諾克（Sofia Parnok）交了朋友，但是直至見到馬雅可夫斯基，「我們對文學興趣都還是消極被動的，主要是我和奧夏（奧西普的愛稱）互相大聲朗讀……《罪與罰》、《卡拉馬祖夫兄弟》、《白痴》、《戰爭與和平》、《安娜·卡拉尼娜》與克爾郭凱爾的《查拉圖斯特拉》和 *Invinoveritas*（《酒後真言》，即《盛宴》）」今，聽著馬雅可夫斯基的朗誦，勃里克就像幾個月前愛爾莎所曾感受到的那樣，覺得好像突然有一道光照亮他的心坎。勃里克後來一次在談到此事時承認，說他永遠忘不了馬雅可夫斯基當時第一

聲發出「你們以為，這是在熱病中講昏話？」時的聲音，那聲音在他的心中久久迴響，使他忘掉了身旁桌面上的茶杯，不由自主地把眼睛轉向於朗誦者，一動不動地凝視著他那張表情豐富的臉，隨後便情不自禁地去傾聽他的朗誦、體驗他的情感和韻律在詩中的起伏和流動。

媽媽！

我不能歌唱。

我心裡禮拜堂的歌唱臺已經被焚！

時間在不知不覺中過去。朗誦完最後一個字後，詩人在桌子旁靠近莉麗婭的身邊坐了下來，請她給他一杯水。

莉麗婭也像奧西普一樣被他的朗誦感動了，甚至是更深地被感動了。她一直坐在那裡，全神注視著詩人，沉浸在他的詩的意境裡，好像根本沒有聽到他這請求似的。她一句話也不說，只是默默地去到茶炊跟前，倒來一杯茶，慢步過來遞給他。詩人也一句話都不說，默默地接了過去。

一切似乎都在沉默中。後來，是勃里克先說話，發表他的感想。他告訴馬雅可夫斯基說，這是他所曾聽到過的最優秀的詩人寫出的最優秀的詩篇；他還說，他甚至認為，現在，他馬雅可夫斯基即使不再寫任何其他的詩，也已經是一位偉大的詩人了。對於勃里克來說，詩是革命的動人的陳述，同時他也認為，一切深切地表達了人的真實情感的詩都同樣是好詩；他還為馬雅可夫斯基詩中鮮明而新穎的意象所震驚。這麼說過之後，勃里克伸手取過馬雅可夫斯基的那個筆記本，翻到寫在上面的這首《穿褲子的雲》，自己唸了起來。

勃里克這種真誠的態度使馬雅可夫斯基很受鼓舞。此前，馬雅可夫斯基曾經見到高爾基在聽他的朗誦時流過眼淚，「微微有點自負」，後來

四、ЛЮБЛЮ——
不間斷的愛、反覆的愛和持續的愛

才知道,高爾基幾乎是聽每一個詩人的朗誦都會流淚的,既然任何人的詩都會使他感動,那就顯示不出他馬雅可夫斯基有什麼超過其他詩人的地方了。此刻,他覺得奧西普才是真的深深地受到他的作品的感動,是真正喜愛他的《穿褲子的雲》的,於是他真心滿足地笑了。過了幾秒鐘,他把他大大的褐色的眼睛從勃里克身上轉了過去,盯著莉麗婭和愛爾莎看,心中一個主意想定了。他見她們兩個也是一副沉思的模樣,突然就從勃里克的手中取回那個筆記本,往桌子上一放,翻開第一頁,帶著請求的語氣對莉麗婭說:「我可以把它獻給妳嗎?」未經對方同意,就很認真地在上面寫下了莉麗婭的名字,表示要把這詩奉獻給她。

對莉麗婭來說,馬雅可夫斯基的這次朗誦,的確也讓她從心底裡受到感動。莉麗婭真誠地感到,她後來回憶說,這是「我們很久以來夢寐以求、一直所期待的詩」,她甚至覺得,聽過這樣的詩之後,再去讀別的詩,都會覺得索然無味,甚至再也不想讀其他人的詩了。果然,詩人如此突如其來對她表示出來的奉承,使她不由感到滿足。不過他這樣地向她獻媚,不免又讓她感到意外,甚至有點吃驚,因為她自己清楚,相信對方心中也不會不明白,他們兩個人以前一直相處得並不好,因此,此刻的這種態度,在她看來就不免顯得有些不自然了,帶有一種並非真心和故意做作的成分。另外,莉麗婭也明白,向一位女性獻殷勤,不用說,自然帶有「性」的性質。馬雅可夫斯基原來曾經向愛爾莎求婚過,今天他理應把詩獻給愛爾莎才對,可是他沒有這樣做,卻要把詩獻給她莉麗婭,這既使她感到難以理解,又是她原來所完全沒有想到、因而是沒有心理準備的。所以,莉麗婭覺得是不能接受的。她原曾想表示拒絕。只是她的教養告訴她,從禮節上說,她不應該就這樣直率地表示。於是,莉麗婭就從另一個角度婉轉地對詩人說:「你怎麼可以把一首原來為另一個人寫的詩獻給一位女性呢?」

「為另一個人寫的」?

「不！」馬雅可夫斯基斷然否認莉麗婭對他的指責。他坦率地承認，他在寫這首詩的時候，的確愛著好幾個女人，詩裡的「瑪麗婭」不僅與奧德薩的那個瑪麗婭有關，詩的第一節還與另一個叫索尼婭的少女也有關。他明確說，在詩中，他是把「瑪麗婭」作為女性的集體意象來寫的，因為他覺得瑪麗婭的名字不但最富女性化，也最富於俄羅斯民族性，所以才選用「瑪麗婭」這個名字。最後，馬雅可夫斯基坦率而認真地對莉麗婭聲稱：「我對許多女子都感興趣，但我從來沒有答應過把詩送給哪一個。我的內心非常清楚，我就是為了獻給妳而寫這首詩的！」

馬雅可夫斯基這段發自心底的話，讓莉麗婭非常感動。這是一支邱比特的愛情之箭，有力地射中了她的心，使她一下子忘掉了以前對他可以說是非常固執的不好印象，完全屈服於他的感情了。勃里克那天也把馬雅可夫斯基的這個筆記本留了下來，並在晚上當著馬雅可夫斯基的面，一遍又一遍地讀《穿褲子的雲》裡的幾段，讀得很有興味。愛爾莎與莉麗婭一起坐在桌子旁一邊喝茶一邊談天，看到勃里克的這副模樣，她不無自負之感，不時地插上一句：「我所以跟你說麼……」意思是，我本來不就說過嗎，馬雅可夫斯基可是一個了不起的詩人啊！現在怎麼樣？你們不是都被他感到了嗎！

勃里克確實完全被《穿褲子的雲》征服了。讀了幾遍之後，他突然想起自己也許可以對他有所幫助，就問馬雅可夫斯基，這詩準備在哪裡出版。

「啊，沒有人會出版它。」詩人爽快地回答說。他絲毫不想隱瞞實情。他告訴勃里克說，《穿褲子的雲》的「序曲」部分和第4章已經在1915年2月出版的詩集《射手》第2期上發表過，另外第2、第3兩章又

四、ЛЮБЛЮ——
不間斷的愛、反覆的愛和持續的愛

在他自己的《關於各式各樣的馬雅可夫斯基》一文中引用過，文章與他自己的照片一起，發表於 1915 年 8 月出版的《雜誌之雜誌》。因此，他自己最清楚不過，不會再有人願意出版它了。但勃里克實在是太喜歡他的這首詩了，於是又問：「要是我們自己來印刷出版，費用需要多少？」

勃里克這句暗示性的問話使馬雅可夫斯基十分興奮，他深深記在心裡了。第二天，他找到一位印刷商，了解清楚了，印一千冊《穿褲子的雲》得需 150 盧布，錢款還可以分期支付。勃里克覺得，這點錢，數目不大，完全可以由他來負擔，就交給馬雅可夫斯基一筆首付的款項，答應其餘部分下次付清，讓馬雅可夫斯基去辦出版事宜。這樣一來，勃里克便成了《穿褲子的雲》的出版者。隨後，他和馬雅可夫斯基兩人開始按照慣例，認真負責地對書稿的文字、包括標點符號，一一進行技術性的處理，並想法設計出一個樸素的封面。另外，勃里克還跟馬雅可夫斯基訂了一個每行支付 50 戈比稿酬的出版合約。

勃里克完全是因為對詩懷有一種真誠的愛才替馬雅可夫斯基出版他這部詩作的，他甚至為這首《穿褲子的雲》寫了一篇評論文章，雖然他不是評論家，只因對這詩有真切的感悟，居然還寫得不錯，受到人的好評。在與馬雅可夫斯基兩人之間的這種合作中，勃里克感到他們之間的關係更加融洽、更加親密了。出於對詩人馬雅可夫斯基的欽佩，有一段時間，勃里克竟然像小孩子似的摹仿起馬雅可夫斯基來，學他的風度、舉止，連走起路來也要像馬雅可夫斯基那樣大搖大擺的，說話也仿效他的粗重的男低音；同時他還學著他，也寫出了幾行詩。

馬雅可夫斯基沒有再回庫俄喀拉去，他住進彼得格勒一家名叫「皇宮」的小旅館，為的是跟莉麗婭靠得近一些。住到 1915 年暮秋，他雖然已經搬出了「皇宮」旅館，搬到納捷斯津街的一處住處，但他在 11 月 9 日給母親寫信，請她把他原來當掉的冬外衣贖回來，並給他寄幾件暖和

的內衣和兩條手帕時，仍然讓她把這些東西寄到朱可夫大街 7 號第 42 公寓，由勃里克收取轉給他。

漸漸的，莉麗婭與馬雅可夫斯基的關係不同以往了，愛情在他們之間開始萌發起來。這也就不難理解，馬雅可夫斯基在自傳《我自己》中要把 1915 年 7 月「認識了麗・尤・勃里克和奧・馬・勃里克」的這一天看成是他「最快樂的日子」。

一個溫暖的晚上，幾個朋友相約在公寓聚會。本來，大家都一起在喝酒、談天，可是坐下不久，莉麗婭和馬雅可夫斯基就避開了眾人，兩人單獨坐到窗檻上的帷幔後面去，管自己兩人親親熱熱地交談。莉麗婭向詩人表示，她覺得他非常「英俊瀟灑」。馬雅可夫斯基富有柔情地握住她的兩隻手，對她低聲耳語，表達他的愛。隨後他又碰碰她的腿、她的腳，直到她同意第二天單獨到他旅館的小房間裡去與他見面。

從這次得到允諾之後，馬雅可夫斯基與莉麗婭開始經常見面，通常是，每天下午，莉麗婭去他的旅館與他幽會，晚上，則由馬雅可夫斯基來勃里克夫婦的公寓，一起玩玩紙牌或者與奧西普聊天。

根特里科夫巷弄的公寓，馬雅和勃里克夫婦的在二樓

四、ЛЮБЛЮ──
不間斷的愛、反覆的愛和持續的愛

馬雅科夫斯基的房間

  令人奇怪的是，奧西普・勃里克對他們兩人的這種關係，在感情上竟然絲毫沒有表露出嫉妒，相反，他對莉麗婭把自己的情感從他身上轉移於馬雅可夫斯基那裡，有一種寬慰之感，一點也不因他與莉麗婭已經不再有肉體上的親暱而感到不快或煩惱。對於這個處在另一個人的地位都會把他看成是「情敵」的人，勃里克甚至對妻子欣然表示，說：「我能理解妳，只要我和妳永遠不分離。」他甚至聲稱，他和馬雅可夫斯基兩人也同樣完全可以成為「生活上的朋友」。勃里克確實說到做到，他仍然完全像過去那樣，十分讚賞馬雅可夫斯基的詩作，並與他一起跟印刷商聯繫，一起準備《穿褲子的雲》的出版。

  愛情與事業在同時成長。《穿褲子的雲》於 1915 年 9 月出版，共印了 1050 冊。莉麗婭對《穿褲子的雲》也深有感情。她曾經說，她等待這本書的出版有如等待「一次幽會」，現在，看到最先印出的幾本，她和奧

西普都感到歡欣鼓舞、高興萬分。像原來所設想的，書印刷得樸素而大方，鮮豔的桔紅色的封面，格外令人喜愛。這是詩人懷著真誠的愛獻給他的莉麗婭的作品，因此在確定題獻上，費了一番思考。莉麗婭（Лиля）的名字可以有好幾種愛稱，如莉麗婭奇卡、莉麗婭奇扎等等，馬雅可夫斯基先是從好幾個愛稱中選出幾個字母，新創造出一個愛稱「莉奇珂」（Личико），這是「Лицо」（臉孔）一詞的暱稱，意思是「小臉蛋」。但莉麗婭不喜歡這個新詞。馬雅可夫斯基又想改用正式的獻詞：「獻給莉麗婭·尤里耶芙娜·勃里克」。可是仔細想想，好像又覺得不好，決定放棄這種正式的題獻。最後，他只是簡要地題為「獻給妳，莉麗婭」。最讓莉麗婭高興的是，在這些新印出來的《穿褲子的雲》中，有專門為她特製的一本：裝幀特別講究，昂貴的藍色皮封面，以雅緻的白色雲紋綢作襯料，封面上是燙金的文字，莉麗婭看到後十分喜愛。

從這次題獻給莉麗婭開始，此後一直延續到 1925 年，馬雅可夫斯基創作出來的所有詩作，全都是獻給她的。

馬雅可夫斯基因為重新獲得了愛情，尤其因為獲得莉麗婭的愛，感到狂喜不已。他是一個不能沒有愛的人，莉麗婭的愛對他是那麼的重要，很多朋友都看出來了。不久後，馬雅可夫斯基就得意地對朋友們公開了自己與莉麗婭的愛情，並開始把朋友也帶進勃里克的公寓。朋友中有一位維克托·什克洛夫斯基（Виктор Борисович Шкловский,1893-1984），是莫斯科未來主義團體的成員，後來成為形式主義批評流派的主要代表人，對列夫·托爾斯泰、費多爾·杜斯妥也夫斯基和馬雅可夫斯基的研究做出重要貢獻。第一次世界大戰開始後，什克洛夫斯基志願要求上前線，但被留在聖彼得堡，作一名裝甲部隊的指導者。

什克洛夫斯基很能洞察馬雅可夫斯基的內心。他看到，執意希望成為一名舞蹈藝術家的莉麗婭，腦袋大大的，一對褐色的眼睛，淡紅色的

四、ЛЮБЛЮ——
不間斷的愛、反覆的愛和持續的愛

頭髮，不但相貌漂亮，而且風度也非常優雅，因此，馬雅可夫斯基第一眼見到她後就愛上了她，並且會永遠愛著她，他為她寫詩，愛得身心憔悴。什克洛夫斯基認為，能得到莉麗婭的愛，能得以與勃里克夫婦相處，詩人馬雅可夫斯基終於找到了他的一處心靈的安息之所了。

但是，莉麗婭與馬雅可夫斯基兩個人，個性上差異很大，這注定使他們兩人不時要發生爭執，甚至最終造成悲劇的結局。

的確，莉麗婭·勃里克是當時著名的一個漂亮女子，對她的美，見過她的人都有讚美之詞，如芭蕾舞演員亞歷山大拉·多林斯卡婭1914年見到她後曾這樣描述她：

中等個頭，瘦瘦的，有點柔弱，很有女人味。頭髮梳得很光滑，中間略偏有一條直直的髮縫，頭髮分梳到後腦勺，低低地綰成一個髮髻。頭髮是那種自然的金色，使人很容易想起那首讚歌……「棕黃色的頭髮」。她的眼睛——是褐色的，目光柔和善良；特別醒目的是嘴巴，很大，唇形勾畫得很突出、很漂亮，笑的時候便露出一排整齊潔白的牙齒，讓人感覺愉悅舒適。她的手纖細白淨，是典型的女人的手，手上除了一枚婚戒之外並無其他飾物；腳也是小巧玲瓏，穿著精緻有品味。從她的整體打扮來看，毫無疑問，她擅長將時尚與自己的個性喜好相結合，從而找到適合自己的風格。莉麗婭的外表能勉強被稱為缺陷的也許就是她的頭略微有點大，臉的下半部顯得有些笨拙，但這也可能恰巧就是她可愛迷人的地方，儘管她的外表離傳統意義上的美還有很大差距。

（徐琰譯文）

馬雅可夫斯基作為一位詩人，天生具有詩人的氣質和詩人的激情；同時他正又處在青春期，而且是一次次失戀之後的青春期，他對愛情更加有強烈的渴求了。現在有機會認識了莉麗婭，他怎麼會不立即愛上她呢？

認識莉麗婭之後，馬雅可夫斯基就毫無保留地深愛著莉麗婭。愛情使他沉浸在極大的歡愉之中，他對這愛自然是格外的珍惜，同時也有更高的期待和要求 —— 他那已經多次受過創傷的心再也不能因重新失去這愛而流血了。於是，在他贏得莉麗婭的愛之後，他不但從來沒有想到過要對自己的愛情保守祕密；強烈的占有慾還使他時時為獲得這愛情而驕傲，心裡常有沾沾自喜之感。這種心理不但不時會表露出來，有時他還故意表現出來，讓朋友們知曉他這愛。當然，朋友們即使想要為他保密，他們的這一企圖幾個月後也一定會完全落空。因為，馬雅可夫斯基那首1915年秋季開始、大約在11月完稿、最後定名為《脊柱橫笛》的詩，不但最初所取的題目就是《給她的詩》，而且詩裡的字句，沒有人看不出是獻給他所愛的莉麗婭·勃里克的，因此就會把他們希望隱瞞的情感暴露無遺。這樣一來，莉麗婭要想讓她與馬雅可夫斯基的關係保守祕密的期望也就無法實現了。

　　在馬雅可夫斯基和莉麗婭·勃里克相愛的這段時間裡，雖然應該說，莉麗婭是愛馬雅可夫斯基的，她也感受到馬雅可夫斯基所具有的那種男性誘人的力量，他使她激動。可是莉麗婭從小就養成的那種優越感，使她認定自己不能為另一個人所占有 —— 非正式婚姻的占有。出於這種心理，她不願意公開張揚自己與馬雅可夫斯基的關係，更不喜歡，簡直是有點厭煩馬雅可夫斯基發瘋似的表達感情的方式。儘管她與奧西普已經不存在肉體的親密了，卻仍然願意跟他維持家庭關係，以保持她的臉面。她只是希望暗暗地與馬雅可夫斯基相愛。因此，當一次她與馬雅可夫斯基在旅館幽會時發現他向朋友公開了他們的關係時，她一回家，就把這情況老老實實地告訴了丈夫，說自己已經與馬雅可夫斯基相愛，他們已經成為情人，最後甚至問奧西普：「我該怎麼辦？」有意思的是，《怎麼辦？》的信徒奧西普·勃里克對於這個問題的回答竟是出人

四、ЛЮБЛЮ──
不間斷的愛、反覆的愛和持續的愛

意料的理智。他像此前曾經有過的那樣，誠懇地回答莉麗婭說：「我完全理解妳。怎麼可以拒絕馬雅可夫斯基呢？」幾秒鐘後，勃里克甚至又補充說，不過，縱使如此，他和莉麗婭也並非一定就要分開住的。於是，依照勃里克的意見，莉麗婭和奧西普仍舊跟以前一樣，作為同一個家庭裡的成員生活在一起。

懷著這種矜持的心理，莉麗婭雖然表示她是愛馬雅可夫斯基的，很長一段時間裡她仍舊與馬雅可夫斯基保持距離，尤其在當著旁人面的時候。通常，俄羅斯人在關係親密的同輩之間，一般都習慣於以「你」或本名相稱；而在彼此感到不滿或表示態度鄭重時，往往會改稱「您」或本名家父稱。現在，莉麗婭就不用馬雅可夫斯基的愛稱「沃洛佳」來稱他，也不像他稱她那樣地叫他「你」，而總是以一般人常用的禮節性稱呼，叫他「弗拉迪米爾·弗拉基米洛維奇」，稱他「您」。莉麗婭這種態度的改變，使馬雅可夫斯基一想到這變化，心裡就有一種不踏實的感覺，覺得她對他的愛不那麼真誠，感到受著她的牽制。後來，莉麗婭雖然改變了對他的稱呼，感情也有了昇華，馬雅可夫斯基仍始終覺得她並不只屬於他一個人。特別是在莉麗婭這位大小姐的脾氣經常表現得任性而又固執，有時，她在他的面前顯得又嫵媚又迷人，使他快活又狂喜；但有時，不知怎的，一下子她的態度又顯得十分的冷漠，不但使他不快，簡直令他感到氣憤。馬雅可夫斯基為自己與她的這種難以捉摸的關係而苦惱萬分。在熱情奔放中，詩人好像清醒地看到了，自己簡直像是舞臺上的一個失去了愛情、處在絕望之中的可憐的情人。

為了希望能夠取悅莉麗婭，馬雅可夫斯基竭力改變自己原有的生活方式。

馬雅可夫斯基和莉麗婭第一次的合照

　　在此之前，馬雅可夫斯基一貫過的都是像浪漫詩人的那種放浪形骸的日子。這個終身未娶的人，獨身生活，沒有一個正常的家。現在，有了莉麗婭的愛，他非常樂意聽從莉麗婭的安排。他剪去他的長頭髮，又去洗了個澡，並由莉麗婭陪著，去找牙醫師，為他殘缺的牙齒重新鑲上新的。他原本的那副牙齒給莉麗婭留下非常惡劣的印象，她一直很討厭他的這副牙齒，她每次夢見他時，夢中總會出現他的這副壞牙齒。莉麗婭還強迫他脫去作為他未來主義象徵的他那家製的黃色短外衣和繡花的長禮服，幫他買來做工精巧的新服裝。這樣的裝束，馬雅可夫斯基自己也很滿意，為了和這些相配，他甚至自己去弄來一支手杖。馬雅可夫斯基這種他自己稱之為「一半被馴化了」的新模樣，在他 1915 年 9 月與莉麗婭一起合拍的那張照片上可以明顯地看出來。照片上的馬雅可夫斯基，和以前相比，完全像是另外一個人：代替未來主義浮誇服裝的是整齊的襯衫和領帶，外面是時髦的花呢大衣，還戴了一頂帽子，顯得年輕、快活而富有精神。他右手搭在溫柔微笑的莉麗婭肩上，兩人親密地偎在一起。這是他們兩人拍下的第一張照片，馬雅可夫斯基一直珍貴地保存著這張照片，把它看成是自己的護身符。1915 年初冬，馬雅可夫斯

四、ЛЮБЛЮ——
不間斷的愛、反覆的愛和持續的愛

基以前在莫斯科見過的鮑里斯・帕斯捷爾納克來彼得堡與他見面。他們在多雪的薄暮中在街頭散步，談得很興奮。帕斯捷爾納克不但為馬雅可夫斯基要成為一個詩人的強烈決心所感動，還發現他這副與以前完全不同的新模樣，在心中留下深刻的印象。在這段日子裡，馬雅可夫斯基還為自己每天下午都要與莉麗婭一起度過的房間作了一番精心的裝飾，在裡面裝點了鮮花，並且預備了莉麗婭所喜愛的蛋糕，竭力使房內具有一種禮儀式的性質。

對馬雅可夫斯基的這一改變，莉麗婭感到非常高興，也十分樂意幫助他做到這一點，確實也獲得如此良好的效果。

情人間的感情增強後，他們兩人交換了戒指——象徵愛情的信物。

莉麗婭送給馬雅可夫斯基一個大印戒，戒指上刻著他名字的首字母；馬雅可夫斯基給莉麗婭的是一個環狀金戒。愛情賦予詩人以靈感，雖然詩人在給莉麗婭的金戒上設計的也是莉麗婭名字的首字母，但這幾個首字母連線起來之後，就特別具有意義。根據俄語語法，即使省去主語，僅是從一個變格過的動詞上，也仍然可以看出動作或行為的主體是第一人稱還是第二人稱，或是第三人稱，是單數還是複數。現在，馬雅可夫斯基給莉麗婭的環狀金戒上循環刻上莉麗婭・尤里耶芙娜・勃里克（Лили Юрьевна Блик）的首字母 ЛЮБ ЛЮБ ЛЮБ ЛЮБ ЛЮБ，其中的「ЛЮБЛЮ」即是俄語動詞「любить」（愛）的第一人稱單數。於是，莉麗婭這個全名的循環首字母就有了「我愛」的意思，表達了贈送這件信物的主體的愛，而且因連續的關係，便暗含了他對接受者的「不間斷的愛」、「反覆的愛」和「持續的愛」。

與此同時，勃里克與馬雅可夫斯基的關係也急促保持親密，他甚至特地為詩人添了一個未經油漆的書架，便於他擱置未來派的書籍。這個書架上放的第一本書就是桔紅色封面的《穿褲子的雲》，第二本是莉麗婭

的那個特製本。這象徵著勃里克夫婦對馬雅可夫斯基作為一位藝術家的信念。但是儘管如此，在馬雅可夫斯基心靈的深處，仍然不時會浮現出這愛情似乎仍不只屬於他一個人這抹不掉的陰影。

1915年的初秋像以往一樣，9月裡，白天很長，不熱也不冷。馬雅可夫斯基開始創作他那首獻給莉麗婭的詩《脊柱橫笛》。創作的進度緩慢，他每寫一行都要反覆推敲和朗讀。許多詩句，寫出之後他會先讀給莉麗婭聽，然後又同時讀給她和奧西普聽，最後還會讀給其他的人聽。這也是馬雅可夫斯基的寫作習慣。

這首超過300行的《脊柱橫笛》，是一首描寫愛情的瘋狂和痛苦主題的男性抒情詩，詩中的人背負著無法壓制而又不能昇華的愛的慾望；在表現詩人的愛時，用的是譫妄狀態下的語言，正展現了馬雅可夫斯基在這愛情的陰影下而產生的痛苦的精神狀態。

詩人在詩裡說：「我曾高喊過沒有上帝，／而上帝卻從地獄深處搞出這樣一個女妖來，／甚至大山在她面前都要感到振奮和震驚。／搞了出來／就吩咐說：你去愛！」這是詩人在譫妄狀態下對莉麗婭的定性：「一個女妖」。詩人宣稱，他對莉麗婭的愛是真摯而強烈的。德國詩人歌德詩劇《浮士德》中的甘淚卿、法國作家小仲馬同名小說中的茶花女，這些「幾百年來受人咀嚼的玫瑰色的柔情蜜意」，詩人都已經「顧不得」，他只願一心一意地「在新的人兒腳前拜倒在地」，他歡呼：莉麗婭──「被染飾成／火紅色的人兒，我歌唱你。」詩人表示，縱使幾個世紀的歲月把鬍鬚染成白色，只剩下「你和我」，他也是一個「從一個城市到又一個城市追逐你的我」，到那時：

即使你被送到海外，／藏在夜的洞穴裡──／我也要透過倫敦的霧／用燈籠般的火唇深吻你。

四、ЛЮБЛЮ——
不間斷的愛、反覆的愛和持續的愛

就是你在沙漠的酷熱裡列開商隊，／那裡縱然有雄獅守衛，——／我也要將撒哈拉般火熱的臉頰／靠向風塵撲撲的你，／緊緊依偎。

如果你把微笑鑲在唇邊，／注視著——／鬥牛士的俊俏臉龐！／我就會突然／用臨死的牛的眼睛／將妒嫉投上包廂。

如果你想將蹣跚的步履挪在橋上——／投下去多好啊。／你想。／這是我／在橋下像塞納河一樣漫流，／呲露著殘缺的牙齒，／向你發出招呼的歌唱。

如果你同別人在烈馬賓士的燈火中／點燃斯特列爾卡或者索柯里尼基，／這是我，月亮一樣爬到那老高的地方，／光溜溜一絲不掛，期待著，陰悒孤寂。

身強力壯，／他們用得著我——／吩咐說：／到戰爭裡去把自己殺死！／那麼最好一個／凝結在被砲彈打飛的嘴唇上的，／將是你的名字。

……

如果我命該為王，——／我就釋出命令：／在金光燦爛的我的錢幣上／鑄造上／你的俏容！／或者／在那世界因蘇臺而變色，／在那河流同北風打交道的荒野中，——／就在鎖鏈上刻上莉麗婭的名字，／而後在苦役的黑暗中把鎖鏈吻個不停。

但是他如此愛著的莉麗婭卻像是一個「女妖」，她感情變幻無常，讓他無法捉摸……

馬雅可夫斯基這裡用來作比的「女妖」是指希臘神話中的賽蓮（Siren）。她是一個鳥形的女妖，以美妙的歌聲誘惑航海者觸礁沉沒海底的鳥形女妖。荷馬的《奧德賽》（陳中梅譯詩）寫女巫喀耳刻這樣對奧德修斯：「……現在，我要你聽我／囑咐，神明會使你記住我的話言。／你會首先遇到女仙（女妖）賽蓮，她們迷惑／所有行船過路的凡人；誰要是／不加防範，接近她們，聆聽賽蓮的／歌聲，便不會有回家的機會，不

能／給站等的妻兒送去歡樂。／賽蓮的歌聲，優美的旋律，會把他引入迷津。／她們坐棲草地，四周堆滿白骨，／死爛的人們，掛著皺縮的皮膚。／你必須……／塞住夥伴的耳朵，／使他們聽不見歌唱……」

由於莉麗婭・勃里克個性變幻無常、使人無法捉摸。到了後來，她自己已經並不再真心愛馬雅可夫斯基，只是利用馬雅可夫斯基為她掏錢，卻又一次次地設法阻礙馬雅可夫斯基愛上別的女子。以致近年一些記述和研究她的文章，也常以賽蓮來表述她。著名的專欄作家休・斯圖爾德（Sue Steward）在 2008 年 1 月 20 日的《電訊報》上發表的一篇有關她的文章，題目就是「莉麗婭・勃里克：十足的蘇維埃賽蓮」（*Lilya Brik: A Very Soviet Siren*）。

馬雅可夫斯基的這首《脊柱橫笛》，雖然在表述上有點誇張，但多處仍然可以非常明顯地看出詩人當時確實仍舊為這愛所經受的這種煩惱和痛苦。他激烈地呼叫：「到我心裡來讓你的青春再現。／讓你的心認識一下肉體的喜慶。」不錯，每天下午，莉麗婭都可以來到馬雅可夫斯基的身邊，與他做愛；她還可以以她特有的藝術鑑賞力，經常對他的新詩作出回應。但她儘管這樣經常與馬雅可夫斯基在一起，她卻又時刻表現出渴望回到丈夫身邊去。這使馬雅可夫斯基一次又一次地受到嫉妒心的折磨：

兩扇門
砰拍打開。
他走進來，
為街市的歡樂所澆灌。
我
嚎啕大哭，像被劈成兩半。
朝他喊叫：

四、ЛЮБЛЮ——
不間斷的愛、反覆的愛和持續的愛

「好！

我走開！

好！

你的女人留下來。

……」

啊，這個

夜晚！

絕望臨頭我萬分不安。

由於我的哭泣和狂笑，

房間也歪歪扭扭因恐怖變換了嘴臉。

在絕望中，馬雅可夫斯基因他的心「被劈成兩半」，造成精神分裂而痛苦地譴責莉麗婭「妳偷去了我的心，／把它剝奪得一乾二淨，／還在囈語中折磨我的靈魂」。

馬雅可夫斯基寫愛情詩，主要是為了奉承莉麗婭，同時也滿足她對創作詩的願望，自然也不排除讓自己在創作中得到感情的釋放。莉麗婭一般也是喜歡他的詩的，平時都喜歡聽他朗誦自己的作品，對他的詩也能經常做出肯定的、往往還是比較中肯的評價。但是對這首「獻給她」的《脊柱橫笛》，她卻表現出了不屑一看的態度。這也不能理解，因為她不能接受詩人把她寫成這副模樣：難道她肯甘心承認自己是女妖賽蓮嗎！

對於與莉麗婭的愛情抱著如此認識的馬雅可夫斯基，心靈是顯得那樣的空虛。朋友們又大多都留在莫斯科，更使他陷入了孤獨。他不止一次地訴說，他幾乎要被孤獨窒息死了。在急切的焦慮中，他懷疑莉麗婭對他已經失去了興趣，對他的愛已經感到極端厭惡了。

他需要安慰,需要愛情的滋潤。在這個時候,他仍然深切地感到自己比任何時候都嚮往著莉麗婭的愛情。

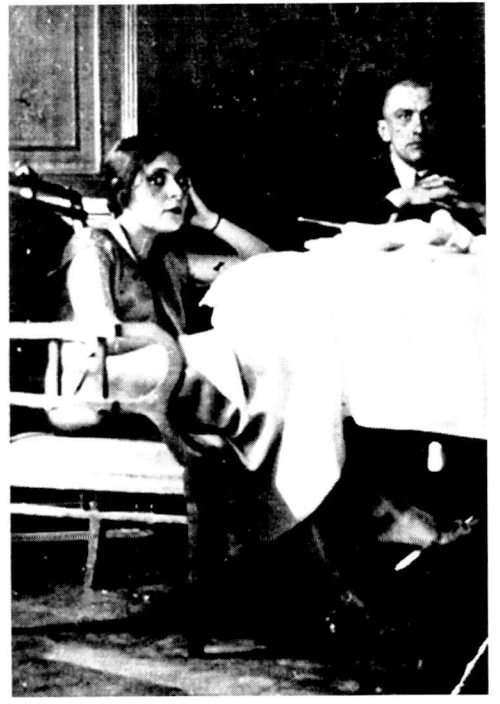

莉麗和馬雅可夫斯基,1924 年

四、ЛЮБЛЮ——
　　不間斷的愛、反覆的愛和持續的愛

五、戰爭歲月 ——
有妳在場,輪船都不敢冒煙了!

五、戰爭歲月──
有妳在場,輪船都不敢冒煙了!

馬雅可夫斯基一直把勃里克夫婦的公寓看成是自己的家,不但天天待在那裡,還像房主那樣,經常要帶莫斯科的朋友來這裡,一起喝茶,輪流朗誦各人的詩作,討論詩的藝術;此外,他還熱衷於和這些朋友一起,在這裡打牌。這樣一來,短短的幾個月內,便使這裡幾乎變成為未來派人士的聚合地了。公寓也變了樣,牆壁被未來主義的詩和畫裝飾了起來,室內迴盪著音樂和談話聲,還有抽菸時散發出來的繞繞青霧。這一切,對莉麗婭和奧西普來說,不但沒有覺得不習慣,反而感到非常新鮮。儘管第一次世界大戰仍在進行,到1915年秋,俄羅斯已經損失100萬人以上。僅是這年5月與德軍的幾次較量,俄軍死傷就異常慘重。現在還在繼續,報紙上勝利的戰報越來越少,戰場上傳來的也都是壞消息。社會上愛國主義的熱切減弱了,不滿的情緒增長了。「文學生活則封閉在沙龍中,小組裡⋯⋯彼得格勒是這樣,莫斯科也是如此。」──《最後一顆子彈》的作者米哈伊洛夫這樣說到當時的文學說。

情況確實這樣。在這段時間裡,國內物資的供應異常奇缺。但是對馬雅可夫斯基和勃里克來說,戰爭的打擊,彷彿僅是在生活上為他們造成幾分艱苦,他們的內心好像沒有多大受到戰爭的影響,他們照常爭論他們的詩歌創作,對文學的執著使他們覺得,除了詩和創作,什麼戰爭的成敗,國家的命運,似乎什麼都並不重要了。奧西普・勃里克本來跟未來派詩人沒有無關,可是現在,他已經成了馬雅可夫斯基的出版商,因此完全有理由加入到這批整天喜歡無止境辯論的人中間去,何況他也非常支持未來派的創作。莉麗婭不時也參與他們的討論,在閒談中,她說自己曾從事雕塑,只是在結婚前丟棄了,但她對藝術仍是非常熱愛的。確實,如今,莉麗婭除了練習芭蕾舞,再也無事可做。她單獨一個人的時候,就感到心煩意亂,產生一種孤獨感;與這些人在一起,她就感到充實,有良好的感覺。

莉麗婭是一個相當愛虛榮的女子，她喜歡用化妝品把嘴唇塗上鮮豔的口紅，把眉毛修得齊齊整整，把白淨的皮膚襯得更加白皙。她一般都喜歡披一條昂貴的柔軟的開司米大圍巾，讓兩肩在彩色的披巾下隆起，眼睛閃著光，綻出美麗的微笑看著馬雅可夫斯基，在來她公寓的馬雅可夫斯基朋友們面前，很有一副迷人的風采。所以非常了解她的維克多·什克洛夫斯基就稱她像是一位「貴婦人」。

　　其實，那些來這裡的未來派成員，也很希望有這麼一位漂亮而有文學鑑賞力的女性樂意於凝神專注地傾聽他們朗讀自己的詩，感受他們作品中的意象，然後提出即興的評論。而莉麗婭對於詩的藝術，確實有一定的天賦鑑賞力。每當來這裡的詩人、藝術家讚美她具有藝術眼光時，莉麗婭不由感到洋洋自得，何況她還發現這些人中，有的還喜歡向她獻殷勤，甚至向她求婚，使她更覺得自己是這個文學圈子裡的中心人物了。莉麗婭聽說過始於17世紀法國、至今仍流行於巴黎、義大利和倫敦等西方城市裡的「沙龍」：一個富有而有權勢、受過良好教育的上流社會貴婦人，定期在自己奢華的客廳裡接待文學藝術界人士，來她這裡的文學家、藝術家們向她獻詩、為她雕塑和繪畫，把她看成是賦予他們靈感的「繆斯」。她覺得自己雖然並不富有，也沒有權勢，但也完全像一位沙龍的女主人。她是有魅力的，確實，不但馬雅可夫斯基的詩作，靈感大多來自於她，後來，智利詩人巴勃羅·聶魯達在評論她的時候，也確曾讚賞她是「俄國先鋒派的繆斯」。

　　年輕詩人尼古拉·尼古拉耶維奇·阿謝耶夫（1889-1963）從1913年起與馬雅可夫斯基來往，一年後出版了他的第一部詩集《夜笛》。馬雅可夫斯基把他帶到公寓之後，他深感這裡是一個與眾不同的處所。阿謝耶夫曾這樣描述他對這裡的「第一印象」，還特地提到莉麗婭：

五、戰爭歲月——

有妳在場，輪船都不敢冒煙了！

　　我馬上被（馬雅可夫斯基的）公寓吸引住了，它與其他公寓不同，色彩斑斕的手繪畫作，剛剛寫出或者正在大聲朗讀的詩篇，女主人明亮火熱的眼睛，還有她的表述，既不是道聽塗說，也不是拾人牙慧，令人信服又使人困惑。我們——我，什克洛夫斯基，我想還有卡明斯基，都被這對眼睛和這些表述俘虜了，這些表述好像是無關緊要的隨意漫說，卻都是緊扣中心的議論焦點。

　　阿謝耶夫還特別讚賞莉麗婭對詩歌創作的評論，說她在參加討論中從來不勉強別人聽從她的意見，但她的意見總是十分中肯，往往能擊中要害，為人所折服。

　　不久，不但是詩人、哲學家羅曼・雅各布森、詩人數學家鮑里斯・庫什涅爾、語言學家列夫・雅庫賓斯基和維克托・什克洛夫斯基等人也都來勃里克夫婦這公寓交談。另外，在庫俄咯拉海濱與馬雅可夫斯基建立起友誼的朋友柯爾涅・楚科夫斯基也是這個「沙龍」的常客。他不僅參於討論，還鼓勵這些未來主義的同人們創辦一個雜誌。馬雅可夫斯基很為他的建議所動，他跟莉麗婭說，長期以來，他都期望自己有一個實際的什麼東西，一隻狗，一隻貓，或者是一本刊物。後來，得到奧西普的資助，馬雅可夫斯基和他們在莫斯科的這個未來主義團體中的大部分人都全身心地參於到這個刊物中來了。馬雅可夫斯基為這本雜誌寫的一篇文章中，有一句指導性的話語：「未來主義是在用最大的膂力去拿下俄羅斯」。馬雅可夫斯基並把這份刊物取名為「Взял」（就是「拿下了」的意思）。馬雅可夫斯基、布林柳克、帕斯特爾納克、阿謝耶夫、赫列勃尼可夫和什克洛夫斯基等都為這雜誌作出了貢獻。

馬雅可夫斯基、莉麗和奧西普、帕斯捷爾納克等

鮑里斯‧帕斯捷爾納克和馬雅可夫斯基很友好,「他們的友誼,」莉麗婭說:「有如一段羅曼史。」

還在讀書的時候,馬雅可夫斯基就和帕斯捷爾納克認識,他比帕斯特爾納克低兩級。後來他們又有過多次的接觸。馬雅可夫斯基第一次朗讀他的《脊柱橫笛》時,得到帕斯捷爾納克的稱頌,帕斯捷爾納克評價他這個時期那些精雕細刻的詩篇,是「最早的閃光之作」。帕斯捷爾納克還特地說到:「詩的作者惹我喜愛不亞於其詩」。帕斯捷爾納克覺得,馬雅可夫斯基這個漂亮的小夥子,不但是一個介於神話英雄和西班牙鬥牛士之間的人物,他的心靈、體態和風度,使他具有一種「放蕩不羈的藝術家派頭」;尤其是他的機靈、超凡的才氣和鐵一般的內在自制力,他覺得他是一個非常有個性的詩人。後來,兩人有了進一步的了解之後,帕斯

五、戰爭歲月——
有妳在場,輪船都不敢冒煙了!

　　捷爾納克還發現,他們兩個在創作技巧上,如形象結構、韻律等方面,都有不少相似之處。帕斯捷爾納克在將他創作的詩集《生活呵,我的姐妹》贈給馬雅可夫斯基時,特地在扉頁上題詞說:「您,像漂泊的荷蘭人,/可以在任何詩的領域上空歌唱!」

　　「漂泊的荷蘭人」(Fliegender Holländer),始於一個傳說。說是1641年,一艘荷蘭船行駛到開普半島南端的多岩石海岬「好望角」時,遭遇風暴,最後航船撞礁下沉。但據說後來仍有時人們還會遠距離看到這艘永遠在漂泊、不能回航的船隻散發著幽靈般的光芒;而且據說若有其他船隻向它招呼時,它的船員會試圖託人幫他向陸地上或早已死去的人捎信。德國著名作曲家理查・華格納曾據這一傳說創作出歌劇《漂泊的荷蘭人》。

　　帕斯捷爾納克和馬雅可夫斯基當時關係良好,兩人一直彼此相愛,他們的友誼是平穩的。帕斯捷爾納克不但和馬雅可夫斯基親近,他與莉麗婭也認識。莉麗婭與帕斯捷爾納克第一次見面時,談話就很投機,他們一起談音樂,談著名的俄國鋼琴家亞歷山大・史克里亞賓(Alexander Scriabin),並即席演奏,雙方彼此都給對方留下良好的印象。莉麗婭特別喜歡帕斯捷爾納克的詩。因此,每次帕斯捷爾納克來時,莉麗婭都很高興接待他。只是到了「十月革命」之後,帕斯捷爾納克見馬雅可夫斯基創作了大量政治性極強的宣傳鼓動詩,很不以為然,甚至感到憤怒。帕斯捷爾納克說:「我不能理解他為什麼對宣傳工作那麼賣力,硬把自己和夥伴們往社會意識中灌輸,……為什麼他要讓歌喉服從於迫切的現實。」他覺得,這時的馬雅可夫斯基「已經不是什麼馬雅可夫斯基了,是個不存在的馬雅可夫斯基。」帕斯捷爾納克不喜歡馬雅可夫斯基的這類完全是政治宣傳的詩,他也不願去理解這些詩。於是,他與馬雅可夫斯基有時接近,有時就比較疏遠。但馬雅可夫斯基對他則始終一個樣,他自始

至終都很喜歡帕斯捷爾納克的詩。

　　奧西普·勃里克向來喜愛文學，不只是喜歡閱讀文學作品，還喜歡寫作。婚前，奧西普就很羨慕阿蘭·平克頓（Allan Pinkerton）和尼克·卡特（Nick Carter）。平克頓不但是美國著名私人偵探所的偵探和創始人，還從自己所從事的如破獲製造偽幣案和製造恐怖案等工作中汲取素材，寫出《莫利·馬圭爾派與偵探》等作品。他和卡特的作品，在當時的俄國一直非常流行。奧西普仿效他們，曾與兩位朋友一起創作過一本偵探小說《戰士之王》，果然獲得了暢銷。為自己的成果所鼓舞，奧西普後來又繼續創作，但第二本就不行了，第三本更簡直沒有人買，以致對文學的情感冷卻了下來。認識馬雅可夫斯基之後，奧西普又燃起了寫作的熱情。馬雅可夫斯基的《抓住了》為他發表他的文章提供了園地，鼓舞了他的積極性。他在文章中以吃麥餅和吃麵包作比喻，抨擊巴爾蒙特、勃洛克、勃柳索夫的作品，鼓吹馬雅可夫斯基的詩作。莉麗婭後來曾這樣說到他們當時的狂熱：「我們喜愛詩，我們像醉漢似地飲喝詩篇並為之而著迷。我們理解馬雅可夫斯基所有發自心坎的詩章。」

　　自然，不能據此便認為奧西普·勃里克對馬雅可夫斯基的未來主義有多少真正的了解或認識，也不能說他和這些未來主義人士在哲學上或美學上有多少共同之處，至多只能說是由於他對《穿褲子的雲》的喜愛，在傾向性上有點接近罷了。但就是這一傾向，讓勃里克後來為揭示天才的普希金、萊蒙托夫的詩作而研究起詩的修辭、符號組合、韻律節奏來，甚至還寫出文章；並且他還和羅曼·雅各布松、什克洛夫斯基、彼得格勒大學的波里伐洛夫教授、雅可賓斯基講師等討論，出版了一本理論分析的書。

　　漸漸的，因為來訪的朋友太多，勃里克的公寓就顯得很是擁擠，讓人覺得得似乎太小了。但勃里克夫婦又不能搬到別處去住，因為奧西普

五、戰爭歲月──
　　有妳在場,輪船都不敢冒煙了!

　　是當年沒有上前線的一名逃兵,雖然人們已經把他忘了,但他若要改換居住地址,從法律上講,是必須得向警方辦理遷離手續的,多有不便之處。好在正巧他們得知他們所住的朱可夫大街 7 號同一座建築的樓下,有一家六居室住所的居戶搬走了,房子空了出來,於是他們便搬了進去。這裡畢竟要寬敞多了,甚至他們的家具還填不滿各個房間。只是他們暫時也不想將保存在莫斯科的家具和其他的物件搬回來,並不為放在那邊發愁。現在,奧西普就把新居的一個房間做了他所稱的「圖書館」,堆放大量的書籍,包括他自行出版的那部分書;最大的那個房間給莉麗婭做「工作室」,因為莉麗婭對芭蕾舞很有熱情,彼得格勒有一位芭蕾舞蹈家,以前有幸直接得到過曾經轟動巴黎的芭蕾大師瓦西里・尼津斯基的指導,莉麗婭請了他來教她;她還有幾位朋友也參加和她一起訓練。這個房間作為莉麗婭的「工作室」,曾經作過一番認真的布置:鏡子、橫槓、帷幕,一切練習芭蕾舞所需要的主要器具,都架設好了,牆上掛上了尼津斯基和謝爾蓋・達基列夫 (Sergei Diaghilev) 等大師的照片。

莉麗婭穿上芭蕾舞鞋學跳芭蕾舞

　　達基列夫是俄國的藝術促進者,他透過將音樂、繪畫和戲劇等藝術形式的概念與舞蹈形式相結合,使芭蕾具有新的活力。1906 年,他在巴

黎創辦了以他的名字為名的一個「俄羅斯芭蕾舞團」，啟用當時還名不見經傳的年輕作曲家伊果‧史特拉汶斯基，最後以安娜‧巴甫洛娃、瓦茨拉夫‧尼金斯基和米哈伊爾‧福金等舞蹈家，先後演出《火鳥》、《彼得魯什卡》、《春之祭》等節目於歐美，處處轟動，是莉麗婭她們所仰慕的人物。於是這個房間就專供她們用來練習。馬雅可夫斯基經常拄著手杖，一邊抽著菸，看莉麗婭和她的朋友們穿上粉紅色的短裙，在那面飾有珠羅紗的長鏡子跟前興致勃勃地練跳。只是時間不長，大約過了兩年，到了 1917 年 10 月第一次世界大戰爆發，這時，莉麗婭說：「已經沒有時間想到練舞了。」

　　1917 年即將來臨。儘管生活在這艱苦的年代，為了迎接這新一年的到來，馬雅可夫斯基和他莫斯科的朋友們還是舉辦了一次未來主義的聖誕節慶祝晚會。這是一個化妝舞會。勃里克的公寓已經用一棵聖誕樹裝飾起來了，奧西普把一張張小卡片黏連起來，做成一條條黑色的褲子，每條褲子上面都點綴著棉花做成的雲，像是一朵朵「穿褲子的雲」，掛在聖誕樹上。一隻隻小紙杯上都插好蠟燭，閃耀著節日的光亮。每個參加者的穿戴幾乎都是經過化妝的：勃里克是穆斯林的纏頭巾和一件烏茲別克的衣服，馬雅可夫斯基脖子上圍了一條圍巾，什克洛夫斯基扮成一名海員，卻塗上了口紅；瓦西里‧卡緬斯基所穿的外套給打上一個個不同顏色的補丁，臉上還塗了油彩：藍黑鉛筆畫眉毛，臉頰也是藍色的，鬍鬚則一半黑，一半金黃色；大衛‧布林柳克和維里米爾‧赫列勃尼可夫兩人故意穿一套不好看的服裝，一個一直拿著他的長柄眼鏡盯住每個人看，另一個則臉色蒼白，身子彎曲，像是一隻患病的大鳥。愛爾莎本來仍舊在莫斯科讀書，這次也特地趕過來參加這次聚會。她的臉是法國啞劇中的白衣丑角皮耶羅打扮，穿的是蘇格蘭式的短裙和紅色的長統襪子，裸露的肩膀上纏了一條閃閃發光的俄羅斯絲圍巾，看起來像一個蘇

五、戰爭歲月——
有妳在場，輪船都不敢冒煙了！

格蘭的吉普賽人；她還把頭髮吹起來揚得高高的，幾乎碰到了天花板，上面插了幾支孔雀翎作裝飾。在這個時節，莉麗婭居然還能夠從黑市市場上買到百分之九十五純度的酒精，給摻上櫻桃汁。大家有了這個東西喝，都非常高興。酒過之後，在朦朧的燭光中，卡緬斯基沉醉得有點神魂顛倒，向愛爾莎提出求婚，但遭到了拒絕，於是他寫了一首詩獻給她。聚會取得了極大的成功，只是戰爭的氣氛多少影響了大家的歡樂情緒。卡緬斯基舉起酒杯，大聲咒罵「可詛咒的戰爭！」喊叫說自己因為不理解這場戰爭而感到內疚，說為跟隨沾滿中亞人們捐血的米哈伊爾·斯科別列夫將軍的馬屁股後面而感到羞恥，等等。

聚會中，勃里克夫婦特地在公寓的牆上為每一個來賓貼了一張紙，供他們發揮創作靈感。馬雅可夫斯基寫了一首難懂的詩，說到未來主義批評家和「隨筆」專欄作家鮑里斯·庫什納，什麼「河馬一看到庫什納，立刻跳進了水裡」。布林柳克畫出了幾幢摩天大樓和三個裸體女人。卡緬斯基用彩紙剪出幾隻極樂鳥，貼到上面。什克洛夫斯基則寫了幾條警句。莉麗婭最有意思，她竟畫了幾隻大乳房的動物，並在下面摹仿普希金寫了一句詩：「你怎麼可能會對我的乳房感到興趣？」

不僅僅是在他們自己的公寓裡，對馬雅可夫斯基的這類活動，莉麗婭和奧西普都給以積極資助。在這次聖誕節晚會以前，1915年的12月，馬雅可夫斯基表示希望舉辦一個未來派詩和藝術的慶祝晚會，地點選在一位名叫魯巴文的畫家的工作室，這是他們所知道的一個最大的公寓。會場很有特色：石柱上掛了一件馬列維奇創作的大幅作品。卡濟米爾·謝維里諾維奇·馬列維奇（Kazimierz Malewicz）是俄國未來派至上主義藝術奠基人，他在1915年用這個畫派的典型的抽象幾何圖形的筆法，以一個黑色的大圓圈，下面是黑色的粗大的一劃，完成他的一幅作品。這次晚會上，在這幅作品旁，加上一句馬克辛·高爾基上一年2月一次講話

中讚揚未來派的話:「他們已有所獲!馬‧高爾基」。

這次活動,吸引了30多位來賓,包括什克洛夫斯基、勃里克夫婦、尼古拉‧庫爾賓教授、作家內森‧文格洛夫,以及所有有可能成為未來派成員的人士。高爾基以一位貴賓的身分,也接受邀請來了。這位簡樸的老作家留了平頭,穿一身普通的長外衣,是由他的朋友、編輯和出版商尼古拉‧吉洪諾夫陪同前來的。當馬雅可夫斯基以他固有的戲劇性的步伐進來時,他正站在一個角落的一架大鋼琴旁邊;勃里克夫婦與其他的來賓坐在一起。馬雅可夫斯基這些天一直都在準備要在這次聚會上作一次有關未來主義的演說。但是此刻,到要真正開始演說時,他又不知怎麼的,似乎有些緊張,又好像有什麼不對勁,卻是說不好,只是嘴裡緊緊地咬著那支菸,手裡緊捏著講稿,顯得有點神經質。一會兒,當他喊出第一句「女士們、先生們!」的時候,聲音又太高了。他有意想把聲音壓得低一點,再繼續說下去。但發現聽的人都根本不在乎他似的,好像完全不理解他東拉西扯、含含糊糊的不知說些什麼。於是,沒有說了幾句,他就停了下來。最後,在一個緊張的停頓之後,他猶豫了一下,大叫了一聲「我說不去了!」就回到聽眾中去了。

在這種局面下,女主人魯巴文娜站出來調劑氣氛,請各位客人暫時休息一下,到隔壁的房間喝茶。等把他們安排好之後,她又來到馬雅可夫斯基跟前,見馬雅可夫斯基眼眶裡噙滿了淚水,一邊用指甲往結了霜的窗子玻璃上畫著什麼,設法安慰他。客人喝過茶之後,馬雅可夫斯基重新控制住了自己的情緒,他解釋說自己缺乏自制力,隨後以朗誦他的詩《脊柱橫笛》,結束他的這次演講。

馬雅可夫斯基寫於1915年的長詩《脊柱橫笛》,經過檢查官的審查,留了一些空白,終算由勃里克於1916年2月出版了,共印了600冊,其中一冊是特地印出擱置在他陳列未來派書籍的書架上的,其他的全都分

五、戰爭歲月──
有妳在場，輪船都不敢冒煙了！

給彼得格勒的書店和朋友們了。

這是獻給莉麗婭‧勃里克的，最初的題目就叫《給她的詩》。在詩中，馬雅可夫斯基以最熱烈的情感，也只有他這懷有這情感的人才想得出來的靈異的詩句，來歌頌他對莉麗婭的愛：

……我顧不得這幾百年來受人咀嚼的／玫瑰色的柔情蜜意。／今天在新的人兒腳前拜倒在地！／被染成／火紅色的人兒，／我歌唱妳。……即使妳被送到海外，／藏在夜的洞穴裡──／我也要透過倫敦的霧／用燈籠般的火唇深吻妳。‖就是妳在沙漠的酷熱裡列開商隊，／那裡縱然有雄獅守衛，──／我也要將撒哈拉般火熱的臉頰／靠向風塵僕僕的妳，／緊緊依偎。‖如果妳把微笑鑲在唇邊，／注視著──／鬥牛士的俊俏臉龐！／我就會突然／用臨死的牛的眼睛／將嫉妒投進妳的包廂。‖如果妳將蹣跚的步伐挪在牆上──／投下去多好啊。／妳想。／這是我／在橋下像塞納河一樣漫流，／呲露著殘缺的牙齒，／向妳發出招呼的歌唱。……如果我命該為王，／我就釋出命令：／在金光燦爛的我的錢幣上／鑄造上／妳的俏容！／或者／在那世界因蘚苔而變色，／在那河流同北風打交道的荒野中，──／就在鎖鏈上刻上莉麗婭的芳名，／而後在苦役的黑暗中把鎖鏈吻個不停。……

這年冬天，馬雅可夫斯基和莉麗婭兩人情緒都很好。莉麗婭後來回憶說，那段時間，他們「從未分離過」。每天下午，兩人都一同散步，手挽著手沿著涅瓦大街走，或者進店鋪去逛逛。馬雅可夫斯基心情愉快，不時愛跟售貨員說笑：「小姐，您可以拿給我們一支鉛筆嗎，要一頭紅一頭藍的，多奇怪啊！」售貨員見他這樣，以驚奇的目光瞥一眼他旁邊的莉麗婭，想從她的臉上看出，他們是不是故意跟她開玩笑。這時，莉麗婭通常也像馬雅可夫斯基一樣，在享受玩這遊戲的快樂。走在街道上，馬雅可夫斯基所戴的一頂高高的帽子，使他原本就很高大的身軀顯得更加的高大了，而莉麗婭，戴一頂插有翎毛的黑色大帽子，和他是一個明

顯的對比。這樣逛到傍晚，他們仍有興致乘有軌電車去涅瓦河岸大石堤邊看海水在港灣裡閃光。戰爭的歲月裡，一切都很困難，街道上的照明也很可憐，遠眺涅瓦河，只見在朦朧和幽暗中，有點點火星從輪船的煙囪裡飛出，卻看不見煙。馬雅可夫斯基向莉麗婭獻媚說：「有妳在場，輪船都不敢冒煙了。」

完成了《脊柱橫笛》之後，馬雅可夫斯基開始寫他的《堂璜》。

堂璜，或叫堂・喬萬尼，是歐洲傳說中的一個風流男子的形象，經17世紀西班牙劇作家蒂爾・德・莫利在悲劇《塞維利亞的嘲弄者》中首次以文學人物出現後，西方很多國家的文學藝術家都創作過有關他的作品，最著名的，早期的如法國戲劇家莫里哀的《石宴》(1665)、英國劇作家湯瑪斯・沙德韋爾的《浪子》(1676)、奧地利歌劇作曲家沃爾夫岡・莫札特的《堂・喬萬尼》(1787)；19世紀以來，法國亞歷山大・仲馬（大）的戲劇《馬拉納的堂璜》、普羅斯佩・梅里美的小說《煉獄的靈魂》、西班牙劇作家何塞・索里利亞－莫拉爾的《勾引女人的堂璜》、德國作曲家理查・史特勞斯的交響詩《堂璜》，特別是英國詩人喬治・拜倫的長詩《堂璜》，使人物最後成為一個可與唐吉訶德、哈姆萊特、浮士德等文學典型相媲美的世界性典型形象。拜倫的這部重要詩作描寫主角、出生於西班牙的堂璜被迫流亡海外，所乘的船隻在海上遇上風暴，唯他一人倖存，飄流到一個島上後，為希臘海盜的女兒所救，兩人產生愛情等等，重點就是寫他的出身和愛情生活。但馬雅可夫斯基的《堂璜》，其主題卻是得不到回報的愛情，顯然傾注了他自己的情感經歷。當然，並不是說馬雅可夫斯基對莉麗婭的愛沒有得到莉麗婭的回報，詩人是因為莉麗婭的難以捉摸的個性和固執的小姐脾氣而感受不到愛情的幸福，才希望透過創作這首長詩來抒發心中的憂鬱感。與寫其他的一些詩篇一樣，馬雅可夫斯基寫作《堂璜》也是為了迎合莉麗婭的愛情，希望以詩中所表達的情感來打

五、戰爭歲月——
有妳在場，輪船都不敢冒煙了！

動這個他所深深愛著的女子，與寫其他詩作不同的是，他在寫《堂璜》的過程中，沒有把寫出的部分及時讀給莉麗婭聽，他只是希望等待一個好的時機。

自從兩人認識以來，富有詩人氣質和愛情熱情的馬雅可夫斯基和個性難以捉摸、脾氣異常固執的莉麗婭之間的愛情生活，確實是相當艱難的。

無疑是馬雅可夫斯基本身的心理因素關係，戰爭環境也可能極大地影響他的情緒，使他常常表現得十分的神經質。馬雅可夫斯基對莉麗婭要求非常高，他要求莉麗婭愛情專一，只愛他一個，不能對另外什麼人產生感情，即使是她的丈夫也不例外。一次，兩人在一起時，馬雅可夫斯基追問莉麗婭，要她跟他說說她和勃里克結婚之夜的情形。莉麗婭完全沒有想到他竟提出這樣的要求，就拒絕了。但馬雅可夫斯基仍然堅持他的要求，最後，莉麗婭屈服了。她說了她母親怎樣安排他們在莫斯科公寓的臥室等情形。她知道，她跟馬雅可夫斯基說這些事可能是一個錯誤，但她厭倦他的糾纏。她原以為，他也不至於連他與她見面之前的幾年發生的事也會嫉妒吧。但是她錯了。馬雅可夫斯基聽了她對她和勃里克結婚之夜的描述──這可是他自己逼使她這樣做的啊──之後，果然受不了，就跑到街上去抽噎、哭泣。

當然，馬雅可夫斯基是出於對莉麗婭的愛，才一次又一次地向她獻殷勤，狂熱地對她表白他的愛情，甚至在詩中為她「戴上桂冠」。但莉麗婭不喜歡這樣，她對他的這種做法感到厭煩，甚至憤怒。因為她覺得，她已經被他的愛情攪得筋疲力竭了。在此之前的1916年5月，馬雅可夫斯基曾以莉麗婭的愛稱「莉麗婭奇卡」為題，寫了一首詩。詩裡的情感非常複雜，既回憶了獲得莉麗婭的愛的歡樂，表達了對莉麗婭的熾熱的愛，同時也流露出深深的憂鬱。他寫道：

煙霧吞噬了空氣。／室內——／……在這扇窗後／狂熱的我／初次／撫愛過妳的手臂。／……我／有大海，／除了妳的愛。……我沒有太陽，／除了妳的愛。……對於我來說／沒有一種聲響／能夠讓我聽著高興，／除了妳那悅耳的芳名。……

　　接著，他繼續說：

　　我不會從高處跳下去，／也不會飲下毒劑，／也不會對著太陽穴勾動扳機。／除了妳的目光，／無論刀刃如何鋒利／對我都沒有威力。

　　但是全詩更多的仍是對莉麗婭的愛所表現出的恐懼，一種唯恐會失去這愛才有的憂鬱：

　　今天，我們坐在一起／，心——裹著一層鐵皮。／再過一天——／妳也許罵夠了，／再把我攆出去。……絕望抽打我，／喪失了理智，／像一頭野獸。／親愛的，／好女人啊，／不要這樣，／讓我們現在就分手。／不管妳跑到何方／反正／我的愛——／像沉重的秤砣——／掛在妳的身上。／來，讓我在最後的嚎叫中／喊出傷心受屈的悲痛。……但願我能用／最後的一片溫柔，鋪成路／送走妳遠去的腳步。（高莽譯詩）

　　顯然是因為莉麗婭不喜歡的緣故，這首《莉麗婭奇卡》直到詩人死後的1934年才發表出來。馬雅可夫斯基寫《堂璜》也是為了討莉麗婭的歡心。有一天，馬雅可夫斯基以為時機到了，事實是，詩人馬雅可夫斯基只考慮自己的情感，對別人的心理實在是毫無所知，他對莉麗婭的脾氣仍然不了解，沒有掌握她的情緒。當這天他們兩人沿著大街散步，又說又笑時，他便憑著記憶，出乎莉麗婭意料的，熟練地向她朗誦這首她根本不知道他何時寫成的《堂璜》。莉麗婭一聽就惱火了：「又是愛情！同樣老套的貨色！」莉麗婭覺得膩煩透頂，完全被激怒了，向他發了脾氣。莉麗婭突如其來的發作使馬雅可夫斯基原來的好興致一下子全沒了。他

五、戰爭歲月──
有妳在場，輪船都不敢冒煙了！

垂下了頭，灰心喪氣地一言不發；隨後，他猛地從衣袋裡取出這首詩的原稿，把它撕得粉碎，讓一片片紙屑在茹可夫大街的上空隨風飄忽。

莉麗婭是這樣。而馬雅可夫斯基也受不了她的這種態度。在最絕望的時候，他常常威脅說要自殺。莉麗婭嚴肅地表示，堅決反對他這樣對待她。但是1916年的一天，他彷彿真的要這樣做了。那天清晨，莉麗婭被一陣電話鈴驚醒了，她提起聽筒，聽到馬雅可夫斯基的聲音，聲調平板而低沉，他宣布說：「我要自殺了。別了，莉麗婭。」是那麼的突然，完全出乎莉麗婭的意外，以致她一下子控制不住，就哭了起來。她對著話筒喊說：「不，等等我！」立即匆匆披上一襲晨衣，猛衝下樓梯，急急忙忙跳上一輛計程車。當她到達他的房前時，也出乎她的意外，來給她開門的竟是馬雅可夫斯基自己。進去後，見房間內也像往常一樣，沒有什麼異常的變化。馬雅可夫斯基向她解釋，說他自殺時，手槍裡的子彈射不出來，第二次他也就沒有勇氣了。另一次，與莉麗婭吵過一架之後，馬雅可夫斯基又威脅說要自殺。這次，莉麗婭沒有聽從他的威脅，於是他便求助於愛爾莎。當時愛爾莎正與她母親一起住在莫斯科，在大學學習建築，馬雅可夫斯基懷疑她在與一個人相愛。當愛爾莎接到馬雅可夫斯基寫於1916年12月19日的信時，一下子就聲稱自殺這封信嚇壞了，感到情況非常嚴峻，大聲叫道：「我們一定要救瓦洛佳！」看著愛爾莎這種慌張恐懼的模樣，她的朋友們都笑她，他們堅信馬雅可夫斯基是虛張聲勢，他僅僅是因為沒有人肯與他一起生活，感到自己受到了傷害，才這樣做的。愛爾莎相信自己對馬雅可夫斯基更了解，認為他是真的會自殺的。愛爾莎這年不到20歲，還是一個少女，未經母親允許從未去過任何地方。在此種情況下，這次她就不朋友的阻擋，也不講理由就奔往彼得堡，去救助這發瘋的詩人。

愛爾莎來到馬雅可夫斯基的住處時，見馬雅可夫斯基正坐在桌子

旁，半暗的室內只有一條沙發、一張桌子和一把椅子。愛爾莎在沙發的一角坐下來後，馬雅可夫斯基站了起來，在房間裡走來走去，卻保持沉默，什麼話也不說。既然寫過信給她，愛爾莎等待他先開口。但他仍是沉默，喝酒，徘徊，坐下，坐下，又徘徊。一個小時過去了，又過去一個小時，愛爾莎的腿都坐得麻木了。「這種折磨會持續多長時間呢？我為什麼要來呢？我絲毫也幫不了他什麼，他反正不需要我。」愛爾莎這樣想過之後，就一下子站了起來，準備離開，因為她記起，她的朋友事先與她約定在下面等她，肯定他是已經等得太久了。

「妳要到哪裡去？」這時，馬雅可夫斯基才問道。

「我要走了。」

「別走！」

「不要跟我說『別走』。」愛爾莎惱火了。

他們發生了爭論。馬雅可夫斯基也發火了，他用蠻力抓住她，不讓她走，但她還是脫開了身：「我寧願死也不待在這裡了。」猛一下子衝到門口，推開房門，抓起進來時放在那裡的皮帽走了。下樓梯時，馬雅可夫斯基大聲叫著，趕到她前面，脫帽向她道歉：「對不起，小姐，對不起。」等愛爾莎來到街上時，他已經搶先於愛爾莎，與她的朋友一起坐在他的雪橇上了。他非常坦率，竟然傲慢地宣稱要與愛爾莎他們一道度過這個夜晚，還跟她的這位朋友開玩笑。這樣一來，幾分種後，這三個人就又像是沒事似的，一起吃飯，一起看節目，有說有笑，有時甚至笑出了眼淚。馬雅可夫斯基就是這麼個神經質的人。

或許是莉麗婭的多變的愛情造成他的痛苦，使馬雅可夫斯基與別的女性相處時也常常表現得有點神經質，有時還表現得變態、無情。托尼婭・古米琳娜也是《穿褲子的雲》中的瑪麗婭這個合成形象的原型之一，

五、戰爭歲月──
有妳在場，輪船都不敢冒煙了！

雖然馬雅可夫斯基與她的感情已經破裂，但偶爾和她仍有接觸。當年，托尼婭與畫家愛德華・席曼相愛時，馬雅可夫斯基因嫉妒托尼婭對謝曼的迷戀，便一意愚弄謝曼。他與謝曼賭牌，謝曼賭輸了，他就粗魯地甚至殘酷地譏笑他；在謝曼輸得精光之後，他還要與他賭他以「巴蒂克印花法」精心創作的頭巾、領帶、檯布等藝術品。一天晚上，愛爾莎正好在勃里克夫婦的公寓，見馬雅可夫斯基回來時，帶來一塊頭巾，紫色的底上是一朵朵美麗的紅石竹花，旁邊是一隻可愛的銀狐。馬雅可夫斯基向莉麗婭深深地鞠了一個躬，說：「我把這件戰利品帶來給妳！」莉麗婭把頭巾交給愛爾莎，愛爾莎知道這是托尼婭所愛的那位畫家的作品，她對馬雅可夫斯基為什麼這樣殘酷地羞辱托尼婭，感到不能理解。

馬雅可夫斯基的心始終不平靜。在嫉妒心的折磨下，他時常感到無比的痛苦，他一心要贏得莉麗婭的全部的愛，他常常擔心這愛會失去，恐懼中，他想到自殺，想到死。他寫於1916年末和1917年初的長詩《人》，也是獻給莉麗婭・勃里克的。但是寫的仍然是死，詩人的這首詩是把自己作為屈服於他命運的一個悲劇性的無辜犧牲者來表現的。

《人》寫的似乎就是主角 ── 馬雅可夫斯基的歷史，一段奇特的生活史：「馬雅可夫斯基的誕生」、「馬雅可夫斯基的生平」、「馬雅可夫斯基的受難」、「馬雅可夫斯基的昇天」、「馬雅可夫斯基在天上」、「馬雅可夫斯基的歸來」、「馬雅可夫斯基千古」。一開頭，作者就聲稱，這是他「愛情時日的一千頁的福音書」，但卻是「以嚇嚇作響的痛楚來祈禱愛情」的「乏味無趣的一生」，坦露了他痛苦的心情。

詩人想像，主角，那個「被放逐在人寰」、「永遠／被禁閉／在一個荒誕的故事裡」的馬雅可夫斯基自殺之後回到他在朱科夫大街的公寓時，見「路燈也正就是這樣／插入街心。／樓房也是這種類型。」當年，他就「在這裡自殺在愛人的門口」。他「高高地飛。／一層樓接著一層樓，／

再上一層樓。」他找到了通往莉麗婭的房間的路。「我透過絲幃看見 ——／臥室還是那樣，／一切照舊。」但是，既然時間已經過去了幾千年，物是人非，這裡住的是另一個人了。「我痛苦／更加痛苦 ——／我站立在永不熄滅的／不可思議的／愛情的篝火上，／被火團團圍住。」……長詩以戲劇性的情節表達了詩人對莉麗婭愛情的渴求，儘管因得不到她的愛，他可能會痛苦得死去，但是那怕死去幾千年之後，他也仍然深深地愛她，為她的愛尋遍天涯海角……

馬雅可夫斯基畫的莉麗婭 1916 年

　　愛爾莎一針見血地指出：死亡和自殺是馬雅可夫斯基的「慢性疾病」，這病現在已經開始隱隱發作了。預示著，終將會有那麼的一天。

五、戰爭歲月──
　　有妳在場，輪船都不敢冒煙了！

六、逃離彼得格勒 ──
大地是我們的,天空是我們的!

六、逃離彼得格勒──
大地是我們的，天空是我們的！

在這次戰爭中，由於裝備不良，又加上指揮不力，俄國遭受到的慘重的損失無可估量；俄國的經濟完全陷入破產。1917年3月（俄曆2月）8日，首都彼得格勒因糧食供應不足引起騷亂；後來甚至大部分的衛戍部隊也都轉向叛亂。沙皇尼古拉二世被迫退位。而當他的兄弟米哈伊爾大公拒絕登基後，300年的羅曼諾夫王朝宣告終結。「國家杜馬臨時委員會」組成一個臨時政府。但是這個臨時政府，儘管改組了多次，均不能解決當時俄國所面臨的諸如土地分配、民族獨立運動、前線軍隊士氣渙散等大問題。與此同時，繼彼得格勒成立以工人、士兵代表組成的彼得格勒蘇維埃以後，在全國的城市、大鎮以及前線部隊中也仿效成立了蘇維埃，並且權利也日益壯大。在6月16日召開的全俄蘇維埃代表大會中，主要是社會革命黨、孟什維克和布爾什維克三股力量，但由於在7月社會革命黨的克倫斯基成為政府首腦後，仍無力阻止俄國滑入政治、經濟和軍事混亂的漩渦。蘇維埃的權力日益增長，布爾什維克的影響也越來越大，使布爾什維克最後得以以「和平、土地和麵包」的綱領贏得城市工人和士兵的擁護，在「十月革命」中取得政權。對於出身貧苦家庭的馬雅可夫斯基來說，迎接革命，同情和信任布爾什維克似乎是理所當然的事。他在自傳《我自己》中談到「1917年2月26日」的「二月革命」時，提到自己如何鑽進孟什維克羅將科的辦公室、搜查了立憲民主黨領袖米留科夫的家；然後說，雖然見舊軍官們仍然在國家杜馬走來走去，但是「對我來說，有一件事是清楚的。社會主義者布爾什維克一定很快會代替他們。」

馬雅可夫斯基確實是真誠投身於革命浪潮的。2月27日那天，什克洛夫斯基去勃里克夫婦的公寓去找他，可是他已經參加到群眾的海洋中去了。第二天，28日清晨，一位朋友在涅夫斯基大街附近遇到他，見他在寒風中揮舞著手臂，連帽子都沒有戴，在喊叫什麼、招呼什麼人：「到

這邊來,到這邊來!」這時,聽見火車站附近傳來槍聲後,馬雅可夫斯基就向那個方向跑去。

「你要去哪裡?」這朋友問。

「啊,去他們打槍的地方!」馬雅可夫斯基回答說。

「可你沒有武器呀!」

「我整個夜裡都往打槍的地方跑。」

「為什麼?」

「我不知道。讓我走吧!」

這就是馬雅可夫斯基對革命的熱情。

和馬雅可夫斯基不同,莉麗婭不喜歡暴力,她興致勃勃地在家裡打掃環境。她通常都是下午才跟朋友一起去街上走走,但一聽到槍聲,便匆忙回公寓來。等戰鬥結束之後,她們又會一起上街,「流浪犬」是她們常去的一個場所。馬雅可夫斯基有時也到這裡來朗誦他的詩篇,有時則來會見朋友、談談天。一天晚上,什克洛夫斯基見到他和莉麗婭一起在這裡,但只是待了一會兒,便匆匆離開了,幾分鐘後又回來去取莉麗婭忘記掉在那裡的手提包。馬雅可夫斯基頭髮剪得很短,臉也颳得很光,顯得愉快而有活力。當時,前兩年以出版《羅亭》雜誌(1915-1916)而為人知的富有才華的年輕記者拉里莎‧米哈伊洛夫娜‧雷納(Лариса Михайловна Рейнер)也在那裡。她一直迷戀馬雅可夫斯基,便像遠望太陽那樣地瞇起眼睛,看著他說:「現在你找到你親愛的手提包了,你可要帶上它。」「是的,」馬雅可夫斯基回答說,「我會小心帶上它的。」

馬雅可夫斯基是不能沒有莉麗婭的。但同時,對於十月革命,如他在自傳《我自己》中說的,「參加還是不參加?對我來說(同時對其他莫斯科的未來主義者來說)這種問題是沒有的,因為這是『我的革命』」。1917

六、逃離彼得格勒──
大地是我們的，天空是我們的！

年，他寫了兩首歌頌革命的詩：《革命》和《我們的進行曲》，宣稱「今天要把千年來的『從前』毀掉。／今天要把全世界的基礎翻修。今天／要把生活重新改造，／直到衣襟上最後一粒鈕扣」；「盡情歡樂！放聲歌唱！／我們的血管充滿春色。」他真誠擁抱革命。只是因為缺乏經驗，還因為他未來主義的自我中心，使他不可能產生好的效果，甚至與一直賞識他的高爾基在思想上都產生衝突。例如，高爾基早就曾預見到，由於各地鄉村的農民會湧到城市來，要防止博物館和圖書館裡的藝術品和書籍遭到破壞。沙皇垮臺僅9天，高爾基就呼籲要注意此類糟糕的破壞和劫掠行徑。於是他呼籲：「市民們！老的管理人員已經離開，留下的大量遺產現在都屬於全體人民。市民們，要保護好這遺產……」但是忠於他未來主義思想的馬雅可夫斯基，卻認為過去的遺產都應該毀掉，革命不就是將一切舊的東西都破壞掉嗎？他竟然聲稱，說要努力保護繪畫和書籍，簡直令人憤慨。

革命結束了勃里克夫婦公寓裡的沙龍活動。可是不久，當馬雅可夫斯基回到公寓時，發現這裡仍然有、甚至比以前更多的人流在進進出出。這裡仍然有打不完的橋牌，仍然有抽菸的濃霧，仍然有無盡的政治爭論。只不過氣氛改變了，已經不是未來主義的沙龍，談論的也不再是未來主義所熱衷的題目，而都是比較緊迫現實的問題。馬雅可夫斯基在這裡仍有他的房間，他與莉麗婭的愛情仍然和前兩年一樣的熱烈，但同時他也像潮水一樣起起落落地去街頭參加革命活動。

1917年4月，受高爾基邀請，馬雅可夫斯基寫了一首詩，發表在高爾基出版的《新生活》雜誌上。這首題為《革命》的詩，有一個副標題，叫「紀事詩」，的確是直接描寫「二月革命」的，連時間都寫得明明白白：2月26日──27日，甚至點明9點鐘。詩中寫到「士兵喝醉酒，混在警察中，向人群開槍」，寫到他自己在「軍事汽車學校」服役時「預感到

恐怖和歡欣」，決心「要把千餘年來的『此前』毀掉。／今天要把全世界的基礎翻修」，「拯救陷入迷途的宇宙」；還寫到「大地是我們的。／天空是我們的」；「今天，／社會主義這偉大的異端邪道／已變成空前未有的現實！」等等。這首詩寫得很倉促，意象也比較一般，但詩人對革命的熱情明顯地是躍然紙上。

在高爾基《新生活》雜誌的編輯部，讓馬雅可夫斯基有機會與盧納察爾斯基認識。

阿那托里·華西列耶維奇·盧納察爾斯基是俄國作家、文藝評論家，也是一位革命家。十月革命前，他因宣稱社會民主主義和編輯布爾什維克的《前進報》而被捕入獄，後流亡義大利和法國。「二月革命」後回國，協助列寧、托洛斯基的工作。布爾什維克的十月革命勝利後，他任教育人民委員，主管教育文化藝術工作。和高爾基一樣，盧納察爾斯基十分重視文化遺產的保護，多年來，尤其在內戰時期，為保護藝術珍品免受損害做了大量的工作。但是馬雅可夫斯基仍然堅持他1912年所宣布的和1915年在他的《Взял》雜誌上所刊載的未來主義綱領：把已經過時的大人物「從現代輪船上丟下水去」，燒毀博物館裡的珍品，禁止普希金、杜斯妥也夫斯基、托爾斯泰等人的作品，只留下未來主義的新藝術給民眾。因此，盧納察爾斯基和馬雅可夫斯基在思想上存在明顯的分歧。

雖然盧納察爾斯基相信馬雅可夫斯基是一個「十分有才華、精力充沛的巨人式的」人物，但作為一位才智過人、學識淵博的文化領導人，盧納察爾斯基反對馬雅可夫斯基要徹底清算古典遺產的態度，同時也鼓勵馬雅可夫斯基參與左派藝術家和未來主義者的活動。可以說，如果沒有盧納察爾斯基，馬雅可夫斯基在彼得格勒根本無事可做，從而也就沒有經濟收入的來源。但是詩人氣質的馬雅可夫斯基堅持自己的想法。

六、逃離彼得格勒——
大地是我們的，天空是我們的！

　　與馬雅可夫斯基不同，奧西普雖然不是任何一個黨派的成員，但他在政治上屬於左傾，且曾受過相當的教育，對盧納察爾斯基有用，因而得以進新政權工作。盧納察爾斯基讓他代他向「文化工作者聯盟」提交動議，還在1917年5月任命他為社會諷刺雜誌《獨輪手車》的主編，雖然這個主編的職務實際上好像未能履行過。另外，勃里克還是「人民啟蒙委員會」的委員，作為聯絡布爾什維克政府和文化工作者間的中間人。11月26日，他又被選入由盧納察爾斯基帶領的彼得格勒市政務委員會。奧西普在10月5日《新生活》上發表了一篇題為《我的職位》的文章，說他不是布爾什維克黨的黨員，他的被選是他完全沒有想到的，因為沒有人徵求過他的同意；他是一個「文化工作者」，他不知道布爾什維克實施的政策好還是不好。不過，儘管他不是該黨的成員，也無意從屬於任何一個黨派的準則，並無意參加任何的政治活動，但他也不拒絕他這「未曾預料的入選」。這樣，由於當時他父親已經停止供他錢了，奧西普・勃里克就靠這一點微薄的薪資，和莉麗婭繼續住在公寓裡。

　　馬雅可夫斯基不同意勃里克的看法。他在給他和莉麗婭的一封信中說，「我讀《新生活》上奧斯卡（奧西普的愛稱）的文字，聞到一股貴族味。」到了1917年10月以後，馬雅可夫斯基覺得在這裡實在無法待下去了，只好去莫斯科，去和在那裡開一家文學咖啡館的朋友布林柳克和卡緬斯基一起。奧西普・勃里克曾這樣明確解釋馬雅可夫斯基離開的原因：「由於不能和人民委員（盧納察爾斯基）達成諒解，也找不到別的管道宣傳『列夫』的藝術，馬雅可夫斯基去了莫斯科，他試圖在那裡和大衛・布林柳克、瓦西里・卡緬斯基一起在『詩人咖啡館』的舞臺上……和人民對話。」

　　「1900年的莫斯科確實是個值得一去的地方，」劍橋大學歷史學教授

奧蘭多·費吉斯在《娜塔莎之舞：俄羅斯文化史》中寫道：「當時俄羅斯的先鋒藝術首次登上舞臺。莫斯科和巴黎、柏林和米蘭一起，成為世界藝術的主要中心，它所收藏的先鋒藝術作品別有特色，既受歐洲潮流也受莫斯科傳統的影響。它那進步的政治、輕鬆的氛圍、嘈雜的現代生活方式和最新的科技 —— 莫斯科的文化氛圍中有太多給藝術家帶來靈感、激發他們實驗藝術的東西。」（郭丹傑、曾小楚譯文）

不難想像，這正是馬雅可夫斯基所嚮往的地方。於是，他於 1917 年 12 月 8 日去了莫斯科，他希望在那裡他的未來主義能夠得到很好的發展。

當馬雅可夫斯基在莫斯科第一眼看到布林柳克和卡緬斯基的這家「詩人咖啡館」時，立刻就想到彼得格勒的「流浪犬」。不過布林柳克和卡緬斯基仿效的不是「流浪犬」，而是另一家當時在莫斯科非常出名的文學沙龍「飛馬欄」咖啡館（Кафе 'Стойло Пегаса'）。

「飛馬」即希臘神話中的「佩加索斯」（Pegasus），它是英雄珀耳修斯割下梅杜莎的頭顱時，從她的血中挑出的飛馬。另一位希臘英雄柏勒洛斯在雅典娜（或波塞頓）的幫助下，將它捕獲，先是騎著它同喀邁拉怪物作戰，後來還想騎著他上天，但被摔下，墜地而死。現代，飛馬佩加索斯被視為詩歌靈感的象徵。

「飛馬欄」咖啡館是詩人謝爾蓋·葉賽寧和他的妻子、舞蹈家伊薩多拉·鄧肯，還有詩人尼古拉·克留耶夫、導演亞歷山大·泰洛夫等經常光顧的地方。咖啡館位於彼得格勒特威爾斯卡婭街 37 號，牆壁上用大寫字母塗有葉賽寧的詩句：「風啊，我是一個流氓，喜歡你噴抱樹葉作唾沫。」布林柳克將「詩人咖啡館」這幾個字，彎彎曲曲地寫在通往地下室原來是洗衣鋪大門的外牆上。卡緬斯基在牆上用紅的、黑的顏色畫了畫，牆上還掛了有馬雅可夫斯基和哈列勃尼科夫詩句的未來派的畫和橫幅。室內有

六、逃離彼得格勒——
大地是我們的，天空是我們的！

木桌子和木椅子，還堆滿了木屑；陽臺擠在房間角落。食物由一個小小的廚房提供，熱氣從一個大燃油爐子上飄出。

馬雅可夫斯基來「詩人咖啡館」是參加未來主義夜總會的活動。他和他的兩位朋友都穿著制服，在別的參加者唱過歌或朗誦過之後，才開始朗誦。通常總是布林柳克要把聽眾嘲笑一通，引起一陣喧鬧，馬雅可夫斯基會大聲罵幾句，警告說，他們非得要「像海葵那樣安靜」才行。幾個星期裡，馬雅可夫斯基就都為這一切而激動。12月中，他給勃里克夫婦寫信，談當時的生活情況。這是他1917年9月25日從他母親家給勃里克夫婦寫了第一封信之後首次寫信給他們；

正如人們所說的那樣，莫斯科就像一顆青翠欲滴的鮮果，滿腔熱情的多嘉（布林柳克的愛稱）、卡緬斯基和我都在努力採摘它。「詩人咖啡館」是我們主要的採摘地。現在，這裡依然是個讓人覺得非常可愛又愉悅的地方，而「流浪犬」酒吧卻是另外一種情況（當時開「流浪犬」酒吧就是為了娛樂！）那裡常常被擠得水洩不通，地板上滿是碎屑，舞臺上僅有我們（如今只能說「我」了，多嘉和瓦夏聖誕節前就離開了，真是糟糕）。觀眾們受到這種待遇，也是倒楣透了。到午夜12點我們分錢。就是這樣。

未來派目前大受青睞，……

我會常常走到柵欄外，用瘦削的手掌遮住落日餘暉，神情憂鬱地眺望著遠方，看那滾滾塵煙中是否會有信使熟悉的身影。請不要讓我這般可憐！

最後是表達他對他們的思念：「我會常常走到院門外，用那日漸枯槁的手掌遮住斜陽的餘暉，憂鬱地注視著遠方，在滾滾塵煙中，是否會出現郵差那熟悉的身影？請別把我折磨成這樣！」

但是不久，他對「詩人咖啡館」的熱情就減退了。1918年1月初，

他給勃里克夫婦寫信，訴說他每天過著茨岡人（俄國對吉卜賽人的稱呼）抒情歌曲裡唱的那種生活，白天睡覺，晚上狂歡，「咖啡館簡直就是個臭蟲窩，讓我感覺厭惡」。

莉麗婭也非常厭倦彼得格勒的生活。只是在奧西普跟她說，決定與芭蕾舞演員亞歷山德拉‧多琳斯卡婭一起去日本旅遊，還準備去莫斯科看望馬雅可夫斯基之後，她的情緒才有了好轉。亞歷山德拉‧多琳斯卡婭戰前曾在巴黎和達基列夫俄羅斯芭蕾舞團的尼金斯基共同跳過舞，莉麗婭在 1915 年底就是跟她學的。不過他們這旅遊的計畫未能實行，也沒有去莫斯科。1918 年 3 月初，莉麗婭寫信給馬雅可夫斯基說：「這一夜我夢裡全是你：你和一個女人住在一起，她醋勁十足，你很怕她，在她面前不敢提我。你怎麼這麼不害臊呢，瓦羅傑尼卡？」在這封信裡，莉麗婭第一次稱馬雅可夫斯基為「我親愛的小狗」，還說「非常想念你，別忘了我。」對她信中提到的「一個女人」，馬雅可夫斯基在寫於 1918 年 3 月 15 日前的信中作了幽默的回應：「我總是坐在離女人們遠遠的地方，和她們隔開三四把椅子的距離 —— 防止她們呼吸到什麼有害物質。」不過莉麗婭出現這樣的夢境，也可能是因為聽到過此類的事，因為與馬雅可夫斯基「隔開三四把椅子」，確實坐著一個女子，她叫葉夫根尼婭‧朗，她和馬雅可夫斯基 1911 年就認識，這次兩人在莫斯科又重新熟悉起來。葉夫根尼婭後來曾談到馬雅可夫斯基對她深深的愛，不過沒有證據表明馬雅可夫斯基對她比別的女人更親密。他愛的是莉麗婭。從留存下來的這封最早的書信之一中，馬雅可夫斯基附上一首詩，在詩中，他聲稱：「在這世界上我最想做的事就是追隨妳。」並且特別申明：「在這首詩裡我從未吻過誰，也沒有把它送給任何人 —— 此詩摘自組詩《獻給妳，莉麗婭》。」

此時，莉麗婭待在彼得格勒，他卻離開彼得格勒去了莫斯科。與莉

六、逃離彼得格勒──
大地是我們的，天空是我們的！

麗婭分離，讓馬雅可夫斯基感到備受「折磨」。3月和4月，他連續給莉麗婭寫了三封信，但都沒有得到回信。他問：「為什麼妳一個字都不寫給我？……難道六百俄里的距離竟有如此大的威力？別這樣，寶貝，妳不能這樣對我！別忘了，除了妳我什麼都不需要，對什麼都提不起興趣。」「如果妳還不寫信，那就很明瞭，對妳而言，我已死去，我要開始準備進墳墓去了。還是寫吧！」

莉麗婭回了信給他，說她沒有把他忘了，她非常想念他，也很想見到他。她甚至說她「非常愛」他，從未摘下他送給她的那個刻有「ЛЮБ ЛЮБ ЛЮБ」的戒指。

在這段時間裡，馬雅可夫斯基說，幸虧有「電影救了我，讓我的得到解脫」，他一直「沉迷於電影製作中，走火入魔。」

電影這一新興藝術從1880至1890年代受益於基本技術的創新起，經湯瑪斯・愛迪生和盧米埃兄弟之手，到20世紀最初的10年裡，在美國和法國最先獲得發展。到了1920年代，蘇俄也已經出現電影攝影機，自然都只能拍短短幾分鐘的無聲「默片」。但是能讓人像在銀幕上活動起來，也真是太誘人的了。

馬雅可夫斯基對電影有很高的期待。他說，「電影對你們來說是演戲，對我來說幾乎就是整個世界觀。電影是運動的嚮導。電影是文學的革新者。電影是唯美主義的破壞者──電影是思想的傳播者。但是──電影病了。──這種情況應該結束了。」馬雅可夫斯基就是抱著這樣理想投入到拍攝電影中去的。

四年多前，1914年初，馬雅可夫斯基就曾與布林柳克等一起參加未來主義的電影《13號酒館》的拍攝，他扮演一個陰險而捉摸不透的酒館的顧客，穿著大衣和禮服，手握一支長手杖，顯得不同尋常的優雅。馬

雅可夫斯基很喜歡演電影，曾當著朋友的面聲稱：「我太想上銀幕了。」1918 年，一個叫安季克 (П.С.Антик) 的創辦了一家電影製片廠，以神話中的水神尼普頓 (Нептун-Neptune) 命名為「尼普頓公司」。安季克的父親看中馬雅可夫斯基「外表很適合上銀幕」，認為「他大有前途」，就邀請他參加拍攝電影。馬雅可夫斯基自然樂於應從，立即接受了。其他演員們也注意到他適合演電影，除了外表之外，他身上還有一種在舞臺上和銀幕上都不遜色的東西，有的說他「具有不尋常的力量和美麗的眼睛」，有的認為在他身上看到那本質的東西 ——「一雙漂亮得可怕的眼睛」，甚至還有魅力、巨大的吸引力和某種磁場。

馬雅可夫斯基這次從事拍攝的第一部電影是根據美國作家傑克·倫敦的小說《馬丁·伊登》改編、寫出劇本的《不為金錢而生》(Не для денег родившийся)。

《馬丁·伊登》描寫遠航水手馬丁·伊登一個偶然的機會認識並愛上了有錢的文科大學生羅絲，把她看成是理想的戀人。為了配得上她，他奮發學習、刻苦寫作。但是屢次的退稿，不但讓他生活無著，且遭來種種非議，羅絲也離開了他。後來他突然時來運轉，一篇論文的發表，使他成為一個國際規模爭論中的新聞人物和一位名作家，此前的退稿都成為搶手貨，羅絲也主動來委身於他。這讓馬丁看透了社會的虛偽，他不願再回到過去的生活中去，只能以自殺來求得解脫。

傑克·倫敦是以他自己的生活和情感經歷創作這部小說的。他曾像馬丁那樣，愛上他的一位富家出身的朋友的姐姐，在大學攻讀英國文學和愛好詩歌的梅布林·阿普爾加斯 (Mabel Applegarth)，也經歷過與馬丁類似的生活和情感。馬雅可夫斯基也有過類似的情感體驗。

《不為金錢而生》的主角是馬雅可夫斯基扮演的未成名的青年詩人

六、逃離彼得格勒——
大地是我們的，天空是我們的！

伊萬・諾夫，他從一群暴徒的手中救出一位資產階級家庭的青年。為表示對他的感激，這青年請伊萬去他家做客，並介紹給他全家，受到他們的歡迎。伊萬愛上青年的妹妹，但她拒絕了他的愛，對他非常冷淡。後來，在有教養的環境薰陶下，伊萬開始奮發學習，他天生潛在的才智甦醒過來了。他寫詩，並參加了未來派詩人在咖啡館舉行的「週三聚會」。在這裡，伊萬和布林柳克、卡緬斯基以及另外一些詩人一起朗誦自己的詩作，得到他們的讚賞。這時起，伊萬獲得了榮譽。

成名後，伊萬走紅了，隨後也富有了。這時，他的形象也有了變化，穿起一件豪華的上衣，戴一頂漂亮的帽子。他思想上和原來心愛的那位女孩也產生了矛盾。他決定和她再見一次面。他買來一具人體骨架，把它帶回到自己的公寓，安置在沙發上，並為它穿上外套、戴上禮帽。然後請這姑娘來他家。女孩一進他房間，就被這骷髏嚇壞了。詩人打開一個箱子，指給她看，裡面全是現金，說：這都是可供他使用的財產。兩人發生一陣爭吵。後來，伊萬・諾夫又一次遇見這個女孩。這時，她向他表示，她是愛他的。但是伊萬感到，她唯一愛他的是他的名聲和財富，就拒絕了她的愛。伊萬萬分痛苦，甚至想到自殺。不過後來他決心徹底改變自己的生活。他假裝自殺，用紙頭把骷髏包裹起來放在床上，放了一把火燒，然後穿上衣服，去尋求新的生活。

《不為金錢而生》從1918年春日的早晨開始拍攝，攝影棚上的積雪正在融化。除馬雅可夫斯基外，布林柳克和卡緬斯基等以本色身分出現在影片中。有一場戲是在未來主義的「詩人咖啡館」拍的。什克洛夫斯基回憶說：

有了名望，女人開始追求詩人，詩人穿著斗篷和戴著大紅帽。他把帽子掛在衣架上，斗篷颳倒了衣架，砸在一旁的打開的保險櫃上。

櫃子裡裝滿了金子。一個婦女走到了衣架旁，說：

「真是愚蠢的，可笑！」

而詩人則走了，他走到頂樓，想跳下去。

然後，詩人拿起左輪手槍，一個小型的西班牙白朗寧手槍。可能，他就是用這把手槍射出了最後一顆子彈。

然後，伊萬沿著大路走了。

在1918年5月出版的第3期《銀幕世界》(Мирэкрана)上，馬雅可夫斯基曾這樣闡釋這部電影的主題：「當一個天才人物經受嚴重的艱苦和排斥之後獲得巨大的榮譽時，我們對他生活中的每一個細節，每一件奇聞逸事都感興趣。像遭遇海難獲救後出現了奇蹟，我們會忘掉他到達平靜的幸福之岸前曾經和巨浪的爭鬥。傑克·倫敦的小說《馬丁·伊登》第一次全面描寫了一個天才作家的形象。」不難想像，電影裡蘊含了馬雅可夫斯基自己的生活經歷，讓人聯想起1914年他和瑪麗婭·亞列克山大洛夫娜·傑尼索娃的感情糾葛，在拍攝時自然也傾注了自己的情感。同樣不難想像，馬雅可夫斯基將《馬丁·伊登》易名為《不為金錢而生》也是有他的意向的。馬雅可夫斯基雖然是一個窮詩人，他的創作和生活都不是為了金錢，他只為了愛而生的，也為愛而創作。他可以離開金錢，離開裝滿金子的櫃子，卻離不開愛，如果沒有愛，他可以「拿起左輪手槍」，對他自己「射出最後一顆子彈」。影片的這段情節是對他個性的最有特徵性的表現，甚至成為對他未來命運的預言。

38分鐘長的《不為金錢而生》放映後，受到觀眾的歡迎，也讓製片方覺得拍攝電影的好前景。於是，安季克家族與馬雅可夫斯基訂約再拍攝一部電影。這次是根據德·亞米契斯的傷感小說《工人的教師》改編的。

艾德蒙多·德·亞米契斯 (Edmondo De Amicis, 1846-1908) 是義大利的左派作家和詩人，寫過不少小說，其中最著名的兒童小說《心》被譯成多種語言。《工人的教師》於1913年被譯成俄語出版。馬雅可夫斯基就

六、逃離彼得格勒——
大地是我們的，天空是我們的！

據這部小說改編為電影劇本，取名《小姐與流氓》(*Барышня и Хулиган*)。

《小姐與流氓》描寫一個年輕女子第一次進一家學校做教師，教一個班的學生讀寫。學生從小孩到老人，清一色全是男的，他們好吵鬧、難管教；最糟的是有一個年輕的阿飛，他竟敢在試卷上寫信給她，說他愛她。小姐感到她受到他的騷擾，但別的學生幫助她，保護了她。不過同時她也覺得這個年輕的壞孩子是真心愛她的。於是，當這個阿飛因為捱了其他學生的揍，獨自躺在垂死的病榻上時，她去看望她，並且深情地吻了他。於是，他就在平靜中死去。

影片由葉甫根尼·史特拉汶斯基和馬雅可夫斯基共同導演，馬雅可夫斯基兼演阿飛，阿列克山大拉·雷比科娃扮演女教師，費多爾·杜納耶夫扮演校長。不難看出，在這部影片裡，馬雅可夫斯基也融入了自己的情感：莉麗婭和他，在出身上是兩個不同的階層，一個各方面都像是個貴族小姐，而他自己，來自窮山溝的管林人的兒子，連一件像樣的衣服都沒有，他對莉麗婭的愛，在有些人看來，不就像一個阿飛對一位小姐的性騷擾嗎。但是他希望莉麗婭知道，就像影片中的這個教師小姐，深切感到他對她的愛是真心的。

《小姐與流氓》取得了成功，一年後的「五一節」還在莫斯科和已經改名為列寧格勒的彼得格勒兩地廣泛上映。

《小姐與流氓》的一個鏡頭

　　後來，馬雅可夫斯基不願意用他人的小說來改編電影了。他希望自己來原創，覺得原創可以更好地表達他的情感，表達他對莉麗婭的愛；他甚至在拍攝《小姐與流氓》的時候，就以他所慣有的爆發性的力度，開始計劃這一個工作了。他曾寫信給莉麗婭說：「我想和妳一起拍部電影，我要為妳寫個劇本。這個計劃我一到妳那邊就要付諸行動，不知為什麼，我堅信妳會同意的。」的確，這個計畫讓莉麗婭很高興。莉麗婭立即回信，說「寶貝，拜託你趕緊為我們寫個劇本吧……極想和你同演一部電影」、「我會為此事專程回趟莫斯科」。

　　這部特地為莉麗婭而寫的電影叫《電影的鐐銬》(*Закованная фильмой*)，是一部真正原創和創新的作品，從某種程度上說是未來主義文學最重要的實驗。它描寫了一個非常奇特的故事。

六、逃離彼得格勒──
大地是我們的，天空是我們的！

影片的主角是一位藝術家。他心情憂鬱地在街上遊蕩，見林蔭道上有一位女子，便前去想和她交談。可是突然，這女子全身都變得清澈透明，只那見到她原來心臟的部位是一頂帽子、一條項鍊，帽子上有幾顆飾針。他回到家後，見他妻子也渾身透明，心臟的部分是廚房用的幾件餐具。他碰到一位朋友時，見他的原是心臟的部位是一個酒瓶和一副撲克牌。

藝術家又來到林蔭道，一個吉卜賽女子纏著他，想要為他算命。他便把她帶到他的工作室，並以極大的熱情為她畫像。這時，這個吉卜賽女子一下子突然也全身透明了，在她原本應該是心臟的地方、她的胸腔，全是錢。藝術家付費給她後，就讓她離開工作室。藝術家感到非常沮喪，妻子安慰他也沒用，就他離開家走了。

全城到處是一部新電影《銀幕上的心》的廣告。廣告上畫了一名芭蕾舞演員，雙手捧著一顆巨大的心。還有一個個戴著夾板廣告牌的人，也在向行人展示這樣的廣告，所有的影院都在放這部電影。這位孤獨的藝術家也進了一家影院去看這部電影。影片中，這位芭蕾舞演員被法國默片先驅馬克斯・林德（Max Linder）、丹麥默片明星阿絲塔・尼爾森（Asta Nielsen）和其他電影明星、牛仔、偵探等顯然是美國偵探電影中的人物所簇擁。電影結束後，觀眾潮水般離開觀眾席。只有藝術家一人留在這黑暗的大廳裡鼓掌。這時，銀幕又亮了起來，芭蕾女演員再次出現，並從銀幕上走下，來到他的跟前。他擁抱她，帶她離開大廳。可是保全把大門鎖住了。街上下著雨，昏暗又吵鬧。芭蕾女演員不快地皺起了皺眉，轉身穿過上鎖的大門，便消失不見了。藝術家十分失望，他發瘋似地敲門，但是沒有用，門仍舊關著。

藝術家回到家後，就病了，一下子癱倒在床上。醫生來了，拿聽診器聽過他後，開出處方，就走了。女僕取了藥回家的路上，紙包破了，

包裡的藥掉了出來，女僕從一塊飄落在地上的廣告上撕下一片紙來包藥，帶給藝術家。當藝術家拆開藥包，把包藥的紙展平整些，放到床邊桌子上時，紙上的那個芭蕾女演員忽然活了起來，坐在小桌子上，然後走到他跟前，使藝術家欣喜若狂。於是，他的病也立即就好了。而就在芭蕾女演員活了起來這一剎那，各地各處，無論是牆上的，還是夾板廣告牌上的，或是讀著這廣告的人手中的芭蕾女演員也都突然消失不見了，而且在影片中也消失了。電影公司因為電影造成鉅額的虧損而驚慌失措、亂成一團。

藝術家請芭蕾女演員和他一起去他的別墅。他把她像一幅廣告那樣捲起來，小心地安置到車子裡。可是一進入郊區，她就思念起影片來了。為了讓她高興，到了他郊外的家裡後，藝術家便為她穿上漂亮衣服，吃精美的食物。但她仍舊非常悲傷，因為銀幕上已經沒有她了，留下只是一片空白。她甚至把桌子上的茶壺、食品、碗碟都掀掉，將桌布掛到牆上作為銀幕，要藝術家將她轉移到銀幕上去。於是藝術家和她再見，等天黑之後，走進空空的電影院，用刀把銀幕割了下來。

當藝術家在偷割銀幕的時候，芭蕾女演員正在花園裡。對她心生妒忌的吉普賽女子見她向藝術家別墅的方向走去，便用幻術手法用刀去刺她，使她變成一幅廣告，被釘在一顆樹上。吉普賽女子很吃驚，自己怎麼會做出這種事來，急忙跑到電影公司去，問芭蕾女演員在哪裡。但吉普賽女子一走，芭蕾女演員又重新活過來了。

芭蕾女演在藝術家的房間裡等他。可等來的卻是「絡腮鬍子的男人」和吉普賽女子，還有影片《銀幕上的心》中的那些明星。芭蕾女演員很高興看到他們，她以前可是從來沒有見過他們的。絡腮鬍子男人用長長的電影膠卷把她纏起來，使她終於溶進了影片中。隨後，所有的人全都離開別墅，只有吉普賽女子留在那裡，已經昏厥了過去。

六、逃離彼得格勒——
大地是我們的，天空是我們的！

當藝術家帶著偷來的銀幕回來時，不見芭蕾女演員。他一個房間又一個房間地去找，找到吉普賽女子，設法讓她甦醒過來後，她才告訴他出了什麼事。藝術家推開吉普賽女人，向《銀幕上的心》的廣告奔去，發現一條線索：看到海報的最下端，印著小得勉強才能辨認的發明電影的國家之名：Люблюндиа。於是，藝術家就要去找這個國家。據莉麗婭說，這所謂的 Люблюндиа，意思是「愛情之鄉」。現實中的 Люблюндиа 是列瓦紹夫（Левашов）是列寧格勒郊外的一個小村子，馬雅可夫斯基和莉麗婭、奧西普三人曾在這裡度過假。

《電影的鐐銬》

像《不為金錢而生》一樣，這部電影表現的也是得不到回報的愛情，是馬雅可夫斯基「未來主義」手法的實驗。

影片由劇作家和批評家尼康達‧屠爾金任導演，葉夫根尼‧斯拉文斯基攝影，馬雅可夫斯基和莉麗婭都參加了演出：莉麗婭扮演的芭蕾女演員，表現了她皮膚白皙、長髮飄逸的美，馬雅可夫斯基則表現一種絕望的愛。另外兩位演員是瑪格麗特‧基巴爾契奇和在《小姐與流氓》中演過女教師的亞歷山達拉‧雷比科娃。

　　《電影的鎖鏈》是馬雅可夫斯基深沉情感的視覺化展現，也是他以往那些寫給莉麗婭的愛情詩主題的延續。為了拍攝這部電影，莉麗婭於1918年5月也來到莫斯科，她甚至還參加電影膠片的編輯剪接工作。但是影片沒有取得成功。馬雅可夫斯基認為，問題出在安季克家族，他們不應該讓屠爾金來導演這部片子。他說，他自己熟知影片拍攝的技術，他是以文學創作創新的精神來編寫這部電影劇本的，但是屠爾金對未來主義的藝術效果感情冷漠，才使作品遭到失敗，使馬雅可夫斯基感到無比沮喪。

馬雅可夫斯基1919年在莫斯科

六、逃離彼得格勒──

　　大地是我們的，天空是我們的！

七、「宗教劇」和「羅斯塔」——
那個冬天，瘦削而又嚴峻，
掩埋了所有永遠走入夢境的人

七、「宗教劇」和「羅斯塔」——
那個冬天，瘦削而又嚴峻，掩埋了所有永遠走入夢境的人

馬雅可夫斯基和莉麗婭一起，共同參與拍攝的《電影的鐐銬》在1918年6月初結束，象徵了這兩人的關係開始進入一個新階段。此前，羅曼‧雅各布森說：莉麗婭‧尤里耶芙娜「長期與他保持距離，但他仍然無可挽救地愛著她。」從這時開始，詩人終於如願得到了他愛了她三年、她卻並不愛他，即使到了近日仍然沒有真正獻出她的情感的那個女人。馬雅可夫斯基的喜悅之情可想而知。隨後，他就和莉麗婭，還有奧西普三人，一起去列寧格勒近郊的列瓦紹夫（Левашов）度夏。

在列瓦紹夫，他們在一家管膳宿的旅館租下三個房間。白天，馬雅可夫斯基和勃里克夫婦一起去林中散散步，在草地上晒晒太陽，還一起打橋牌、談天。到夏天快要過去、季節開始轉換的時候，他們便去林中採蘑菇，準備晒乾來，等冬日到來的時候，可以調劑只有鹹魚和乾豆的單調飲食。

和大自然親近。重又喚起馬雅可夫斯基身上的詩人氣質。他每天寫生，甚至畫了幾幅描繪雲杉林和果樹林的水彩畫，纏住莉麗婭問，他是否畫得不錯。但更多的時間是沉醉於思考他的詩歌創作。莉麗婭回憶說：

眾所周知，馬雅可夫斯基沒有當著別人的面——尤其是在街上，在飯店，在觀畫時，在任何地方，停止過工作。但他喜歡安靜。那時在列瓦紹夫和後來在普希金諾，他一連幾小時在森林裡散步。他工作起來比在喧囂的城市中更輕鬆，很少疲勞。

但是對於同住在這家旅館裡的其他客人來說，這個黑眼睛、紅頭髮的漂亮女人，和她身材瘦小戴眼鏡的丈夫，跟那個比較年輕、個子高大、整天沉思默想的男人共同生活，總覺得有些不正常。他們雖然房間是分開的，但是完全公開，一點也不掩飾彼此間人們不難猜到的那種關係。愛爾莎在離開彼得格勒、去法國和安德烈‧特里奧萊結婚前，曾和母親葉連娜‧尤利耶芙娜去過勃里克夫婦的公寓看他們。保母告訴她們

說，莉麗婭和馬雅可夫斯基一起往列瓦紹夫度夏去了。葉連娜·尤利耶芙娜不理解她女兒這種複雜的生活方式，深感震驚。她非常生氣，想不跟她告別就去法國。但是愛爾莎堅持要去看她姐姐。她回憶列瓦紹夫留給她的印象說：

非常熱。莉麗奇卡被太陽晒出了皰，躺在半昏暗的房間裡。沃洛佳一聲不響地走來走去。我不記得我們說過些什麼，也不記得怎麼告別的……我堅定無疑地深信，一個人的私生活是不受侵犯的，不容許我問將來會發生什麼，甚至不容許我表現出我已經注意到的他們之間新關係。

愛爾莎只在旅館待了一晚，第二天便和莉麗婭一起回彼得格勒了。馬雅可夫斯基沒有去，因為葉連娜·尤利耶芙娜的態度很明顯，她不想看到他。莉麗婭陪著母親和妹妹一起去碼頭送她們乘船去法國。

莉麗婭根本不顧旁人的看法。她明白地把自己與馬雅可夫斯基的關係告訴了她丈夫。她回憶聲稱，她一定是在1918年前就跟奧西普說了她和馬雅可夫斯基相愛的事了。她補充說，當時她就想過，只要奧西普認為這是錯的，她就馬上離開瓦洛佳。但是奧西普對她說，她不必離開瓦洛佳，不過她必須答應，他和馬雅可夫斯基兩人永遠不要分離。莉麗婭說，奧西普這樣的態度可是她從來沒有想到的，於是她回答他說：「那麼反過來說，我們兩人也永遠都要和瓦洛佳一起生活了。」

這就是奧西普·勃里克、她和馬雅可夫斯基這三人的遊戲規則。對此，莉麗婭還曾進一步解釋說：「也許只有奧西普不在了，我才不會如此地愛瓦洛佳；只要奧西亞愛他，我都不會停止對瓦洛佳的愛。奧西亞常常說，瓦洛佳不是一個人，而是一個奇蹟。瓦洛佳對奧西亞的思想產生過重大的影響……我不知道是不是還有比他們兩人之間更忠實的兩個朋友和同志了。」

七、「宗教劇」和「羅斯塔」——
那個冬天，瘦削而又嚴峻，掩埋了所有永遠走入夢境的人

一年前，布爾什維克政府就在組織慶祝十月革命一週年的活動。馬雅可夫斯基決心要參加到這一活動中去。他和奧西普請盧納察爾斯基的朋友、著名畫家大衛·施特林別爾格（Давид Петрович Штеренберг）陪同，去人民教育委員會找了盧納察爾斯基，於是就順利地被接納，吸收進由他主管戲劇、表現藝術、刊物出版的部門工作。

盧那卡爾斯基，尤里·安年科夫畫

於是，馬雅可夫斯基又重新振作起來，馬上開始構思，並在1918年整個夏天，都在創作他的詩劇《宗教滑稽劇》（*Мистерия-Буфф*）。他寫得很快，每寫完一幕，先是大聲讀給莉麗婭聽，然後讀給她和勃里克兩個人聽。

作為「十月革命」後「公社藝術」的一次最早的詩體創造，《宗教滑稽劇》完成後，勃里克請盧納察爾斯基和施特林別爾格於9月17日在彼得格勒一位朋友的寓所聽馬雅可夫斯基朗讀這部劇作，在座的除了莉麗婭和

奧西普，還有其他一些朋友，大家都與詩人一起分享他朗讀中的熱情。

這是一部極富馬雅可夫斯基特色的作品。

儘管詩人在「序幕」中驕傲地宣稱：「今天，／在劇場的塵埃上面，／輝煌地閃耀著我們的標語：／『永珍更新！』／站住！驚奇吧！／開幕！」把自己的這部劇作看成是前所未有的新成果。但是，首先，詩劇的內容就讓一向以傳統模式上演戲劇的人感到陌生：不但劇中的地點是上自天國，下至地獄，出場的人物除了七對乾淨人、七對骯髒人、神經病太太和一個普通人外，竟然有魔王別西卡和魔鬼長及其兩個傳令兵，有《聖經》中的聖約翰和最長壽的瑪士撒拉，還有列夫‧托爾斯泰、盧梭、大天使加百列和其他天使，甚至出現錘子、鐮刀、機器、火車、汽車、麵包、鹽、鋸、針、布匹、靴子等物品。更麻煩的是除了人物多達六十多個，作者在該劇的《說明辭》申言要「由 350 個演員演出」；還有全劇宏大的場面，複雜視覺的舞臺背景設計，尤其是全劇全是未來派的詩行和比喻，都讓演員們感到無法理解，難以應對，以致有人提出：這是一出「宗教劇」，還是一出「滑稽劇」？馬雅可夫斯基模稜兩可地回答，它不是宗教劇，也不是滑稽劇，或許可以說是滑稽劇代替了宗教劇。後來馬雅可夫斯基對這部劇作是這樣說明的：

> 這是我們偉大革命的詩歌和劇作的混凝體。宗教 —— 是指革命中的偉大事物，而滑稽 —— 是其中可笑的東西。《宗教滑稽劇》裡的詩是群眾大會的口號，是街頭巷尾的叫喊，是報紙的語言。《宗教滑稽劇》的場面是群眾的行動，是階級的衝突，是思想意識的鬥爭，—— 是在馬戲場裡的全世界的縮影。

在馬雅可夫斯基筆下，這是中世紀神祕儀式的一個現代變體，帶有滑稽可笑和褻瀆侮慢的滑稽成分。《宗教滑稽劇》的情節十分簡單：地球被洪水淹沒之後，還留下一艘方舟，有「七對乾淨人」和「七對骯髒人」

七、「宗教劇」和「羅斯塔」——
那個冬天,瘦削而又嚴峻,掩埋了所有永遠走入夢境的人

在北極尋找避難所。「乾淨人」全是各有產者的典型人物,像阿比西尼亞王、印度公爵、土耳其總督、俄國的投機商人和中國的官吏等;「骯髒人」則都是無產者,礦工、木工、僱農、洗衣婦、掃煙囪的等。骯髒人受了乾淨人的欺騙,被人們扔到船舷外頭。情節發生的環境是各式各樣的:全世界,方舟,地獄,天國,有殘破的國土,也有樂園。隨後是骯髒人把乾淨人推下船去之後,訪問了地獄,把地獄摧毀;然後來到傳統所說的天國,並在厭惡中離開;最後,他們回到地球,回到共產主義的樂園。

一週年的慶祝活動動員了全國的藝術家。馬雅可夫斯基的朋友們都加入到這項工作中去了,莉麗婭也以她原來學過的雕塑藝術來參與。全國各大城市的街道上都用彩色裝飾起來。布林柳克把他的畫掛到莫斯科大樓正面的牆上。

深受盧納察爾斯基器重的先鋒派藝術家納坦・阿爾特曼(Натан Исаевич Альтман)親自參加彼得格勒最重要的公共場所——冬宮前面廣場的裝飾工作,在周圍的建築物上掛下數以千計半抽象派的巨幅畫作,還在廣場中央亞歷山大雕像的底座按上一座未來派的抽象雕塑。但這種極端化的設計遭到劇烈的反對,直接的後果是在第二年春,禁止未來派在「五一節」為彼得格勒城市做裝飾,馬雅可夫斯基原來計劃的《宗教滑稽劇》演出也被終止。

盧納察爾斯基很賞識馬雅可夫斯基的這部新作。聽了詩人的朗誦之後,他立即指示,讓劇作在1756年建立的俄國歷史最悠久的國家劇院「亞歷山大林斯基劇院」上演。10月10日在彼得格勒國家藝術實習工廠的開幕式上講話時,盧納察爾斯基又提到此劇,說「詩人馬雅可夫斯基寫成了一部詩體作品,名叫《宗教滑稽劇》……這部作品的內容的泉源,就是現時代全部巨大的體驗,這種內容在近時出現的藝術作品中是最切

合於生活的現象的。」

但是《宗教滑稽劇》在排練時發生的事使馬雅可夫斯基十分煩惱。

當劇作在演員協會朗誦時，坐在下面聽的演員們訴說，這根本是一部「未來主義」的劇作。在他們看來，只要是「未來主義」的東西，他們都無法理解。尤其是，他們覺得，劇中人物的性格固定不變、沒有發展，馬雅可夫斯基對嚴肅的事件運用他所謂的幽默，顯得十分荒唐，這樣的劇本，不適合在他們的劇院上演。最後，在馬雅可夫斯基略帶諷刺地聲稱，他們這個只知沿襲古老傳統的劇團，不能正確評價一部現代劇之後，演員協會主席就說，非常抱歉，現在沒有一個合適的劇院來演出這部劇作，建議馬雅可夫斯基另找年輕的演員。這是馬雅可夫斯基在新制度下第一次遭遇官僚主義作風，以後，類似的對抗還多次讓他苦惱。

雖然在演出前夕的11月5日，盧納察爾斯基又在《彼得格勒真理報》上發表題為《共產主義的戲劇》的文章，再次稱讚說：「馬雅可夫斯基的《宗教滑稽劇》是在我們的革命影響下構思出來的唯一的劇本，因此它帶有這個革命的熱情的、大膽的、快活的、挑戰的烙印。」只是因為找一個劇院願意接受《宗教滑稽劇》的演出，拖延了太多的時間，留給正式排練的時間就很少了。

到了1918年10月12日，離11月7日一週年的紀念只有不到一個月了。情急之下，馬雅可夫斯基就去找邁耶荷德幫忙，得到他的支持。

符謝沃洛德·埃米爾耶維奇·邁耶荷德(Все́волод Эми́льевич Мейерхо́льд, 1874-1940)是俄國先鋒導演中的核心成員，一位富有改革精神的導演。他出生在奔薩省城的一個熱愛戲劇的家庭，1898年加入莫斯科藝術劇院後，到20世紀的頭十年，他在象徵主義的思想影響下，開始系統提出他的象徵性或「條件性」戲劇的先鋒理論。邁耶霍德認為，戲劇

七、「宗教劇」和「羅斯塔」——
那個冬天，瘦削而又嚴峻，掩埋了所有永遠走入夢境的人

是一種高度程序化甚至極度抽象化的藝術形式，而不是對現實的模仿。他於 1906 年成立了自己的戲劇工作室，進行高度程序化的表演；1906 年任薇拉・科米薩爾熱夫斯卡婭劇院演出部主任時，他又按照他非寫實派戲劇的基本思想，上演了多部象徵派戲劇。兩年後，1908 年，他繼續以一種完全非現實主義的手法，上演著名的挪威劇作家亨里克・易卜生的《海達・加布勒》(Hedda Gabler)，來抵制斯坦尼斯拉夫斯基所宣揚的，以風格化的自然主義指導演員用傀儡般的機械化方法進行表演，象徵了俄國戲劇一次革新的開始。邁耶荷德拒絕接受藝術一致性的約束，而維護藝術家進行試驗的權利，被認為是現代戲劇的創新力量之一。1915 至 1917 年間，邁耶霍德也有多部精采作品在彼得格勒上演。1917 年，布爾什維克將劇院國有化，他是藝術節為數不多的支持者之一，甚至加入了布爾什維克黨。

在當時，對馬雅可夫斯基的《宗教滑稽劇》來說，邁耶荷德是唯一願意支持演出這部劇作的導演。

如今，面對所遭遇的困境，勃里克、馬雅可夫斯基、邁耶荷德，還有負責舞臺美工的藝術家卡濟米爾・馬列維奇 (Казимир Северинович Малевич) 這個組合決定在報紙上刊登廣告，招募願意為慶祝革命一週年參加《宗教滑稽劇》演出的戲劇愛好者，並強制性地對這些業餘演員宣布：

演員同志們！你們有責任用革命性的表演來慶祝十月革命這個偉大節日。你們應該演出《宗教滑稽劇》這一個馬雅可夫斯基創作的表現我們時代的英雄的、史詩的、諷刺的描繪。請大家於 10 月 13 日星期天到捷尼雪夫學校的音樂廳來。屆時，作者會朗讀《宗教滑稽劇》，導演會提出他對演出的思考，舞臺設計會展示設計草圖，你們中喜歡這一工作的就來演出。……時間非常寶貴。我們只要求希望參加這次演出的同志們來。名額是有限的。

可是，後來的情況比想像到的還要麻煩。

馬雅可夫斯基是一個詩人，他一直都是寫詩，沒有創作過戲劇，平時又極少接觸過劇院的演出，缺乏舞臺經驗。他在《宗教滑稽劇》中所寫的複雜的詩句，對那些新招來的業餘演員來說，感到實在難以應對，以致有幾個因為不理解臺詞而不得不被撤換，而另找別的演員。另外還有舞臺設計、協調群眾場面、調解來自不同單位的演員的思想，等等。馬雅可夫斯基不但在排練時解釋、示範、喊叫、生氣，他還親自畫海報和設計服裝。學過藝術的莉麗婭也幫著協助設計服裝、繪製式樣，甚至派保母去街上購置演出所需要的東西，累得不可開交。除此之外，劇院行政部門還會鎖起大門，為他們製造不便。總之一句話，這排練是又漫長又艱苦，如邁耶荷德說的，「該劇的排練工作渙散，主要是不得不克服組織協調方面的障礙」。莉麗婭曾這樣說到這次排練的情況：

馬雅可夫斯基以欣賞的心情聽演員唸他的臺詞。他以為他們唸得很好，其實這不是真的。這是一次非常平庸的演出。不過他還是感謝他們大家。馬雅可夫斯基和邁耶荷德不過是在演出時表現出對他們每個人的愛。馬雅可夫斯基是在落實邁耶荷德每一次的熱情指導，邁耶荷德則賞識馬雅可夫斯基所寫的每一句臺詞。實際上，他們兩人都干涉了對方的工作。馬雅可夫斯基劇中的臺詞演出時滲透不到觀眾的心裡，顯得支離破碎。邁耶荷德的才華阻礙了馬雅可夫斯基的判斷，馬雅可夫斯基的才華干涉了邁耶荷德的正常工作。

最後總算告一段落：1918 年 11 月 7 日，《宗教滑稽劇》如期在「音樂劇院」（театре Музыкальной драмы）首演。由於排練時扮演「普通人」的演員怎麼都模仿不好馬雅可夫斯基示範朗讀的腔調，結果只好由詩人自己來扮演「普通人」這一角色，馬雅可夫斯基同時還兼演《聖經》中的長壽之人瑪土撒拉和一名魔鬼。

七、「宗教劇」和「羅斯塔」——
那個冬天，瘦削而又嚴峻，掩埋了所有永遠走入夢境的人

　　正式首演時，劇院裡萬頭鑽動，人民教育委員會委員盧納察爾斯基和詩人亞歷山大・勃洛克也坐在觀眾席的官方包廂裡觀看演出。開演前，盧納察爾斯基又致賀詞，場面可謂熱烈。但演出中間不時也出現一些混亂。馬雅可夫斯基後來在自傳《我自己》「1918 年 10 月 25 日」（這是俄曆，即公曆 11 月 7 日）中承認：「大家議論紛紛。邁耶荷德和卡・馬列維奇演出這個戲。到處是可怕的叫囂。特別是那些共產主義化了的知識分子。（彼得格勒蘇維埃戲劇科科長）安德列耶娃這也不做，那也不做。目的在阻擾演出。演了三次 (11 月 7、8、9 三天)，後來垮了。」不過演出留給勃洛克的印象還是好的。他認為《宗教滑稽劇》是一部天才的作品。他在當日的日記上寫道：「慶祝十月革命一週年。晚上和柳芭（他的妻子柳波娃・孟德列耶娃）一起在音樂劇院看馬雅可夫斯基的《宗教滑稽劇》。在節日的晚上 —— 盧納察爾斯基講話嘶啞、虛弱，還有馬雅可夫斯基，許多事。這一切永遠難忘。」

　　對於這部《宗教滑稽劇》，史丹佛大學斯拉夫文學教授愛德華・布朗 (EdwardJ.Brown) 在 1982 年出版的《革命後的俄羅斯文學》(*Russian Literature Since the Revolution*) 中作了客觀的歷史評價：

　　劇本是當時文學創作粉飾革命的模範，它在傳遞如馬雅可夫斯基所感到的時代精神上，是成功的。它包含了布爾什維克及其同情者們在革命之後所感到的勝利的振奮，也包含了與高爾基和列寧相一致的革命時代思潮：對「乾淨人」們的藐視和極度的憎惡。它具有一種未來感和歷史性的運動意識。馬雅可夫斯基在劇中說：「再過半個世紀，說不定，公社的飛行艦就去向遙遠的行星發起攻擊」；劇中的「普通人」也說到，到時候，「太陽也會做這樣的妙事，茴香根上一年之中就會長出鳳梨蜜」。劇本是瀆神的：耶和華，那舊的風俗化了的宗教信仰，也被骯髒人征服了，他們就像普羅米修斯，從他那裡竊來的閃電，用來實行電氣化。老

實說，劇本是時事性和短暫性的，不只是劇中的人物，還有劇中的用語和思想，只有1918年的觀眾和今天對歷史有興趣的觀眾才會感到興趣。

的確，《宗教滑稽劇》讓人覺得，它的作者好像已經不是原來的那個未來主義詩人了。老作家伊里亞・愛倫堡便是有這樣的感覺。他說，看過《宗教滑稽劇》後，他發現「原來那個穿黃上衣、斜領襯衫、圍著大紅圍巾的魯莽小子」不知到哪裡去了。被盧納察爾斯基任命為「藝術教育委員會」主任的藝術批評家，一向支持未來派的尼古拉・普寧聲稱，他從這部劇作看到，一個全新的馬雅可夫斯基出現了，他堅信，《宗教滑稽劇》的創作是在新的藝術革命語境下的一個意義重大的事件：

對《宗教滑稽劇》來說，最有意思的是馬雅可夫斯基在緊接他的街頭話語之後，現在使自己像一座紀念碑似的置身於大廣場，在未來派詩人中第一個明確說出了「我們」這個詞。他正是在這個時候結束了浪漫主義而成為一名古典主義。以後，不論是多麼的喜歡，馬雅可夫斯基都不會讓自己回覆到以前那種無法控制的叛逆狀態了⋯⋯

不過，馬雅可夫斯基的態度也引起一些人的猜疑，說他這樣做是在「迎合新主子」布爾什維克。只是並不如普寧所預言的，馬雅可夫斯基「不會回覆到以前那種無法控制的叛逆狀態」。阿・米哈伊洛夫在《最後一顆子彈》中舉例說：馬雅可夫斯基不但在他自己參與的《公社藝術》週報上發表《向左進行曲》，鼓吹「擺開隊伍前進！／這裡用不著說空話。／住口，演說家！／該是你／講話。／毛瑟槍同志⋯⋯」認為這簡直「就是號召暗殺行為」；同是發表在這週刊上的《高興得太早》一詩，「鼓吹革命的自發力量和它的破壞意識，破壞消滅一切文化古蹟」，讓「時間將像子彈一樣擊穿博物館的牆皮」等，米哈伊洛夫認為，這「可以看作是未來派明顯的老毛病再犯」。盧納察爾斯基也對馬雅可夫斯基的這一傾向提出

七、「宗教劇」和「羅斯塔」──
那個冬天，瘦削而又嚴峻，掩埋了所有永遠走入夢境的人

嚴厲的批評：「如果馬雅可夫斯基非要一千次重複同一種東西，他也就陷入了空虛惡性循環：誇自己、罵別人，那就請相信我的話：除了別人的厭惡，他什麼也得不到。」兩年後，馬雅可夫斯基於 1920 年 10 月開始，如他所驕傲地宣稱的，「衝破一切官僚作風、仇恨、文牘主義和愚蠢」，重寫《宗教滑稽劇》，大約在年底和 1921 年 1 月初完成，於 1921 年「五一節」那天在俄羅斯聯邦（Р.С.Ф.С.Р.）「第一劇場」上演，一直演到 7 月 7 日，大約演了一百場。期間 6 月末是專門從莫斯科各劇院請演員來，在莫斯科馬戲場為參加共產國際第三次會議的代表們用德語招待演出的。1921 年 6 月，第二版的《宗教滑稽劇》出版。此後，該劇還在托姆斯克、別爾米、坦波夫、葉卡捷琳堡、克拉斯諾達爾、哈爾科夫、奧姆斯克等地演出；1922 年又在伊爾庫茨克、克拉斯諾雅爾斯克演出；1923 年再次在莫斯科及喀山三個劇場演出。1969 年，《宗教滑稽劇》還被改編過《綠野仙蹤》、《金銀島》等作品的烏克蘭動畫大師大衛・切爾卡斯基（ДавидЯновичЧеркасский）改編成卡通片，不過很少有人看過，即遭烏克蘭當局禁映。但是據報導，《宗教滑稽劇》最近還於 2007 年 5 月 1 日在法國上演。

1919 年 3 月 10 日，蘇俄政府將首都從聖彼得堡──彼得格勒遷到莫斯科，馬雅可夫斯基和勃里克夫婦也像很多人一樣，也從那裡移家莫斯科，最初住在波盧埃克托夫巷弄一個 12／14 平方公尺的房間裡。莉麗婭這樣說到這個房間：

在我們的房間裡，我們有兩張床，另有一張摺疊床。後來，我們的小狗西恩就在這張床上睡在馬雅可夫斯基的腳邊。我們四個待在一個房間裡是因為我們都感到非常寒冷。我們把地毯掛到牆上保暖。我們燒煤氣爐，燒原來住在那裡的人留下來的舊報紙。

由於雅各布森的幫助，馬雅可夫斯基在魯比揚巷找到一個什克洛夫斯基說是像一艘「鈍頭船」的房間。這房間就在出版大樓近旁，馬雅可夫斯基後來經常待在這裡寫作，但大部分時間，他都回到勃里克夫婦的住處。

政府仍然正常工作，雖然薪資不能正常照發。勃里克依然在上班，但馬雅可夫斯基為了捍衛未來主義，在給4月分的《藝術》雜誌撰稿之後，就不做了，都在彼得格勒遊轉，為他的《戰爭與宇宙》第2版、他的詩集和《宗教滑稽劇》第2版尋求出版管道。

很難找到一個出版者。但他發現有一種還沒有被人使用過的手段，即可以把繪畫畫在平板印刷石上，在莉麗婭以及熟人和大學生的幫助下，手印出來，裝訂成一本本小冊子，準備在克里姆林宮為即將開赴前線的士官生和紅軍戰士舉行的儀式上，作為一種新型的《蘇維埃字母表》，送給他們。這樣，在六個月後，當他在庫茲涅茨和彼得羅夫卡街的拐角處看到「羅斯塔之窗」的一幅長達2公尺的招貼畫時，馬雅可夫斯基便想到，也許可以有一個機會，讓他發揮他創造「標語口號藝術」的才能。於是，他就去找「羅斯塔」的宣傳部，並獲得了應允。

「羅斯塔之窗」是當時蘇聯正處在國內戰爭時期，由「羅斯塔」（POCTA）──「俄羅斯電訊社」（Российское Телеграфное Агентство）根據該社的電訊稿印製配有詩文的戰鬥性政治宣傳鼓動畫；它一般都張貼在莫斯科這家通訊社的櫥窗和街道各商店的櫥窗裡，從而被稱為「羅斯塔之窗」。這種詩畫並茂的宣稱形式，通熟易懂，能在群眾中發揮宣稱鼓動的作用，因而得到列寧的好評，被認為是生活直接創造出來的一種新形式。

參加羅斯塔之窗的工作，占據了馬雅可夫斯基的全部時間，使他幾

七、「宗教劇」和「羅斯塔」——

那個冬天，瘦削而又嚴峻，掩埋了所有永遠走入夢境的人

乎完全放棄了他的抒情詩創作。雖然在一個沒有取暖設備的大工廠工作，而且要求有機器一樣的速度，以致有時回家還得工作，大家都嚴肅認真、幹勁十足，馬雅可夫斯基甚至並不覺得這工作耗費他作為詩人的才華，相反他以能為革命服務而自豪。他很喜歡作這事，甚至把羅斯塔招貼畫的鑲板裝飾到他魯比揚巷家裡的牆壁上。馬雅可夫斯基還讓莉麗婭的來為他的畫著色。當什克洛夫斯基從彼得格勒來到莫斯科，見馬雅可夫斯基和莉麗婭兩人都全身心地沉浸在製作羅斯塔招貼畫中時，看到莉麗婭這麼辛苦地工作，非常驚訝地說：「她知道如何去做自己所希望的工作。」

莉麗婭一般都在白天幫馬雅可夫斯基為羅斯塔的招貼畫著色，到傍晚回波盧埃克托夫巷弄奧西普那裡。馬雅可夫斯基就幾乎天天都一直待到晚上，在那裡用木炭在十來張粗糙的紙上為第二天的招貼畫畫素描。他常在招貼畫的空白處畫上一隻小狗，簽上他的名，讓第二天來的莉麗婭看到他在這裡表達的感情。

第二天一早來時，因為天氣太冷，莉麗婭都先要把膠水加熱，在煤氣爐上工作，眼睛被刻板釋放的煙嗆得萬分難受。馬雅可夫斯基一般都在地板上繪畫，畫好之後經常累得直不起腰，用一塊木頭當枕頭睡在地板上。

工作的壓力很大。馬雅可夫斯基每天都要為招貼畫創作多達 80 行有韻律的新詩，搞得他精疲力盡，如他所說的：「要求我們有機器一樣的速度。常有的事是：前線勝利消息的電訊稿過 40 分鐘到 1 小時，就已經有鮮豔的招貼畫貼在街上了。」

後來，羅斯塔的活動還擴展到其他城市，於是電訊社立即僱用了各地每個同情政府的藝術家來參與工作。但馬雅可夫斯基仍以他的工作品

質發揮他的優勢。從1919年10月到1922年2月的兩年多時間裡，馬雅可夫斯基又寫又畫，創作了1500多幅招貼畫，每幅招貼畫上都有幾幅畫和短詩，但他在自傳中說是創作了「大約三千幅招貼畫，寫了六千首短詩」。

有一次，其他人員都已經離開了，只有莉麗婭和馬雅可夫斯基兩人還在工作。這時，電話鈴響了。馬雅可夫斯基去接。電話那頭問：「是誰呀？」馬雅可夫斯基回答說：「沒有人。」那邊問：「主任呢，他在嗎？」「不在。」「那麼有誰在代他？」「沒有人。」「就是說，總是沒有人？」「沒有人。」於是，那邊就說：「好吧！」馬雅可夫斯基好像突然想到似的，便問了一句：「您是誰？」那邊回答說了一句「列寧。」就結束通話了電話。莉麗婭記得，馬雅可夫斯基放下話機，走到她跟前，一直默不作聲。

羅斯塔的工作提升了馬雅可夫斯基作為宣傳鼓動詩人的才能，不過早些時候，在《向左進行曲》這類詩中，他也已經表現他創作政治戰鬥口號詩的指向。《向左進行曲》是他獻給紅軍水兵的，這些士兵當時正在與向年輕蘇維埃攻擊的各國軍隊交戰。1918年12月17日，馬雅可夫斯基在彼得格勒馬斯特羅茨基劇院與他們見面時，為他們朗誦了這首詩：「擺開隊伍前進！／這裡用不著說空話。／住口，演說家！／該是你／講話，／毛瑟槍同志。／我們厭惡／亞當和夏娃留下的法律。／趕開歷史這些瘦弱的老馬！／向左！／向左！／向左！」

在羅斯塔工作期間，另有一首詩的構思一直占據著馬雅可夫斯基的腦子，那就是他的長詩《150,000,000》。這也是一首宣傳鼓動的詩作，150,000,000指的是蘇維埃當時的人口數，詩篇用誇張和抽象的手法，表現新舊世界的鬥爭，歌頌150,000,000蘇聯人民的偉大勝利。這部長詩在1919年開始創作，於1920年3月完成。在跟國家出版總局進行了長

七、「宗教劇」和「羅斯塔」——
那個冬天，瘦削而又嚴峻，掩埋了所有永遠走入夢境的人

時間的爭執之後，於 1920 年 4 月出版。和他為羅斯塔寫的招貼畫上的詩一樣，《150,000,000》也是一部政治鼓動作品，對此類作品，馬雅可夫斯基都不署名。此詩雖不書名，也不見效，因為大家都感覺得到，如詩人在自傳中說的，「沒有人做這件事，大家都知道作者的姓名。」安妮和塞繆爾·查特爾說：「這首詩是獻給莉麗婭的，沒有在書名頁上題有獻詞，是因為馬雅可夫斯基希望匿名出版。」後來，馬雅可夫斯基要求出版社專門為莉麗婭、奧西普和他自己印三本有他題獻和他簽名的書，可是未能如願。於是，他就強迫出版社做出解釋，並以印刷廠的商標作保證，將它貼在他拿到的第一本書上獻給莉麗婭，在扉頁上寫上「NO.1」，「謹將此書獻給親愛的莉涅卡」。另外，馬雅可夫斯基還簽名送了一冊給列寧。但是列寧和其他領導人的反應都是本能上有一種敵意。列寧在給盧那察爾斯基的一個便條上寫道：「你不為你自己贊成《150,000,000》出版 5,000 冊感到害羞嗎？荒謬，無聊，雙倍的無聊而又虛偽做作！我的意見只是，這類東西十之八、九不該出版，出也不超過 1,500 冊——供應圖書館和怪人去看。」政治理論家，當時任中央政治局委員的列夫·托洛斯基雖然對文學比列寧有較好的感受力，也還是不喜歡馬雅可夫斯基的這種議論性的作品：「這些古代的謠曲和神話故事的作調，與芝加哥的機械學和階級鬥爭草率相配時，是多麼的不得其所又多麼的輕佻無聊啊！」在列寧看來，詩人的未來主義者的自我，他那無法控制的意象，還有他對意象和用詞在本能上就不迷信，似乎都是文學上的一種「歪門邪道」。這樣的人是不能信賴的。

官方對馬雅可夫斯基作品的態度都是這樣，雖然詩人還在為羅斯塔服務。盧那卡爾斯基盡可能對馬雅可夫斯基以很大的支持，但是因為詩人的不穩定的性格，也就是他所指出的「雙重的」個性，仍然對他不信任。

這段時間裡，一次，有一個女孩打電話給馬雅可夫斯基，說是要翻譯他的詩作。

21歲的麗塔・雅可夫列夫娜・賴特──科娃列娃（1898-1989）出生在從屬於俄羅斯的烏克蘭的一處農村，當時還是莫斯科大學醫學系的一個學生，懂幾種外語。她懷著年輕人的熱情，喜愛馬雅可夫斯基的詩，並想把馬雅可夫斯基的《宗教滑稽劇》譯成德語。後來，她進了列寧格勒軍事技術學院教英語，還參加了蘇聯作家協會，並寫了有關阿赫瑪托娃、馬雅可夫斯基、帕斯捷爾納克等人的回憶文章；他翻譯的美國作家傑羅姆・大衛・塞林格的《麥田捕手》最初發表在1960年11月號蘇聯的《外國文學》雜誌上，單行本出版後，在赫魯雪夫解凍時期，在讀者中產生廣泛的影響。

在與馬雅可夫斯基通過電話之後，麗塔・賴特就來找馬雅可夫斯基相談翻譯的事。馬雅可夫斯基曾請她幫助把準備貼到「羅斯塔之窗」裡去的招貼畫的配詩譯成德語、英語等三種語言，還請她幫助收集報刊上所有可以用到「羅斯塔之窗」去的消息。後來麗塔・賴特還成了莉麗婭的密友。

莉麗婭雖然在羅斯塔工作，她和馬雅可夫斯基在為政府僱員服務的食堂吃飯，但當時的食品是嚴格按照定量配給的。許多人都不得不以馬鈴薯、燕麥糊果腹，很少能吃到蔬菜。1919到1920年的嚴冬，莫斯科到處積滿雪堆，更阻礙了食品的分配。什克洛夫斯基從彼得格勒到莫斯科時注意到，鐵路車站上唯一可吃的東西是淡黃色發亮的明膠。嚴寒似乎滲透到每一個地方，任何可燃的東西都被用來為住宅裡的爐灶燒火。莉麗婭甚至不得不賣掉她母親送給她的首飾，來購買食品。幾個月這樣糟糕的飲食，使莉麗婭患病了，馬雅可夫斯基設法為她醫治，仍舊治不好，使他很絕望。她是因為缺乏新鮮的蔬菜而患了壞血病，還因為她在

七、「宗教劇」和「羅斯塔」——
那個冬天，瘦削而又嚴峻，掩埋了所有永遠走入夢境的人

羅斯塔工作時眼睛嚴重受損。這幾個月裡，蔬菜的價格甚至比鑽石都貴。萬分焦慮之中，馬雅可夫斯基找遍莫斯科全城，只弄到兩支胡蘿蔔。後來1927年，在為紀念十月革命10週年而寫的長詩《好》中，馬雅可夫斯基這樣描寫莫斯科「那個／冬天，／瘦削而又嚴峻，／掩埋了／所有／永遠走入夢境的人」之後，他因莉麗婭的病而憂慮的心情：

如果／我／寫過些什麼，／如果／我／講過什麼，──／這都由於／那天空般的眼睛，／我愛人的／大眼睛的／罪過。／圓圓的、／棕色的、／火熱的，／熱到焦糊。／狂暴的電話機／發了瘋，／像是朝耳朵／敲了一斧：／飢餓的／水腫／把棕色的／大眼睛／黏住。／醫生胡說了一通，──／眼睛／要看得見，／必需／蔬菜，／必需／溫暖。／我抓著綠色的小尾巴，／提著／兩個／小小的胡蘿蔔，／不是去做湯，／不是回家，／而是到愛人家／去做客。／我曾經／送過她／許多糖果和鮮花，／但是／這個貴重的胡蘿蔔／和那／半根／白樺樹木柴，／比所有／貴重的禮物／使我記得更為深刻。／我腋下夾著／又溼又細的／木柴，／送給愛人去燒，／它／比普通的眉毛／也粗不了多少。／兩頰浮腫。／眼睛──／兩道小縫。／蔬菜／和溫情／治好了眼睛。／比盤子大的／眼睛／在注視著／革命。

這是當時蘇俄實施「戰時共產主義政策」下居民的普遍生活情況。

八、愛情「協議」——
暫時分開兩個月

八、愛情「協議」——
暫時分開兩個月

1920 年初,馬雅可夫斯基在普希金諾找到了一棟小別墅。

普希金諾位於莫斯科東北大約 30 公里烏恰河和謝列勃良卡河交叉處。它原是 14 世紀的大貴族格里高利·莫爾西寧·「大砲」的領地。「大砲」的俄語 Пушка,讀作「普希卡」,大詩人亞歷山大·普希金是他的男性後裔之一,普希金去世後,這裡還建有他的像。地以人名,於是也就有了「普希金諾」這個地名。

有了別墅,馬雅可夫斯基和勃里克夫婦便帶著他們的女傭安奴斯卡,先是在這裡度夏,到了 9 月回莫斯科,住進沃洛比揚內巷弄(Водопьяный переулок)。期間有一天中午,馬雅可夫斯基和莉麗婭見路上有一隻被遺棄的狗,又髒又餓,便將牠收養了下來,為牠取了個「希慶」(Счен)的名字;以後在寫信給莉麗婭時,馬雅可夫斯基就用這狗的名字來自稱,還常常在信末畫上這樣的一隻狗。

莉麗婭和她的狗,1920 年

近幾年裡，奧西普・勃里克一直都對文學感興趣，把事件都傾注在文學和詩歌理論上，寫了一些論文。現在，在 1920 年 6 月 8 日，他意外地突然得到一份別的工作：要為「契卡」服務。

契卡（ВЧК）是「全俄肅反委員會」（Всероссийская Чрезвычайная Комиссия）的簡稱，屬十月革命後蘇維埃俄國的國家安全保衛機構。它是根據當時的蘇俄領導人費利克斯・艾德蒙多元奇・捷爾任斯基（1877-1926）的建議在 1917 年 12 月開始設立的。在它屬下，還有各級地方蘇維埃肅反委員會，在各運輸部門、軍隊和邊境地區也成立有專門的肅反機構。契卡擁有極大的權力，它可以輕而易舉逮捕一切被認為是反革命分子的人，致使單位裡，鄰居間，往往是，突然，某個人就莫名其妙地消失了，誰都不知道是去了哪裡。幾年後，到了 1922 年 2 月，經全俄中央執行委員會決定，契卡改組為國家政治保衛局，也就是後來的克格勃。

奧西普・勃里克是怎麼會有這樣的事？全俄肅反委員會可不是一個公開應徵的服務行業，盧比揚卡也不是一個人可以前去求職的場所。所以研究者相信，一定是有某一個人親自前來動員奧西普。很清楚，到了 1920 年春，他們認為奧西普是一個可以充分信賴受託做安全工作的人。於是，例如，或者經過說服動員，奧西普便與「保密部第 7 處」簽約，工作的職責包括隨時注意原來那些被布爾什維克認定的「資產階級」以及一切可疑之人。帕斯捷爾納克那幾年經常去勃里克夫婦家，他曾回憶說，去在他們家時，每次只要聽莉麗婭說「我們先吃點東西，奧西普等等就從契卡回來了」的時候，都覺得「毛骨悚然」。詩人謝爾蓋・葉賽寧無疑也有同感，不久前，他就曾寫出過幾行名句：「你認為著名語言學家勃里克是什麼人？／他是一個審訊官，一個契卡中的成員。」

有了這樣的一份工作，奧西普的生活一個短時期裡就有了重大的改

八、愛情「協議」——
暫時分開兩個月

變,因而莉麗婭和馬雅可夫斯基的生活也隨之有了重大的改變。

奧西普這一工作意味著榮譽,但也讓他陷入困境。他如今不僅是全能的黨的成員,又是一支軍隊中的戰士,這軍隊的任務是捍衛國家和黨,反對真實的和常常是假想出來的敵人。例如,馬雅可夫斯基也被他們看成是時刻需要監視的可疑人物。他該如何面對?

奧西普・勃里克

麗塔・賴特譯完《宗教滑稽劇》之後,在 1921 年夏回到普希金諾,成了馬雅可夫斯基家中的一員。最初幾天,她就對這個「家庭」中的人際關係覺得很難理解。一次,她嘗試著對莉麗婭說:「奧夏(奧西普)似乎希望妳和沃羅佳有個孩子。」莉麗婭回答說:「不,是沃羅佳希望我和奧夏有個孩子。」令人奇怪的是,莉麗婭既拒絕與勃里克生孩子,也拒絕與馬雅可夫斯基生孩子,但是她仍舊和馬雅可夫斯基保持性關係;更奇怪的是,不僅莉麗婭對勃里克與馬雅可夫斯基,就是勃里克對莉麗婭與

馬雅可夫斯基，和馬雅可夫斯基對莉麗婭與勃里克，抱的似乎都是這樣的態度。如馬雅可夫斯基仍舊多次發生「小小風流事」，這種事，馬雅可夫斯基通常事後都坦率地告訴莉麗婭，但莉麗婭不過是覺得一陣不快之後，也就沒有事了。而莉麗婭，也曾試圖另找情人，只因找不到她認為合適的，每次總是失望而歸，回到沃羅佳身邊。只是她不像馬雅可夫斯基，她絕不跟馬雅可夫斯基談自己的這種事。

莉麗婭是一個漂亮的女子，但是畢竟過了1921年夏天，她就三十歲了。想到自己正在一年年地老去，而且比馬雅可夫斯基還要大兩歲，總感到稍稍有些不安。她可以有很多豔遇，但仍舊希望和馬雅可夫斯基保持穩定的情人關係，她需要一個像馬雅可夫斯基那樣能夠隨時為她效勞的人。馬雅可夫斯基也不希望失去她，他深深地愛著莉麗婭，沒有莉麗婭，對他來說是不可想像的，他願意分擔她的憂慮。於是，他跟她說：他只希望自己活到30歲，不要再活下去。當她訴說，一個老女人，臉孔布滿皺紋，背也駝了起來，就不再漂亮了的時候，為排解她的這種壓抑之感，馬雅可夫斯基甚至說：「不過莉麗婭，妳可不是一個普通的女人，妳是一個例外。」她反問：「那麼你呢，你不也是例外嗎？」他沒有回答。

後來，加入羅斯塔工作的人員多了，不再需要莉麗婭為招貼畫著色之後，莉麗婭和馬雅可夫斯基兩人便一起外出旅遊。他們搭乘擁擠不堪的火車去彼得格勒，住進旅館的時候，他們也總是分兩個房間。莉麗婭從來不整夜跟馬雅可夫斯基睡一起，說是他的個子那麼大，躺在他旁邊不舒服，還開玩笑說：「一具單人的棺材，也要比一張雙人床舒服」。

麗塔・賴特很仰慕莉麗婭的美，她常常去她們家，莉麗婭也總會為她泡一杯濃濃的甜甜的熱咖啡。見莉麗婭在輕便式可摺疊的橡膠浴盆裡洗熱水澡，而不是像其他人那樣，只能用一個臉盆洗，她感到很驚奇，也很羨慕。莉麗婭得意地微笑著對她說：「我精神上是一個共產黨員，但

八、愛情「協議」——
暫時分開兩個月

是我的肉體是極度資產階級的。」莉麗婭的確是一個過慣奢侈生活的女人，她不能忍受貧困的生活。

相處了一段時間之後，麗塔‧賴特和莉麗婭不但十分親近，甚至到達親密無間的地步。但是當莉麗婭坦率地告訴她，說馬雅可夫斯基總是歡喜取悅女孩子，甚至向她們求愛；尤其是她把馬雅可夫斯基喜歡年輕女孩子，和他一次次的獵豔說成不過是「小男孩的短暫的熱戀」，使麗塔感到困惑，簡直感到十分費解。

確實，像莉麗婭那樣的女人，麗塔以前從來沒有見過。麗塔認為，「在我們大家看來，馬雅可夫斯基是不道德的。不過我覺得，莉麗婭也是一個普通人，只是像唯一從另一個星球來的人。」她覺得，莉麗婭似乎有兩張面孔：一張是冷酷的、不友好的、愛批評人的，另一張是在她微笑的時候，顯得熱情而美麗，有一張靈敏的嘴和一對閃閃發光的黑眼睛。不過麗塔相信，微笑的一面是真實的莉麗婭。於是，麗塔渴望莉麗婭的友誼，並成了她的閨蜜。她覺得，正因為莉麗婭那麼難以理解，因此才需要她去愛她。

1917年11月7日的「十月革命」之後、1918至1920年的「國內戰爭」時期，糧食、煤炭、石油和鋼鐵的主要產地陷入敵軍之手，蘇維埃國家處境十分艱難。為粉碎國內地主資產階級和帝國主義發動的這場旨在顛覆蘇維埃政權的戰爭，布爾什維克採取一系列臨時性特殊的社會經濟政策，即「戰時共產主義政策」，其主要措施是全部工業國有化、國內銷易國有化、勞動義務制以及餘糧收集制和實物配給制。蘇維埃人民委員會1918年11月21日頒布〈關於組織一切產品、個人消費品及日用品的居民供應〉的法令，規定一切食品、個人消費品和家用物品，包括糖、茶、鹽、火柴、布匹、鞋、肥皂等日用品均由國家和合作社組織供應，取代私商。

但是對莉麗婭來說,並不受此影響。莉麗婭的母親在倫敦的「蘇聯商務辦理處」有一份工作。她給莉麗婭寄來長筒絲襪、昂貴的香水和化妝品等在莫斯科是有錢也買不到的商品。這讓羨慕資產階級生活方式的莉麗婭非常高興,並決定要親眼去母親那邊看看,放鬆放鬆。只是在莫斯科辦不了去英國的簽證,只有去剛在第一次世界大戰結束後獲得獨立的拉脫維亞,去拉脫維亞的首都,波羅的海的港口城市里加可以辦理。

1921年10月莉麗婭一個人乘火車離開莫斯科,讓麗塔·賴特與馬雅可夫斯基和勃里克一起待在他們的小別墅。出發前,她給麗塔買了一本厚厚的棕色封面的筆記簿,悄悄地把她拉到一邊,低聲對她說:「妳把沃羅佳說的每句話都記下來。他是一個天才,他的每句話都會是很有意思的。」麗塔聽了感到很吃驚,不明白她這是什麼意思,是真的記錄天才的警句,還是想了解她不在時馬雅可夫斯基的思想,但她又不能拒絕莉麗婭。這樣交代過後,莉麗婭便留下馬雅可夫斯基,高高興興一人去里加了。

在莉麗婭去里加的幾個星期裡,馬雅可夫斯基和她之間互相寫了很多信,莉麗婭署的名是「莉麗婭」、「你忠實的小貓咪莉麗婭」等;馬雅可夫斯基則署「小狗」、「妳的小狗」、「完全屬於妳的小狗」等等,和他相呼應,還常常在「小狗」的名字旁邊畫上一隻以前拾到的小狗希慶。馬雅可夫斯基信中開頭對莉麗婭的稱呼,有很多愛稱:莉列克、莉西克、莉奇克、莉麗婭季克、小寶貝、貓咪,還要加上「心愛的」、「最親愛的」、「最最親愛的」等等。信的內容,給人印象最深的是對莉麗婭的強烈思念,如:「妳離開得太久了,信也少得可憐,而我卻是多麼思念妳啊」;「十分想念妳,非常愛妳,熱切地等著妳」;「別忘了我,愛我」等。有一封信上,在寫了「我非常愛妳,我親愛的,非常非常非常地想妳」之後,馬雅可夫斯基甚至狂熱地寫出「10,000,000,000,000,000,000次吻妳」,另一封

八、愛情「協議」——
   暫時分開兩個月

信上則寫了「10,000,005,678,910 次吻你」。與此同時，馬雅可夫斯基也流露出對莉麗婭的愛情的擔憂，如在有一封信中寫道：「小狐狸，我好想妳，妳想我嗎？我好愛妳，妳愛我嗎？」最有代表性的是馬雅可夫斯基 10 月 26 日至 27 日寫的那封信：

　　我最最親愛的、心愛的，我寵愛著的小狐狸！

　　……我想妳，思念妳，可是又能怎麼樣呢 ── 我總是寢食難安（今天尤其如此！），只是拚命地想妳。我哪裡也不想去，就在屋裡轉來轉去，看著妳那空空的衣櫃，沒有妳的生活真是痛苦難耐。看在上帝的份上，別忘記我，我愛妳，要比其他所有愛妳的人愛的總和還多百萬倍。我沒有興趣見任何人，也不想和誰說話，除了妳。我生活中最快樂的日子就是妳到來的那一天。愛我吧，寶貝。……吻妳吻妳吻妳吻妳吻妳吻妳吻妳吻妳吻妳吻妳吻妳吻妳吻妳吻妳吻妳吻妳吻妳吻妳……

　　莉麗婭無疑知道馬雅可夫斯基對她的情感，她也經常寫信撫慰他：「我深愛著你，至死不渝！」「我不會忘記你的，我一定回來」，「我好想要你，狂熱地吻你」，等等。同時，莉麗婭還給馬雅可夫斯基和勃里克帶些在蘇俄無法買到的東西，如巧克力、甜餅、可可、咖啡、茶和罐頭等食物。

　　主要是出於對莉麗婭的愛，和對她的思念，最重要的顯然也受莉麗婭 10 月底給他的信的激勵，在莉麗婭離開他的時候，馬雅可夫斯基開始寫他的自傳體詩篇《我愛》。

　　莉麗婭在 10 月底給馬雅可夫斯基的那封信中曾對他表示：「我深愛著你，至死不渝」；並向他透露：「我現在有很多熟人，甚至還有追求者，可我對他們一點也沒興趣，他們和你相比 ── 只是些傻瓜和怪物而已！反正只有你才是我最心愛的小狗……」雖然說「你才是我最心愛的，但如此誇耀，怎麼不使馬雅可夫斯基產生恐懼感。於是，在她告訴馬雅可夫

斯基「終日思念你」之後，接著說「為我寫幾行詩吧」，甚至在「給我」兩個字上加了重點號，就十分有效地激勵詩人的創作了。

於是，馬雅可夫斯基在 1921 年 11 月至於 1922 年 2 月間，專門為莉麗婭寫了一首詩篇《我愛》。

確實，不同於他此前的那些政治性很強的詩作，《我愛》是馬雅可夫斯基獻給莉麗婭的詩。這是一首十分溫柔的詩篇，全詩洋溢著愛情和生活的歡樂，絲毫沒有消沉的情緒，從總體說，這算得上是馬雅可夫斯基長詩中最明朗、樂觀的一首。在給莉麗婭的手稿中，還給這首詩加了一個副題：「以此代替解釋和書信贈親愛的小貓咪」，後來在 1922 年 3 月由莫斯科未來主義者協會出版社出版時，並有「致莉・尤・勃里克」的獻詞。

在《我愛》中，馬雅可夫斯基說自己雖然「曾是恰如其分稟賦愛情的人」，但貧困、入獄、出賣勞力，使他得不到愛情：「小姐太太們／像火箭一樣／躲開我」。只有「妳」，當然是指莉麗婭，「走了過來⋯⋯」於是，「我歡欣若狂。／負擔呀──／它不再存在！我喜歡得忘掉一切，／奔騰跳躍，／像印第安人在婚禮上蹦跳，／是如此輕鬆，／是如此愉快。」

詩的最後是作者向莉麗婭表示他「忠誠不渝的愛」：「艦隻──總是要駛進港灣的。列車──總是要開進車站的。／更不用說我／──我在愛呀──／我也總是投奔妳的。⋯⋯我也是這樣／回到妳這裡來的，親愛的人。／這是我的心⋯⋯／我就是這樣／堅定不移地投奔妳的。」

在詩的題為「結論」的最後一段，馬雅可夫斯基總結性地表態說：「吵嘴也好，／離別也好，都不能磨滅愛情。／它是深思熟慮過了的。／考察過了的。／檢驗過了的。／莊嚴地舉起手指般一行行的詩，我宣誓──／我忠誠不渝地／愛。」⋯⋯

八、愛情「協議」——
暫時分開兩個月

現在，莉麗婭・勃里克離開已有兩個月了。馬雅可夫斯基思念、等待了她兩個月。到了 1922 年初，在給她的信中，他這樣寫道：「最最親愛的莉列諾克……我們非常非常非常渴望妳能快點回來」，並在「非常非常非常渴望」、「快點」等句上都加了著重號。他特別提到：「我原來是深信妳新年之前會回來的，而現在我已經徹底失望了」。不過他還是等待著，覺得「沒有妳我寂寞寂寞，還是寂寞」。

莉麗婭最後於 1922 年 2 月回到莫斯科。此前，她曾在信中對馬雅可夫斯基說，曾有人告訴她，她不在的這段時間，他曾愛上別人；以後，他警告說：「我希望一切我不喜歡的事情都絕對不要再發生」，否則「我將不得不離開你」。

這當然是她對馬雅可夫斯基的要求。而對她自己，她是不顧馬雅可夫斯基的感受的，她深知馬雅可夫斯基不能沒有她。

在此之前，莉麗婭就已經意識到，她成為馬雅可夫斯基的情婦已經有六年了，如今她們的感情和關係都已經大不如前了。她也另找過情人，在里加時，她遇見一個個子高高的金髮男子，他很文靜，患肺結核，剛康復。他愛上了她，準備等她回到莫斯科之後再與他聯繫。這次從里加回國後，在普希金諾，她又遇到一個人。這個大名鼎鼎的人叫亞歷山大・阿布拉姆・莫伊謝維奇・克拉斯諾雪克（Абра́м Моисе́евич Краснощёк, 1880-1937），化名亞歷山大・米哈伊羅維奇・克拉斯諾雪科夫，又名托賓遜。

像勃里克夫婦一樣，克拉斯諾雪科夫也是猶太人，高高的身子，寬闊的肩膀，又富有文化教養，讓女性覺得富有魅力。克拉斯諾雪科夫年輕進基輔大學時，加入了俄羅斯社會民主工黨；1903年，也可能是在1905年的起義失敗後，他去了美國，參加了美國的社會勞工黨。後來又進了芝加哥大學攻讀法律，1912年畢業後做一名律師。俄國1917年的二月革命之後，他於1918年初回到俄羅斯，一個短時期裡被列寧委派任遠東共和國主席。但在長期的政治活動中，克拉斯諾雪科夫多次被捕，最後被投入莫斯科的萊福爾托沃監獄（Лефортовскаятюрьма）。萊福爾托沃監獄設防甚嚴，骯髒、潮溼，克拉斯諾雪科夫說這裡的環境惡劣，不利於他患的肺結核病，要求轉另一個監獄。結果是允許他可以在牢房裡工作。於是他在那裡把

莉麗婭攝於1922年春第二次去里加

美國詩人華特・惠特曼的詩譯成俄語，並寫了一部著作《現代美國的銀行系統》，於1924年11月出版。

克拉斯諾雪克已婚，妻子格特魯德是一個波蘭的猶太人。他們在芝加哥生了兩個孩子，1910年生的女兒盧埃拉和1914年生的兒子葉甫根尼。盧埃拉的名字是根據她父母喜歡在紐澤西州的盧埃林公園散步而取的。開始在俄國的幾年，他們是共同生活的，1922年12月，格特魯德帶了兒子回美國，但是盧埃拉要求跟他父親一起留在莫斯科。

八、愛情「協議」──
　　暫時分開兩個月

　　在普希金諾第一次和莉麗婭詳見時，克拉斯諾雪克便愛上了她。他給莉麗婭另取了一個名字「梅麗」，意思是「魅力」，並常喜歡和莉麗婭開感情上的玩笑；莉麗婭則稱他是「另一個大個子」，即是不同於馬雅可夫斯基這個大個子的「另一個大個子」。她很愛克拉斯諾雪克，愛到甚至心想要與馬雅可夫斯基斷絕關係的地步。但是她又覺得這話很難當面對馬雅可夫斯基說。不過在給他信中，她曾這麼說過：「你曾經向我保證，說我若告訴你，你不會覺得大驚小怪的。（那麼，我現在告訴你）我不再愛你了。我感到你也不那麼愛我了，而且也並不（因我不愛你）感到痛苦。」

　　當然，並不是如莉麗婭所說。馬雅可夫斯基自己雖然一次次地感情出軌，但他畢竟還是深深地愛著莉麗婭的。每當看到莉麗婭和克拉斯諾雪克在一起的時候，他都覺得很陰鬱、很不快，只有奧西普・勃里克無動於衷。這一切，麗塔都看在眼裡。麗塔回憶說：「我看到馬雅可夫斯基暴跳如雷，看到莉麗婭淚流滿面，就是從沒見到勃里克失去過控制。」馬雅可夫斯基是認為他自己完全可以偶爾有一二次風流韻事，卻不希望莉麗婭和另一個人有感情上的維繫。不過莉麗婭並不因為馬雅可夫斯基的痛苦而改變對克拉斯諾雪克的愛，她備好一袋袋食品、一包包書籍，盡可能去看望他，還把他14歲的女兒盧埃拉帶入普希金諾的別墅。情感的隨意是莉麗婭的個性。

　　盧埃拉來到別墅後，莉麗婭就提醒她說：「有人會告訴妳，說我在門道上和男人接吻，妳別相信。」為討好她，她還送她兩大包她自己的內衣，又幫她縫製連衣裙。白天，莉麗婭和盧埃拉就脫去衣服、戴上墨鏡去晒日光浴，盧埃拉回憶說：「莉麗婭晒得像非洲人一樣黑，我們還比賽看誰晒得黑。」晚上，她們就下棋，或者打牌，或者唱歌。這一切，馬

雅可夫斯基都沒有參與，因為他沒有音樂細胞，也沒有興趣。但他都看在眼裡，對莉麗婭的這種殷勤態度，心中無疑也不是滋味。不過他每次來時，還是會帶七塊巧克力給盧埃拉，讓她一星期每天吃一條。

莉麗婭和盧埃拉

1922年9月，莉麗婭終於弄到她努力了很久的護照，去了倫敦。在倫敦，莉麗婭與她媽媽，和跟她媽媽一起生活的妹妹相聚。

她白天逛街、進博物館，夜晚去跳舞。她在9月22日寫給麗塔的信中說：「前幾天我去了國家藝術館。再次愛上提香、克拉納赫等人的作品。我們的畫家和他們不能相比，可又不能跟任何人說，真是天曉得！」信中還附了一張她們母女三人逛動物園的照片。

八、愛情「協議」——
暫時分開兩個月

莉麗婭 1922 年去倫敦，與媽媽和妹妹見面

　　她覺得這裡的社會，與五年來俄國人所忍受的破落、貧困的社會完全不同，能生活在這裡，雖然大概是暫時性的，也感到異常滿足，異常興奮。她原來是計劃在倫敦只待幾個星期的，後來就想再待二三個月。她在信中跟麗塔說，準備 28 日去德國，等馬雅可夫斯基和奧西普來德國見面。她還不忘告訴麗塔，說是在他們到達這裡之前，她還有時間去看望原在里加認識的那個文靜的金髮男子，他就住在德國西南部巴登符登堡的「聖布拉辛肺病療養院」（Sankt Blasien），「他比以前更愛我了」，他的健康也有很大的改善。

　　馬雅可夫斯基是在 10 月上旬，可能是 6 日那天上旬來到柏林的，比莉麗婭她們早到了幾天，正好有空參加 10 月 15 日在柏林的「范德能畫廊」（Galeriavan Diernen）揭幕的「俄羅斯表現藝術展」。這次展品中有 10 幅是他為「羅斯塔之窗」創作的宣傳畫。馬雅可夫斯基參加討論，11 月

3日，他還參加了有關柏林藝術館展覽的辯論。回到莫斯科之後，他在1923年出版的第2期《紅色涅瓦》(Краснаянива)上發表了一篇短文。

馬雅可夫斯基在柏林待到11月18日轉往巴黎。離開前，他曾在音樂學院的禮堂舉辦的一次「告別晚會」上，聲稱此行的目的是：「我要作為主人去歐洲看一看，檢驗一下西方的藝術。」

柏林有各種不同政治和思想傾向的雜誌和出版社，也有沒有什麼傾向、沒有特色的雜誌和出版社，它們的口號是「既不傾向紅軍，也不傾向白軍！」「既不和列寧走，也不跟弗倫克爾走！」和「既要紅軍，又要白軍！」馬雅可夫斯基在這些人中有很高的地位，代表「路標轉換派」的《前夜》雜誌曾說：「這個像上帝般仁慈」的詩人聲譽鵲起。他的長詩《一億五千萬》完全可以與最傑出的詩歌相媲美。

到了柏林之後，馬雅可夫斯基一下子就進入俄國僑民文學的圈子中。《新俄國圖書》雜誌刊載了他的自傳《我自己》。他與作曲家謝爾蓋·普羅科菲耶夫、俄國芭蕾舞團的創始人謝爾蓋·達基列夫等人會見，就有關現代藝術方面進行交流；又做報告，朗誦詩作，參加有關電影和繪畫的學術討論；還與作家阿里克塞·托爾斯泰等人一起出席蘇聯全權代表處舉辦的十月革命5週年今晚會。

在與達基列夫見面時，馬雅可夫斯基流露出希望去巴黎的願望。於是，達基列夫就設法幫他取得了簽證，使他得以去往巴黎。

馬雅可夫斯基11月18日從柏林來到巴黎。

有「世界花都」之稱的巴黎，是時髦和藝術的中心，到處有畫廊、劇院、音樂會和展覽會，還有酒館，它不能不使一直呆在蘇俄的馬雅可夫斯基深感震驚。「在貧困的柏林之後——巴黎使人驚嘆不已。」他寫道。「成千上萬的咖啡館和飯店。每一家，甚至在外面都擺著對蝦，掛著香

八、愛情「協議」──
   暫時分開兩個月

蕉。無數的香料店每天都有華麗奪目的香水供顧客們在那裡挑挑揀揀。在協和廣場裡噴水池周圍，無數的小汽車轉著華爾茲……光是蒙馬特爾一地酒館的燈火就足夠整個俄羅斯學校使用……」

馬雅可夫斯基去看了巴勃羅‧畢卡索、羅貝爾‧德洛內和費爾南德‧萊熱等世界著名畫家的畫室。蒙馬特爾的畫家們為他的到來舉行了歡迎會，馬雅可夫斯基對他們的作品，也做了評價。他也參加了俄國音樂家伊果‧史特拉汶斯基的音樂會，但拒絕發表意見。此外，他還和來自法國的詩人和設計師讓‧科克托等見了面。回來後，他發表了多篇特寫，主要以蘇維埃人的陽光，寫出了對巴黎的全部印象，並且詳細談了巴黎的劇院、巴黎的生活習慣和待在巴黎文學家、藝術家的創作，總不時要鼓吹出社會主義的優越感，如他竟聲稱：「要建設新的文化必須要乾淨的地方……需要十月革命的掃把」，「這裡法國藝術家們得向我們學習」；在《巴黎（和艾菲爾鐵塔閒談）》的詩中，他甚至召喚：「走吧，塔啊！到我們那裡去！／您 ──／在那裡／在我們那裡／會更有用！……起來，把巴黎徹底打倒！／走吧！／到我們那裡去！／到我們那裡去！／到我們蘇聯去！」

但莉麗婭對馬雅可夫斯基的這些活動很不滿意，她說，實際上，他只作過幾次演講，「餘下的時間……就沒日沒夜地在旅館的房間裡打牌賭博。」

賭博是馬雅可夫斯基一貫來的愛好。幾個月前，莉麗婭在里加幫他弄到一份邀請書，讓他去那裡朗誦他的詩作。於是，馬雅可夫斯基在1922年5月2日去了里加，在那裡待了十天，於13日回到莫斯科。但這次在柏林，他的大部分時間就都待在飯店的房間裡打牌賭博，使莉麗婭很不愉快。去巴黎後，他又仍舊不改這好賭的習氣。著名俄國記者和作家伊利亞‧愛倫堡曾在那裡碰到過他，兩人還見過幾次面。愛倫堡在

回憶錄《人・歲月・生活》中說，他就曾見「馬雅可夫斯基在這些（用作賭博的）自動輪盤旁邊一站就是幾個鐘頭」。另外，在柏林，馬雅可夫斯基還揮霍大度，常帶朋友去最昂貴的餐廳就餐，如外國旅行者和流亡藝術家等聚會的著名的「羅馬式咖啡館」（Romanisches Café）是他最喜歡的去處，用餐都由他買單，被老闆和侍者看成是「富有的顧客」。更使莉麗婭不快的是，馬雅可夫斯基回國後聖誕節前夕在綜合技術博物館所做的演講「柏林在做什麼？」

那天，來的人很多，以致每個座位都得坐兩個人，且過道上、臺階上、主席臺上都坐滿了人。莉麗婭雖然被安排坐在主席臺上，但四周都是人，也很擁擠。

可是馬雅可夫斯基講些什麼呢？莉麗婭認為，他所敘述的所謂他自己的某些經歷，其實全是他待在家裡和奧西普・勃里克一起玩撲克牌時勃里克所說的經歷。而且，馬雅可夫斯基的講稿，也是勃里克幫他寫的，但是馬雅可夫斯基卻把這些都說成是他自己所親身經歷的東西。莉麗婭說，剛開始聽的時候，她只是有些納悶，感到難受；後來她曾打斷他的講演，並輕輕地提醒過他，但馬雅可夫斯基沒有理她；她又大聲地跟他說：「別撒謊了，不要說些別人告訴你的東西。」馬雅可夫斯基仍是背向她，不去管她，繼續他的演講。有資料提到，說馬雅可夫斯基在演講中甚至還說了一些他和莉麗婭之間的私生活。這使莉麗婭氣得脫下鞋子向他扔去。這下子，聽眾注意到她了。最後，一位共青團的工作人員跟她說：「如果妳不理解馬雅可夫斯基，那就走開。」要莉麗婭離開主席臺。

於是，莉麗婭叫了一輛計程車，鎮靜地單獨一個人回了家。回家後，她難過得無法入睡；服下一片安眠藥後，直睡到第二天午餐時才醒來，感到自己受到深深地傷害。她窩著一個熱水袋躺在床上，兩眼通

八、愛情「協議」——
暫時分開兩個月

紅,見麗塔進來,她隱瞞此事,解釋說是感冒了。麗塔後來明白,她是在哭。當時,馬雅可夫斯基就站在她後面,見麗塔進來,也沒有轉身,臉色陰沉,情緒也很低落。

本來,第二天還有一次講演「巴黎在做什麼?」在這種情況下,馬雅可夫斯基有些猶豫,問莉麗婭:明天的講演得去嗎?莉麗婭回答:「當然得去。」但莉麗婭自己沒有去。她深感不能再這樣下去了。出現這樣的感情危機,使他們都感到不能不坐下來,認真地進行一次深談。

「我們都哭了,好像快死了似的。」莉麗婭回憶說,「最近一段時間,我們之間經常會有這樣的談話,每次都毫無結果。但是現在,即使是深夜,我們都決定分離——哪怕就分離兩個月。我們需要考慮,今後該如何生活。」

按本特‧揚格菲爾德的說法,莉麗婭和馬雅可夫斯基之間衝突的深刻根源是在於「馬雅可夫斯基和莉麗婭對愛情和嫉妒的不可調和的看法。馬雅可夫斯基認為,如果莉麗婭真的愛他,那麼她必須只屬於他,這愛是不能共享的。但是在莉麗婭看來,嫉妒是一種侵犯自由性愛的過時的情緒,她把這自由看成是現代社會中的天賦人權。他們常常為問題爭論好幾年,現在這衝突達到了頂點。」

現在,他們達成協議,暫時分開兩個月。在這兩個月內,「除非絕對需要」,他們彼此不直接交換或轉交信件或日記,各自思考他們之間的關係,包括日常生活、生活習慣,兩人之間的愛情和猜忌。馬雅可夫斯基似乎也滿意這唯一能解決這種困境的方案,他說:「今天是12月28日,也就是說,2月28日我們再見面。」於是,馬雅可夫斯基便下樓去了,他進了一家咖啡館,寫了一封長信給莉麗婭。

莉列克：

　　我能看出妳決心已定，我也知道我的糾纏乞求會給妳造成痛苦。但是，莉列克，今天發生的一切對我來說實在是太可怕了，我不得不把這封信當作最後一根救命稻草來抓。

　　……以前被妳撐走，我都相信還能再聚首。可是現在我感覺，我已完全被隔絕在妳的生活之外，以後再也不會得到任何東西。沒有妳便沒有生活。過去我總這樣說，也一直知道這一點，現在我是確確實實感受到了：所以的事情，所有那些我曾經興致勃勃籌劃過的事情，如今都已毫無意義——真是糟糕透了。

　　……我也知道，任何一個與妳見面或與妳和解的方式都會讓妳倍感折磨。

　　可是我卻不能不寫信給妳，不能不請求妳原諒。

　　假如妳經過痛苦的思想鬥爭後沒決定再做最後一次嘗試，那就請妳原諒我，回信給我。

　　不過，就算妳不回信給我，妳依然是我唯一思念的人，我這一刻對妳的愛戀一如七年以前：無論妳需要什麼，吩咐什麼，我都會馬上去做，滿懷熱情地去做。愛著一個人卻不得不分手，而分手的原因又是作家造成的，這樣的離別是在太殘酷了。

　　我坐在咖啡館裡嚎啕大哭，店員都取笑我。想到我今後的生活就這樣過實在是可怕。

　　……如果從這封信裡，除了痛苦和厭惡之外，還能讓妳感覺到其他一些什麼，看在上帝的份上，就請妳馬上回信給我吧！……

　　吻妳。完全屬於妳的。

弗

　　現在是 10 點，假如到 11 點還沒有妳的人跟音信，我便知道，我將無可期待。

八、愛情「協議」——
暫時分開兩個月

這信是由信使交給莉麗婭的。同一天又寫了第二封信：

我坐在這裡，精神上得到極大滿足，但肉體上的痛苦卻與日俱增。未來的兩個月我要做到絕對誠實，我將根據人們對我的態度來評判。理智告訴我，不應該這樣對待一個人。早我的生活中，無論出於什麼考慮，如果莉麗婭遭受這樣不公平的待遇，我會馬上阻止；加入莉麗婭愛我，她也會阻止或某種程度上削弱。這一點她應該感覺得到，也應該能明白。我將於28日下午2點去找莉麗婭。如果在期限到來前的一個小時，莉麗婭還是什麼都不做，我就應該明白，對莉麗婭而言，我這個愛情的白痴只是她實驗用的小白兔。

在「協議」規定的這兩個月裡。馬雅可夫斯基確實沒有去直接去找過莉麗婭。但他幾乎每天都要到沃多庇雅內弄堂，站立幾個小時，仰望莉麗婭的窗戶，去捕捉她的身影。至少遇一次，他躡手躡腳地走上扶梯，去傾聽房內的動靜，後來就回去了。他還曾偷偷地躲進樓梯間，從莉麗婭房間的窗戶爬進去，寫信給她和留紙條；他還透過管家安努斯卡把信捎給莉麗婭，奧西普和友人尼古拉·阿謝耶夫也幫過這忙，偶爾，「在絕對需要的時候」，他也打過電話。他又送鮮花、書籍等禮物給她；還送籠鳥給她，暗示她，讓她想到，他就像是一隻籠中的小鳥。但莉麗婭怎麼樣呢？她雖然也曾給過他回覆，但都只是極短的便簽。

俄羅斯女作家瑪格麗特·斯莫羅金斯卡婭在《馬雅可夫斯基與莉麗婭·布里克：偉大的書信愛情史》中寫道：「這次分離使馬雅可夫斯基痛苦萬分，他的情緒經常出現波動：一會兒是喜悅與希望，一會兒又因簡短的回信心生疑惑、愁緒滿懷。而莉麗婭則與他完全不同，她過著平常的生活。」

阿弗拉姆・斯特林堡攝，
馬雅可夫斯基在等待希望有莉麗婭來電話

完全與馬雅可夫斯基不同，莉麗婭在給愛爾莎的一封信中說：「我情緒極佳，也休息得很好。我面神經抽搐已經好了。我享受我的自由！重新開始學芭蕾舞——每天都學。我晚上都去跳舞。奧夏是理想的舞伴……我們還租來一架鋼琴……」

在上述這段話後，斯莫羅金斯卡婭接著寫到：「正是在這種自覺接受家庭『禁閉』的情況下，馬雅可夫斯基完成了長詩《關於這個》的寫作。」

八、愛情「協議」──
　　暫時分開兩個月

1928 或 1929 年的照片，實際上這三人之家已經破裂

九、《關於這個》——
對莉麗婭・勃里克表現愛情的詩

九、《關於這個》——
對莉麗婭・勃里克表現愛情的詩

1918 年以來實行的戰時共產主義政策，僅僅過了三年，到了 1921 年，就已經使蘇俄的國民經濟全面陷入崩潰。這讓蘇共領袖弗拉迪米爾・伊里奇・列寧認知到，必須從社會主義退卻，才能保住黨對政權的控制。因此，在 1921 年 3 月舉行的第 10 次黨代表大會上提出「新經濟政策」的措施。這些措施，包括重新允許私人擁有並經營大部分農業、零售商業和小規模的輕工業，如私人可以在地方範圍內進行商業往來，中小企業和國家暫時無力興辦的企業，也允許私人來經營，等等。

「新經濟政策」實行後，人民的生活有了改善，重新變得比較舒適了，列寧格勒的一些家庭裡，氣氛也不再死氣沉沉，牆上繪上了詩畫，女人也披上繪有圖畫的披巾，未來派的布景和芭蕾舞裙重新成了老彼得堡公寓裡無可替代的裝飾品。莫斯科還開出了一家高檔飯店。

這段時期，馬雅可夫斯基和勃里克轉向以作廣告為生。從 1923 年到 1925 年，他們為「莫斯科農企大樓」（ДомМоссельпрома）工作。這是 1923 至 1924 年剛建造起來的一幢十層高的商業樓房，屬當時莫斯科最高的建築之一。馬雅可夫斯基一改原來創作鼓舞人民的短詩和漫畫，在這裡，他在這幢上用大字做出的著名的廣告口號：「您要的，大樓的店裡都有。」

莉麗婭回憶說，從為牛奶糖做包裝到在巧克力袋子上寫宣傳詩，馬雅可夫斯基參與了所有的宣傳，她都被他創造出的宣傳語言逗樂了。當麗塔・賴特在來時，莉麗婭就帶她去看馬雅可夫斯基的這些廣告詩，說這些詩都是他最優秀的詩篇。

因為馬雅可夫斯基和勃里克能在「莫斯科農企大樓」工作，收入優越，也就常在大樓的高級餐廳吃中飯，麗塔也往往伴隨在他們身邊，莉麗婭歡喜向她展示她的從柏林帶回來的新衣服。

馬雅可夫斯基寫於這段時間的《關於這個》是一首表達愛的長詩。雖然「這／又是個人的／又是瑣細的主題上／不僅歌唱過一遍／也不僅歌唱過五遍」，但既是心靈裡的歌聲，他就非得唱了出來，因而也就「像詩的松鼠似地兜著圈子，／現在我想再來兜他一圈。」他從1922年底開始創作，期間，他以磅礡而出的熱情，每天工作16至20小時，這是他從來沒有過的。長詩初稿完成後，馬雅可夫斯基自己謄寫了一遍，以後又曾作過修改；1923年2月11日寫出第二稿後，又重抄了一遍；但第三稿末尾署的完成時間仍是1923年2月11日。詩作寫在一張張淺灰色、大開本的紙上，然後整整齊齊地疊成一個本子訂了起來。詩上寫有「獻給她和我」。這「她」自然是莉麗婭·勃里克。但馬雅可夫斯基從未和莉麗婭說起此事，這是莉麗婭在馬雅可夫斯基去世之後在他盧比揚大街住所書桌的抽屜裡發現的。

這是馬雅可夫斯基在說定與莉麗婭分開一段時間中自願在被禁閉中寫成的。莉麗婭·勃里克回憶說：

在這兩個月裡，他（馬雅可夫斯基）寫了一首關於愛情、關於妒忌、關於喝茶等等的詩《關於這個》。在這首詩中，他非常文學式地認為他的房間是一座監獄。他覺得，它就是他自願幽閉在裡面的一座監獄。他誇大了自己對生活的態度，對每一件事，都言過其實，對他自己也這樣。這就是他內心的情感狀況。

除了有一次，他破壞了不來看我的承諾，馬雅可夫斯基從來沒有來過我這裡，他留信給我，我留紙條給他。我們都同意在這兩個月之後，在2月28日再見面。

在火車上，他為我朗讀他的詩《關於這個》，我們兩人都流淚了。當然，這詩也給我留下深刻的印象。我想，這兩個月裡，在他是異常艱難的，正是因為有這艱難兩個月，他才能寫出這首偉大的長詩。或許對

九、《關於這個》——
對莉麗婭・勃里克表現愛情的詩

他來說，同意一次兩個月的分離也是過於艱難了，但是如果沒有這麼誇大，他就不會成為一個詩人。

《關於這個》由「關於什麼——關於這個」和「里丁監獄之歌」、「聖誕節前夜」以及「致……的申請書」這樣幾個部分組成。「關於什麼——關於這個」像是一則短序，闡述詩人為什麼要寫「這個」。那麼，這個「這個」是什麼呢？

馬雅可夫斯基在他的自傳《我自己》「23年」一段中稱：「寫了《關於這個》。根據個人的題材來寫一般的生活。」

讀者不會忘記，在此之前，馬雅可夫斯基曾在長詩《穿褲子的雲》、《脊柱橫笛》、《人》、《我愛》和其他的短詩中，「不僅歌唱過五遍」愛情。現在，這個「一般的生活」，也就是普遍性的、無人能夠例外的愛情。

隨後，詩人便一遍又一遍地強調這愛情：即使在地球以外的火星上，只要是「長著人心的」，也「一定」會「不由自主」地「講到這個」：只要這個主題到來，它甚至對「殘廢者」，它都要扯住他的手，命令他「放聲歌唱」；殘廢者也就會「帶著鷹鷲般的啼聲」歌唱，「歌聲便一行行地蕩向太陽」。隨後，馬雅可夫斯基又以他詩人獨特的詩句，描寫這個主題即「是美」，是「真理」，它「永不會衰老」。「這個／主題／就叫做／……」любовь（愛情）。就這樣，馬雅可夫斯基在詩的開頭，就表明《關於這個》仍然是一首表現愛情——對莉麗婭・勃里克的愛情詩。

但是現在，在愛的分離中，他的心，就像是在蹲監獄，這是自願的禁閉。長詩第一章的標題就叫「雷丁監獄之歌」，詩人在1923年1月19寫給莉麗婭的信上，所署的發信地址也稱「莫斯科，雷丁監獄」。在這封信的最後，他這樣寫他自己：

吻妳，假如妳不怕被毛髮稀疏的瘋狗折磨。

妳的小狗

他便是奧斯卡·王爾德。

他便是錫雍的囚徒。

瞧他：

坐在監獄的鐵窗中——身形枯槁（這就是乾瘦的我……）。親愛的，記掛著我……吻吻那隻交喙鳥。叫牠別爬出來，因為我還沒爬出來。

馬雅可夫斯基認為自己就像是「錫雍的囚徒」（PrisonerofChillon）。

錫雍的囚徒原是指日內瓦的愛國者和新教改革家法蘭索瓦·德·博尼瓦爾（Françoisde Bonivard, 1493-1570）。博尼瓦爾 1510 年繼承他的叔父，在日內瓦附近的聖維克托任隱修院的院長，後因反對薩沃伊公爵查理三世和日內瓦主教侵犯城市的自由，1519 年 1521 年遭公爵囚禁；被救之後，他又在 1528 年起兵反對薩沃伊公爵，兩年後被公爵關入萊蒙湖（又叫日內瓦湖）東端島嶼上的錫雍城堡（Châteaude Chillon）。1532 年起，他一直被關在地牢裡，直到 1536 年獲釋。

1816 年 6 月 22 日，英國大詩人喬治·拜倫勳爵和他的朋友，另一位詩人珀西·拜西·雪萊遊萊蒙湖時，參觀錫雍城堡，從博尼瓦爾的遭際獲得靈感，於 1816 年 7 月 2 日創作完成一首十四行詩《錫雍的囚徒》，由他的朋友約翰·穆雷於 1816 年 12 月 5 日出版。

愛爾蘭詩人和劇作家奧斯卡·王爾德（1854-1900）因與阿爾弗萊德·道格拉斯的親密關係，涉及與當時在英國屬於非法的同性戀有關的民事和刑事訴訟案的指控，以嚴重猥褻罪於 1895 年 4 月受審，各項罪名成立，被判服兩年勞役。他先是在倫敦的旺茲沃思監獄，後轉雷丁監獄

九、《關於這個》——
對莉麗婭・勃里克表現愛情的詩

(Reading Gaol)。在 1897 年 5 月被釋放後，王爾德即去法國北部的海港迪耶普附近的博納維爾。同年寫出《雷丁監獄之歌》(*The Ballad of Reading Gaol*)，表述了他對囚犯遭受不人道待遇的憂慮。王爾德的《雷丁監獄之歌》有俄國詩人瓦列里・布留索夫的俄語譯本，馬雅可夫斯基讀過後，留下深刻的印象：「男人都會因愛而殺死這愛，／還要讓事情公開遍傳，／有的用憤怒的目光，／有的用諂媚的語言，／懦夫用的是吻，／勇士則是用劍」。

王爾德寫一個士兵因為殺死他的愛人而被判處死刑。馬雅可夫斯基雖然在政治思想上和生活事件方面都與博尼瓦爾和王爾德不同，但他認為他和他們遭遇的命運類似，才在詩中做這樣的比喻，雖然他「小房的窗戶沒有鐵欄！身上沒有鐐銬！」。馬雅可夫斯基也是「因愛而殺死這愛」，他殺死他的愛是因為他愛得太深，因為這愛而產生的陰鬱，因為嫉妒。這就是馬雅可夫斯基愛情的悲劇。

美國史丹佛大學斯拉夫語言文學榮譽退休教授愛德華・詹姆斯・布朗說：「從多方面綜合起來看，《關於這個》這首詩，可以破解成三個基本主題——愛情的悲劇、庸俗習氣和未來。」長詩中的三章，主要就表達這三個主題。

在《雷丁監獄之歌》中，主角，住在盧比揚大街的「我」打電話給住在沃多庇雅內弄堂的莉麗婭・勃里克，但是電話中斷了。這可是在「監獄」中的他唯一可以與她聯繫的通道，是拯救他愛情的最後的稻草，使他感到異常痛苦。這痛苦甚至還使「我昨天還是人——／一下子／變成了一隻毛茸茸的／鉤爪鋸牙的熊！」這熊作為主角的化身，他的痛苦和惱恨不僅是因為失去他深愛的「她」，還因為是那導致他失去這愛的那種小市民的庸俗習氣：「在他們看來，／生活就是從爭吵到爭吵。／他們的家——／就是庸俗生活的臭水溝」……熊痛苦得「哭出來的淚」，都成

了水,「沙發後也是水。／都是水,／桌子底下,櫃子後頭。／皮箱／給水輕輕地一漂,／就從沙發上漂出窗口。壁爐……／紙菸頭……／自己跳起來」。後來,「突然三分鐘熱風來自拉多加湖上!」「我」在水中央了,「我像白熊似地爬上了一塊冰,／我漂浮在自己的冰墊上。」

這時,詩人「我」回憶起七年前——1917 年的詩作《人》中的「我」,相信自己就是「七年前的人」,「漂浮在自己的冰墊上」,為失去的愛情呼號:「救命!救命!救命!救命!」

在長詩第二章《聖誕節前夜》中,「樣子像熊」的主角見到一名共青團員,他「時而揮動拳頭,／像是在大會上演說。／時而叉起雙手,／像是在祈禱」,還沉浮在「茨岡式的情歌中」,讓主角覺得「還有什麼比這更為庸俗?!」

他回到家裡,希望帶媽媽、姐姐和姑媽等全家去他愛情的起點——列寧格勒涅瓦河橋。但是從她們「喊喊喳喳的叫聲」中,他感到的是庸俗的習氣:「怎麼!／你們要用點心來頂替愛情?／要用襪子上的補丁頂替愛情?」這可是「小雞的愛情!」和「母雞的愛情!」「家,這個安樂窩,／誰需要這樣的家庭?!／再見了!」

只是,縱使離開家,社會上依然小市民庸俗習氣充溢。一些墮落腐化的國家幹部,所謂的「天使守護者」——「穿馬褲的訪客」,在幫某些居民占據空房;馬克思也「被套在大紅色的鏡框中」;有的小市民將 19 世紀瑞士畫家阿諾德‧勃克林的那幅描繪擺渡去往死亡之島的油畫〈死亡之島〉複製品,張掛在室內;「一切都同往昔一樣」……詩人聲稱,他就是要「用詩行轟擊可怕的庸俗生活」,那被「室內的烏煙瘴氣吞噬了的生活」。

第三章《致……的申請書》是長詩的尾聲。在這裡,詩人已經被小市民的庸俗習氣殺死了。但他並沒有絕望,他請求化學家讓他復活,「為了再沒有這樣的愛情——結婚、／色慾和麵包的老媽。／為了詛咒臥床,

九、《關於這個》——
對莉麗婭・勃里克表現愛情的詩

／下了寢臺，／愛情走遍天下」，他相信，在未來，真誠的愛情一定會產生。

馬雅可夫斯基十分重視這首詩作，他自己說過，這可能是他最好的、修改得最多的作品；正如他在「本年作品」（Вещиэтогогода）的前言中說的：「這對我，也許對所有其他的人來說，都是最好、最優秀的作品。」確實，許多評論家都認為，《關於這個》是馬雅可夫斯基最有詩情的作品，也是他創作歷程中具有代表性的作品。

1923 年 2 月 28 日到了。從 1922 年 12 月 28 日，或許是從 1923 年的 1 月初開始，直到 2 月 27 日這兩個月裡，馬雅可夫斯基都「誠心誠意、老老實實地待在家裡反思自己，考慮自己的生活」，陸陸續續寫了一封很長很長的信給莉麗婭・勃里克。在這封長信中，他除了對自己多方面都作了嚴酷責備之外，就是一次又一次地表達對莉麗婭的真誠愛。長信最後以「我太想念妳了，盼望著能見到妳……」作結。

現在，「囚禁的判決」到期了，「盼望著能見到妳」的時刻也就要到了。1923 年 2 月 28 日下午 3 時零 1 分鐘，馬雅可夫斯基先是在一張小紙片上寫了兩行字：「黑暗的日子已經過去，贖罪的期限已經結束。」隨後，他興奮得引用著名的《華沙進行曲》中那句膾炙人口的詞：「同志們勇敢前進。」並像以往那樣，畫上一隻他的代表性的小狗。

按照原先約定的計畫，馬雅可夫斯基要在晚上 8 時在車站與莉麗婭相會，然後一起去彼得格勒住幾天。莉麗婭是由麗塔陪伴去車站與馬雅可夫斯基相會的。

馬雅可夫斯基興奮地寫的「同志們勇敢前進」

在車站，麗塔發現莉麗婭這次與馬雅可夫斯基的重逢顯得非常神經質。雖然感冒很嚴重，她也沒有戴帽子，兩隻眼睛看起來大大的。突然，在站臺上，她們看到車廂的門口正在抽菸的馬雅可夫斯基那高大的身影。莉麗婭激動得全身發抖，然後轉向麗塔，對麗塔說：「那是瓦洛佳」。她匆匆吻了吻我後，就獨自去見馬雅可夫斯基了。對於這次與馬雅可夫斯基的見面，莉麗婭後來回憶說，帶有點自責：

到了車站，我沒有在站臺上找到他。他在車廂的臺階上等我。車剛開動，瓦洛佳倚在門上，就給我讀長詩《關於這個》，讀完之後放聲大哭。

這兩個月裡，瓦洛佳在孤獨中痛苦地煎熬著，而我則過著平常人的生活，什麼人都見，哪裡都去，為此我常常自責難受。現在我真正感覺到了幸福。我明白，如果不是我想在馬雅可夫斯基身上看到自己的理想和人類的理想，他就寫不出我剛才所聽到的長詩。也許，他朗讀的聲音太過洪亮，開始在那一刻就應該是這樣。

九、《關於這個》——
對莉麗婭・勃里克表現愛情的詩

回來後，兩人一起在彼得堡待了幾天，然後回莫斯科。回來的這天早上，麗塔・賴特來看他們時，莉麗婭就站在門口歡迎她，得意洋洋地告訴麗塔：「沃羅佳寫了一首神奇的詩，證明他是一位天才。」隨後，每天晚上，朋友們就都聚在一起，聽馬雅可夫斯基朗誦他最近寫的《關於這個》這首詩。馬雅可夫斯基寫了一首天才詩篇的消息迅速傳播。

最早聽說《關於這個》的是教育人民委員阿納托利・盧那察爾斯，還有維克托・什克洛夫斯基和鮑里斯・帕斯捷爾納克。據盧那察爾斯基的妻子盧那察爾斯卡婭——羅申內爾回憶說，3月上半月一個晚上，馬雅可夫斯基在沃洛比揚內巷弄第一次向朋友們朗讀《關於這個》這首詩，參加的除盧那察爾斯基外，還有阿謝耶夫、鮑里斯・帕斯捷爾納克、格羅斯曼——羅欣、馬爾金等。她說，她是在這次見面中第一次見到莉麗婭・尤里耶夫娜・勃里克。馬雅可夫斯基以不同尋常的熱情朗誦了他的這首詩作，受到盧那察爾斯基的熱烈讚賞。乘車回家的路上，盧那察爾斯基跟妻子說：今天晚上的聚會特別使他相信，馬雅可夫斯基是一個多麼偉大的詩人。他說：「我以前就知道這一點，但今天我絕對確信。沃羅佳——抒情詩人，是一位最細膩的抒情詩人，雖然他自己並不總是明白這一點。演說家、論壇報，鼓動家，同時又是抒情詩人。你注意到馬雅可夫斯基的眼睛了嗎？只有這樣的眼睛才能是一個天才人物……」盧那察爾斯卡婭——羅申內爾表示：「我很少見到阿納托利・瓦西里耶維奇有過這樣興奮的心情」。詩人尼古拉・阿謝耶夫 (1889-1989) 是馬雅可夫斯基的親密朋友，直到1923年底，兩人都在一起合作創作宣傳鼓動詩。他也能從馬雅可夫斯基的角度，來理解他的《關於這個》這首長詩：

這是與平庸生活的一場殊死決戰，在這種生活中評價人不是按他為什麼做，怎麼做和做什麼，而只根據他的事業給他帶來多少收入來評

價，……它使人把所有的生活都消耗在忙於個人幸福上 —— 這就是長詩主要反對的東西，這就是長詩中個人情節結構的係數。

也有很多人不喜歡這詩。尼古拉‧費多洛維奇‧丘扎克1922年加入「列夫」，是馬雅可夫斯基最熱烈的支持者。但是，當此詩1923年最初在3月29日出版的《列夫》第1期上發表時，他就對它進行猛烈的抨擊。他在《列夫》第2期上批評說：

一段多愁善感的羅曼斯……語法學校的女孩子們才為它灑淚……但是我們，了解馬雅可夫斯基大量其他方面的事的我們，至少在1923年是不會被這詩感動的。

這部《滑稽劇》中每一件事都和「庸俗生活」有關。「我的」家。被擁在朋友和僕人中間的「她」……跳舞……還有站在門口偷聽的「他」，在以他的天才跟隨一個又一個粗魯的資產階級轉，和他們他藝術，熱情地自我裝傻……並得出結論說是：「無路可走！」

在這首詩的最後，我們被告知，有一條「出路」。這出路就是未來一切都會不一樣的信念，那就是某種「美妙的生活」……在我看來這一信念是來自於絕望，來至於「無路可走。」……這不是一條出路，而是一種無望的境地。

長詩單行本出版後，丘扎克又繼續對它予以嚴厲的批評，說《關於這個》不過是一篇賺取學生眼淚的「敏感的故事」，並說這首詩甚至讓他看到不多不少的「腐化」。為此，他繼續與馬雅可夫斯基進行不妥協的鬥爭，直到1924年兩人分道揚鑣。奧西普‧勃里克也對這篇長詩也持否定的態度。原因是在於《關於這個》與「列夫」的理論家們的藝術理念像違背，他們認為，是宣傳畫，而不是什麼愛情抒情詩能對生產藝術作出最好的說明。對《關於這個》，還有來自其他方面的批評，有的是站在捍

九、《關於這個》——
對莉麗婭・勃里克表現愛情的詩

衛無產階級的立場上抨擊它，有的乾脆說它是一篇「文墨不通的惡劣之作」。

《關於這個》是在 1923 年 9 月由柏林的《前夜》出版社出版的，版式、封面、插圖都由羅德岑科設計。

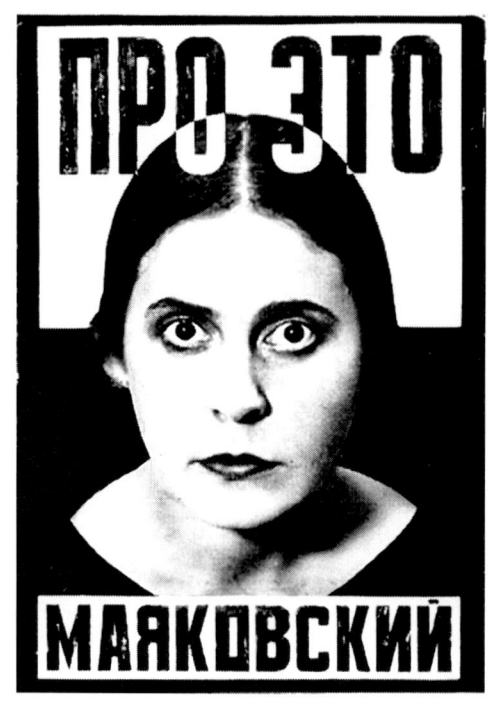

《關於這個》的封面　　　　　　　　《關於這個》的插圖

亞歷山大・米哈伊羅維奇・羅德岑科（1891-1956）原是蘇聯畫家和雕刻家，結構主義運動的主要成員。1920 年代，他放棄繪畫，從事其他的藝術形式，包括攝影、廣告、書籍和印刷的設計，家具影像設計，舞臺和電影布景的設計。羅德岑科攝影作品的特點是注意主體在空間上的位置和運動，強調帶動感的斜形構圖，排除不必要的細節。

羅德岑科是馬雅可夫斯基和莉麗婭的朋友，他最初和馬雅可夫斯基

一起在「莫斯科農企大樓」製作廣告，同時兩人並密切合作，為各個刊物做設計和編排。現在，他構思以攝影技術為馬雅可夫斯基的這冊詩篇配上相應的視覺形象。先是由羅德岑科設計，讓莉麗婭擺姿勢，眼睛炯炯有神地對著鏡頭，為書的封面拍出一個特寫鏡頭。莉麗婭回憶說，是烏克蘭畫家大衛・斯特倫堡的兄弟阿布拉姆・彼得洛維奇為她拍了多幅照片，她感到非常滿意。丘扎克就特別不喜歡這幅「腐化」的照片。另一幅，無疑是 1923 年夏在德國拍攝的。當時，馬雅可夫斯基於 7 月 3 日從莫斯科飛到德國柯尼斯堡，隨後在弗倫茨堡休息了大約三個星期之後，與《前夜》出版社談《關於這個》的出版事宜，直至 8 月 1 日。8 月 4 日，他前往德國北海岸外東弗里西亞群島中的諾德奈島（Norderney）度夏，並寫了一首詩，題為《諾德奈島》，這詩後來發表在 8 月 12 日的《消息報》上。

在諾德奈島海灘

在這裡拍攝的這幅照片上，馬雅可夫斯基側身斜躺在海岸的沙灘上，右手手肘擱在地面，左腿擱在右腿上。三個穿黑色泳裝的女子，從右至左，分別是莉麗婭，莉麗婭的母親和詩人兼批評家鮑里斯・阿布拉姆維奇・庫什納的母親蘿絲・庫什納。她們面對相機，微笑著跪在後面；

九、《關於這個》——
對莉麗婭‧勃里克表現愛情的詩

莉麗婭用右手的食指按馬雅可夫斯基的臀部,雖然沙灘上陽光十分炫目,她的眼睛直對相機的鏡頭,有人說,這好像她是半搞笑地在表示她有權擁有這個躺在他前面的這個男人。

1918年8月30日一個暗黑的晚上,布爾什維克黨和蘇維埃國家領導人弗拉迪米爾‧伊里奇‧列寧在一個工廠發表演講後離開時,一名刺客向他開槍,被兩發子彈射中。當時雖然迅速得到康復,但是到了1922年春,發現他患有重病。醫生在手術中雖將他頸部的兩顆子彈取出,使他很快得以恢復,一個月後又患區域性癱瘓,不能講話;到了12月,他再次身陷半癱;1923年3月10日又一次突然發病失語,最後於1924年1月21日晨去世。

列寧的死,使莉麗婭深感悲痛。她回憶說:「您會理解,我們是多麼的敬愛列寧。他死在一個可怕的早晨。我們流著淚在冷得結冰的紅場排著隊去瞻仰他的遺容。馬雅可夫斯基有出入證,我們可以繞過佇列。我認為他十多次注視遺體。我都徹底垮了。十月革命對於我們主要的是幸福,我們沒有想到這幾年中的寒冷和飢餓⋯⋯」

列寧去世後,為了紀念這位偉大的革命領袖,馬雅可夫斯基決定要創作一首以《弗拉迪米爾‧伊里奇‧列寧》為題的長詩。

四年前,1920年4月,在慶祝列寧誕辰50週年時,馬雅可夫斯基曾寫過《弗拉迪米爾‧列寧》。他在詩中寫道:「我知道 —— / 並不是英雄們 / 使得革命的火山爆發。/ 關於英雄們的神話 —— / 那是知識分子的胡說八道!/ 不過,/ 誰又能抑制住自己 / 不來歌頌 / 我們的伊里奇的榮耀?」在詩中,馬雅可夫斯基稱列寧是我們的「巨大的頭腦」,他要讚美列寧,因為「他是 / 世界的信仰 / 和我的信仰。如果 / 我不歌頌 / 俄羅斯共產黨的 / 嵌滿五角星的無邊天穹,我就不配作個詩人。」1923

年列寧患病期間，他又寫了《我們不相信！》。他說：「這白色的公報／我們不，我們不相信……」因為「列寧的心臟／將永遠跳蕩在／革命的胸中」，「列寧的意志將萬古長存」，「列寧的語言／將隆隆地／流傳千古」。

如今，在列寧逝世的日子裡，馬雅可夫斯基所看到和體驗到的一切，都使他感到要加速完成一首1923年就開始醞釀的這首長詩：「是時候了，──／我要來講／列寧的故事」。

像是一次預習，馬雅可夫斯基先是強忍住悲痛，寫出一首《共青團之歌》，宣稱：「『列寧』和『死亡』──／這是敵對的名詞。／『列寧』和『生命』──這才是同道」；全詩八次重複「列寧──／曾經活著。／列寧──／現在活著。／列寧──／將永遠活著」。表達了詩人對於作為「力量、知識和旗幟」的領袖永生的信念。

馬雅可夫斯基創作長詩前，政治上屬堅定左派的奧西普·勃里克幫馬雅可夫斯基上了一段速成課。他給他選了列寧的講話和馬克思的著作，供他閱讀；他挑出一些他認為特別重要的文章放到馬雅可夫斯基書桌上。勃里克和馬雅可夫斯基為創作而交談的時候，不讓受到任何的干擾；馬雅可夫斯基給勃里克大聲朗讀他寫出的詩句，電話被擱了起來，窗門也被關上，安努斯卡絕不讓任何人打斷他們的交談，影響他們的創作。

長詩《弗拉迪米爾·伊里奇·列寧》於1924年10月上半月寫成，同月17日，詩稿交國家出版社。

《弗拉迪米爾·伊里奇·列寧》正面描寫列寧光輝的一生，描寫群眾對列寧的深厚感情，是一首「獻給俄羅斯共產黨」的政治抒情詩，詩中以一切最美好的詞眼來歌頌黨、歌頌列寧：「黨──／是工人階級的脊梁。／黨──／是我們事業的永生。黨和列寧──一對雙生的兄弟……／

九、《關於這個》——
對莉麗婭‧勃里克表現愛情的詩

我們說 ── 列寧,／就是指的 ──／黨,／我們說 ──／黨,／就是指的 ──／列寧。」《弗拉迪米爾‧伊里奇‧列寧》也是馬雅可夫斯基最重要的詩作。

詩作完成後,馬雅可夫斯基曾於 10 月 11 日在《工人莫斯科報》編輯部和其他多處做過朗誦,同時還在《工人莫斯科報》和《工人報》上發表過詩中的片段。詩人在自傳《我自己》中寫道:「完成長詩《弗拉迪米爾‧伊里奇‧列寧》。在許多工人的集會上朗誦。我為這首詩非常擔憂,因為它很容易被人貶低為一篇普通的政治筆記。工人的態度使我高興,並且使我堅信這部長詩是必需的。」

顯然,在那個時候,一首歌頌革命領袖列寧的詩,不管怎麼樣都不可能收到批評的,馬雅可夫斯基沒有擔憂的必要。事實上他所聽到的也都只有讚美的聲音。10 月 13 日的《莫斯科晚報》讚揚說,《弗拉迪米爾‧伊里奇‧列寧》「以巨大的力量描繪了資本主義、無產階級逐漸成長的鬥爭、二月革命和十月革命,偉大的伊里奇的活動和作用。詩的最後部分是獻給列寧之死的。」1924 年第 43 期《藝術生活》的報導給了此詩很高的評價:「馬雅可夫斯基完成了關於列寧的偉大詩篇。這首詩,就構思的宏大和主題覆蓋的力度來說,都超過他以前所寫的作品。」10 月 23 日的《工人莫斯科報》報導詩人的朗誦和讀者討論此詩的情況說:

大廳裡擠滿了人。整個大廳響起熱烈的掌聲歡迎長詩。在多次公開討論會上⋯⋯許多同志說,這篇長詩,同過去所寫的關於列寧的詩比較,是最好的、最有力的。絕大多數發言者有一個共同的意見:長詩是我們的,馬雅可夫斯基用自己的長詩做了意見很大的無產階級工作。

一段時間裡,莉麗婭和馬雅可夫斯基在眾人的面前,看起來甚至比兩個月的分離之前還更互相關心體貼了。但是,除了他的詩,莉麗婭對馬雅可夫斯基的其他方面,仍然持批評態度。這對於不了解他們兩人的

圈外之人來說，似乎會覺得很奇怪。

但是他們的這種關心體貼也持續不久。馬雅可夫斯基在巴黎期間，莉麗婭愛上了 1922 年相識的亞歷山大·米哈伊羅維奇·克拉斯諾雪科夫，簡直愛得不能自拔。

克拉斯諾雪科夫由於在任職工業銀行行長和財政人民委員部副部長時濫用職權被判監禁，因患肺病住在莫斯科的萊福爾托沃監獄醫院。他在美國的妻子和年僅 13 歲的女兒盧埃拉都未曾前去探望。盧埃拉原在離莫斯科大約 2 里路圖拉州東部的索柯爾尼基學校讀書，莉麗婭在那裡租了一幢達恰（дача）── 小別墅，使盧埃拉可以和她一起生活。一年多來，這女孩幾乎已經成了莉麗婭和奧西普的女兒了。克拉斯諾雪科夫的病讓莉麗婭心情憂鬱，因為他的愛是莉麗婭情緒的一個安慰。莉麗婭現在就每週兩次，帶著一包包食品，公開去探望她的這位新情人。當莉麗婭像以往一樣，在 1924 年 11 月 19 日的信中把自己的戀情如實告訴馬雅可夫斯基，說：「我該怎麼辦？我不能丟下亞·米·不管，他如今進了監獄。真羞愧！我從來沒有這麼羞愧過！你設身處地為我想想。我真的無法忍受了，也許死了才輕鬆些。」馬雅可夫斯基感到十分疑惑。他在 12 月 6 日給她的信中寫道：「……妳的最後一封信讓我心情很沉重，也很不理解，我不知道該如何回答。妳寫到羞愧的話題。難道就是這個把妳和他連繫在一起，也只因為這一點，影響了妳和我在一起嗎？我不相信！……妳的最後幾封電報不那麼溫柔，既沒有『我愛妳』，也沒有『妳的』和『小貓』等詞眼。」但他仍舊繼續一如既往地表示「吻妳，我最親愛的人兒。我愛妳。」

不過從通訊中看到，他們這段時間裡的一些信，話語都很少，常常都只有一句，如 11 月 17 日馬雅可夫斯基給莉麗婭的信就只有一句：「來信，吻妳們」，11 月 18 日莉麗婭給馬雅可夫斯基的信也只有兩句：「我會

九、《關於這個》——
對莉麗婭‧勃里克表現愛情的詩

寫信的。愛你，吻你。」11月26日莉麗婭給馬雅可夫斯基的信也只有短短的三句：「很掛念你。盡快來電報告知詳情。吻你。」12月6日馬致莉：「請盡快來電告知妳的身體狀況及諸事進展情況。掛念妳，擔心妳，愛妳，吻妳。」12月13日馬雅可夫斯基給莉麗婭的信也不長：「已把錢給了愛爾莎。近日要會莫斯科，請速發電報告我是否想見見我。吻妳。」同日莉麗婭給馬雅可夫斯基的回覆同樣很短：「非常想見到你。很想你，吻你。」都有點像是應付性的，預示了他們關係在變化。

阿‧米哈伊洛夫在《最後一顆子彈馬雅可夫斯基的一生》中正確地指出：

> 莉麗婭‧尤里耶夫娜給馬雅可夫斯基信中承認，體驗不到從前對她的感情了。為了緩和一下，她又補充說，她愛他要少些，不要太難過。在他們的通訊中出現了另一個人的名字，1922年莉麗婭‧尤里耶夫娜有了新的戀情。如果非要找出1922年底那場衝突的具體的根據，那麼更多的應當從這個情節中去找，而不是到莉麗婭‧尤里耶夫娜以前從未表現出任何興趣的馬雅可夫斯基不成功的報告中去尋覓。很容易確定，她對馬雅可夫斯基的冷淡是由她的新戀情引起的。莉麗婭‧尤里耶夫娜對這種變化很鎮靜……

馬雅可夫斯基雖然也不時有移情別戀，但都不過是逢場作戲，他最愛的畢竟是莉麗婭‧勃里克，他始終感到，他不能沒有莉麗婭‧勃里克。因此，莉麗婭的一貫的放肆行為，尤其近期與克拉斯諾雪科夫的明目張膽的戀情，顯然是最傷他的心的。這使他明白，莉麗婭並不真正愛他。

十、美國之旅前後 ——
他就像蘇維埃俄羅斯本身一樣
質樸而偉大

十、美國之旅前後──
他就像蘇維埃俄羅斯本身一樣質樸而偉大

　　1925 年 6 月 20 日一早,馬雅可夫斯基從巴黎出發,來到法國西北部布列塔尼區的聖納澤爾海港。第二天,他從這裡乘「西班牙」號輪船去墨西哥,計劃從墨西哥前往目的地美國紐約。他是要以藝術家的身分,去美國的紐約參加老朋友、未來派畫家大衛·布林柳克幫助舉辦的宣傳畫展覽。在船上,馬雅可夫斯基一路向莉麗婭報告他的行程,表達對她的愛。

馬雅和愛爾莎 1925 年 6 月飛往巴黎　　　　馬雅 1925 年在巴黎

　　當馬雅可夫斯基於 7 月 9 日晨下船,從韋拉克魯斯港口來到墨西哥的首都墨西哥城時,里維拉和他的女助手阿乃雅已經等在那裡迎接他了。迪亞哥·里維拉是 20 世紀最負盛名的壁畫家之一,他曾於 1909 年定居巴黎,是畢卡索、布拉克等著名畫家的朋友,也是馬雅可夫斯基的朋友。阿乃雅一看見馬雅可夫斯基走出車廂,就叫喊起來:「您看,堂·迪亞哥,您看!……」接到馬雅可夫斯基後,里維拉立即熱情地把他拉到墨西哥博物館,向他展示自己一幅尚未完成的作品,一幅表現墨西哥

歷史的過去、現在和未來的占數百面牆的壁畫。里維拉儘管一般都是說西班牙語，但在和馬雅可夫斯基的談話中，他會摻雜幾句俄語詞彙，使兩人更好地獲得交流。

下榻以後，馬雅可夫斯基立即把住處告訴莉麗婭；一週後，又寫信給她，談論墨西哥的自然特徵等閒話，同時也請她將他的詩作寄給《列夫》、《星火》、《消息報》等報刊發表。

墨西哥城 7 月 10 出版的《卓越》(*Excelsior*) 這樣報導他們對馬雅可夫斯基所進行的採訪：

當代最著名的俄羅斯詩人弗拉迪米爾·馬雅可夫斯基昨日抵達（墨西哥）首都……

在墨西哥畫家迪亞哥·里維拉的翻譯的幫助下，我們進入使館後，便立即開始採訪他……馬雅可夫斯基先生告訴我們，他一直對墨西哥很感興趣，為訪問這個國家的長期願望終於實現感到滿意……

馬雅科夫斯基計劃寫一本有關墨西哥的書。他說，他已經開始工作了。他向我們預告，這書會不抱任何政治傾向，只談墨西哥人的傳統，他試圖要以他的詩句來表達中國人民的民族精神。他說：「我知道，我在這裡比在美洲別的國家受到更好的接待。」

由於直至 1933 年，蘇聯在美國都還沒有設立領事館，甚至還沒有使團，使他去美國的簽證受到阻礙。最後，還是在以賽亞·雅科夫列維奇·胡爾根的幫助下，這一計畫才得以實現。胡爾根本是一位數學家和天文學家，1923 年以德蘇運輸公司美國分公司經理的身分來到美國，是一個十分能幹、很會辦事的人，他曾在莫斯科與馬雅可夫斯基認識，兩人成為好友。馬雅可夫斯基在墨西哥停留了差不多三個星期之後，於 1925 年 7 月 30 日來到紐約。胡爾根安排他待在華盛頓廣場右 3 號第 5 大街的一處公寓，他本人也在同一座大樓有一處公寓。於是，馬雅可夫斯基馬上

十、美國之旅前後──
他就像蘇維埃俄羅斯本身一樣質樸而偉大

給大衛‧布林柳克打電話，告訴他自己的住的地址。隨後在紐約期間，都有布林柳克經常陪同他在一起。

抵達紐約後，馬雅可夫斯基立刻被急於要採訪他的美國記者們所包圍。《莫斯科晚報》說，這些記者既驚奇又有點恐懼地盯著馬雅可夫斯基問道：「您為什麼親自來美國？」馬雅可夫斯基機巧地回答說：「為多賺些錢來造一架『列夫』號飛機。」

在紐約，馬雅可夫斯基接受了幾次採訪，又出席群眾場合，發表演講。美國工人黨俄國人支部的機關報《新世界》（*Новый мир*）18 日這樣報導他 8 月 14 日在紐約「中央歌劇院」的演講如何受到聽眾的熱烈歡迎：

……就是他，馬雅可夫斯基！他就像蘇維埃俄羅斯本身一樣質樸而偉大。魁偉的身子，強壯的肩膀，樸素的外衣，頭髮剪得很短的大腦袋……他站在那裡，等著掌聲停歇。好像就要開始平息下來的時候，突然 ── 完全出乎意外地 ── 又爆發出一陣掌聲，全體聽眾從座位上跳了起來。帽子、手臂和手帕不停地飛舞。他直看到這歡呼停下……

……終於緩和下來後，大廳完全被沉默所統治了。一下子，就像一陣雷聲，馬雅可夫斯基的聲音響了起來。這就是 1917 年 10 月的無產階級怒吼聲……

像在紐約一樣，馬雅可夫斯基在芝加哥的兩次演講，同樣也受到廣泛的歡迎，其中 10 月 20 日的那次，1,200 多名聽眾，甚至使大廳都容納不下。此外，馬雅可夫斯基還訪問了費城、匹茲堡、底特律、克里夫蘭等城市。只是他不喜歡美國的許多東西，另一方面，他又不放過任何可以讚揚蘇聯取得成就的機會。

馬雅可夫斯基在紐約

　　8月2日的《紐約世界》(New York World) 發表了馬雅可夫斯基和筆名叫麥可·高爾德的美國猶太人、共產黨作家伊特左克·拉格尼奇的談話。在這次訪談中，馬雅可夫斯基說：「不，紐約不是現代化的城市，紐約沒有組織起來。汽車、地鐵、摩天大樓等，都不是真正的工業文化，而不過是外部的跡象。」他聲稱，美國在物質財富上已經走上宏大發展的道路，改變了世界的面貌；但是人並沒有發展到這一新的境地。他們仍然生活在過去。「從精神上看，紐約人仍然是鄉下人。他們的頭腦還不理解工業時代的意義。這就是為什麼我要把紐約人稱為是無組織的人——它不是像藝術家那樣知道他們要做什麼的完全成熟的人，而是由幼稚無知的人偶然創造出來的巨人。在我們進入工業化時代的俄羅斯，就會有所不同，它是有計畫的，有意識的。」

十、美國之旅前後——
他就像蘇維埃俄羅斯本身一樣質樸而偉大

在接受猶太共產黨的《弗列蓋特報》(Фрейгайт) 主編愛潑斯坦的採訪時，馬雅可夫斯基繼續抨擊美國社會說：「我和您走在世界最富有的街道之一的地面上，這裡有摩天大樓、宮殿、酒館、商店和人群，我卻覺得我是在廢墟間徘徊，感到受到壓抑。為什麼我在莫斯科沒有這種感覺呢？那裡路面破爛，許多房屋毀壞，電車又滿載又忙亂。答案非常簡單：因為那裡的生活蓬勃熱烈，全體獲得自由的人民的集體能量都爆發出來了。」基於對美國的印象，馬雅可夫斯基寫出了《發現美洲》、《大西洋》、《勃里克和華爾特（華爾特·惠特曼）》、《克里斯托弗·哥倫布》等幾首詩。在《摩天大樓的橫斷面》一詩中，他概括性地描繪說：「……看著／包藏在這座建築物裡的一切，／憎惡／立刻塞滿了我的心間。／我跋涉／七千俄里，／到了這裡／卻倒退了七年。」

馬雅可夫斯基的美國之旅獲得了很大的成功，如當時的報界所說的，他在美國的演講具有革命的思想意義。

回到蘇聯之後，馬雅可夫斯基就他的訪美，在 1925 年 12 月做了四次互動：在出版大廈，一次是演講和朗讀在美國所寫的詩作，另一次也是演講；在綜合技術館，一次作「我發現了美洲」的報告和讀詩，另一次是做「三個美國的指揮官」的演講和讀詩。12 月 9 日的《紅色報》(Красная газета) 報導說：「弗·馬雅可夫斯基從美國回來後，昨日在出版大廈的新聞釋出室與聽眾分享了他的旅行經歷」。馬雅可夫斯基還在 12 月 14 日出版的《銀幕》(Экран) 雜誌上發表了長篇隨筆《我發現美洲》中的「美洲」部分。此外，他又在技術博物館和列寧格勒及另外幾個城市演講。但是，不論在出版品中還是在大眾前露面時，馬雅可夫斯基都沒有提到他在美國的一段豔遇。

1925年8月馬雅可夫斯基和布林柳克在 Rockaway Beach

是在紐約的激進律師查爾斯・雷希特（Charles Recht）家的雞尾酒會上消磨他在紐約的第一個夜晚，馬雅可夫斯基見到一個叫「埃莉」的年輕女子。埃莉，胡爾根本來就認識她，但不肯介紹給馬雅可夫斯基，說馬雅可夫斯基自然是「一個有趣的人」，但還是一個會「吸引女人心的人」。此刻，他們見面了。

見到馬雅可夫斯基的時候，埃莉對馬雅可夫斯基說，她可是從來沒有見到過他朗誦他的詩，不論是在紐約還是在莫斯科；不過她讀過他的詩。馬雅可夫斯基回答說：「那是所有漂亮的女孩子都這麼說的。當我追問，請她們告訴我，她們讀過哪些詩時，她們就說，『哦，一首長詩和一首短詩！』」埃莉的回答卻很特別：「我可不知道什麼短詩，除非是您的標語口號」。想必，埃莉的這句回話一定給馬雅可夫斯基留下深刻的印象。

十、美國之旅前後——
他就像蘇維埃俄羅斯本身一樣質樸而偉大

「埃莉」真名叫葉莉扎維塔‧彼得羅夫娜‧西貝爾特（1904-1985）。她1904年10月生於烏拉爾的一個叫小山村，和馬雅可夫斯基認識這年才二十歲。她父親彼得‧亨利和母親海倫娜‧西貝爾特都是基督教16世紀宗教改革運動中的激進再洗禮派門諾宗信徒的後裔。他們是18世紀末俄國的葉卡捷琳娜女皇接受外國人來發展農業、扶植工業時遷入烏拉爾地區的巴斯基利亞的。雖然門諾宗宣揚簡樸，摒棄奢侈的生活方式，認為那樣，是會受到上帝懲罰的。但是葉莉扎維塔的父親是一個富人，有大片土地，還跟俄羅斯有商務往來，所以生活富裕。他們家說兩種語言，在家說德語，在外說俄語。葉莉扎維塔另外還學過英語和法語。但是十月革命和國內戰爭的爆發，使西貝爾特家失去了所有的資產。年輕的葉莉扎維塔不得不跟那些無家可歸的男孩子們一起在薩馬拉做了幾年苦活，後來在首都烏法（Уфа）還為未來的美國總統赫伯特‧胡佛（Herbert Clark Hoover）手下的「美國救濟署」做過譯員。一次在莫斯科做譯員的時候，她認識了英國會計師喬治‧E‧瓊斯，兩人於1923年5月結婚，那年埃莉才18歲。瓊斯先生幫埃莉離開了俄國，兩人一起移居倫敦，然後從倫敦來到紐約。1924年，西貝爾特的家人也離開俄羅斯，來到加拿大的一個小鎮。這裡和他們原來生活的村鎮差不多，有一片大草原。在當地門諾派教徒的幫助下，他們獲得一處牧場安家，希望再次發達致富。可惜連續幾年的大旱，莊稼絕收。他們全家都只得靠伊麗莎白從美國寄來的一些錢來度日。

但是，伊麗莎白和喬治‧瓊斯的婚姻是不幸的，一段時間之後，他們兩人分居，但法律上沒有離婚。瓊斯為她在紐約第71街租了一處公寓。為了生活，身材苗條、亭亭玉立的埃莉又去當模特兒。

馬雅可夫斯基和當模特兒的埃莉兩個人的第一次會面是很有戲劇性的。

馬雅可夫斯基請埃莉吃飯。那段時期正是美國禁酒期，因為喝多了「私燒錦酒」（bathtubgin），埃莉在從雷希德公寓出來的路上感到不舒服，體力不支。於是，埃莉的一位女性朋友便和馬雅可夫斯基一起，架著她，把她送到馬雅可夫斯基所住的公寓。到了那裡之後，埃莉就睡著了。第二天早上，依照馬雅可夫斯基的建議，他們叫了一輛計程車去紐約一處他和其他俄國人都印象深刻的建築物──布魯克林大橋。埃莉回憶說：「他（馬雅可夫斯基）走在布魯克林大橋上面，感到很幸福。」

　　開始時，馬雅可夫斯基對埃莉產生興趣，主要的動機可能是生活上有實際需求。他不會說英語，他衣袋裡帶的一張小紙片上只有一句他跟人握手打招呼時用的他所能的英語發音。埃莉則俄語、英語都很熟練，是一個理想的譯員，馬雅可夫斯基覺得，她至少可以在他購買衣服、化妝品和其他女性用品時可以幫上他的忙。當在雷希德的雞尾酒會上，馬雅可夫斯基要求她和他一起去給他的「妻子」買禮物時，就給埃莉留下一個印象，如埃莉在日記中寫的：於是「我明白了為什麼他會有一個『獵豔者』的名號。」埃莉接著寫道：「他說他馬上就要結婚，但又堅持要告訴他電話號碼。」埃莉覺得，他無疑是在暗示，在紐約，他們兩人不妨可以玩樂，但莫斯科卻另有一個女人在等他。不過在第一次兩人單獨的共餐之後，她的懷疑心減退了。

　　分別時，馬雅可夫斯基向埃莉表示，希望明天再見到她。於是，他每天早上都打電話給埃莉。於是，他們天天在一起，讀書、散步，去往各處看這看那，幾乎每天都要去一個新地方，不論她在哪裡，他都要陪在她身邊，從不把撇下她一個人。一般，馬雅可夫斯基白天喜歡在第五大街散步，晚上在百老匯散步。大部分時間，他們都在第五大街的一家兒童飯店吃美國或俄國食品。埃莉覺得，他大概是她所見到過的最窮的人了。

十、美國之旅前後──
他就像蘇維埃俄羅斯本身一樣質樸而偉大

儘管他們兩人的關係已經非常親密，他們還是非常謹慎，從不向他人炫耀。埃莉依舊是喬治·瓊斯的妻子。實際上，埃莉在紐約只有一個臨時性的住處；若是瓊斯要跟她離婚，如他們爭吵起來時他所威脅的，那她要找一個住處留在美國就非常困難了。自然，馬雅可夫斯基也不得不小心謹慎。一旦他與一個俄羅斯僑民的這種感情關係被爆出，不但不利於他作為無產階級革命詩人的形象，還會直接危及他的生命，可能會遭「蘇聯國家政治保衛總局」（ОГПУ）暗殺。因此，在周圍有人的時候，他們都正式地用「您」來互相稱呼。為表示尊重，馬雅可夫斯基和布林柳克還都慎重地稱她是葉莉扎維塔·彼得羅夫娜，而從未稱過別的。在他人面前，馬雅可夫斯基公開也都是吻埃莉的手；在美國人面前，他還稱她是瓊斯夫人。

他們也常應邀參加聚會。

在美國期間，馬雅可夫斯基的很多時間都花在激進猶太人圈子裡，他有幾首詩翻譯成猶太人的意第緒語發表在《獨立報》（*Freihait*）上。週末他偶爾也去紐約北部60公里哈德遜河的屬於《獨立報》的露天營地，又一次是有埃莉和他的畫家們朋友大衛·布林柳克伴同。在那裡，當他和埃莉被分配睡同一個帳篷時，使他們兩人都感到非常難堪。因為埃莉不希望被人看成是馬雅可夫斯基的「性伴侶」。因而她和馬雅可夫斯基發生爭吵，最後，依照埃莉提出的，讓她乘最後一班火車回紐約。回到紐約後，她拒絕讓馬雅可夫斯基進她家門，也不肯隨他去他的公寓，可見埃莉雖然年輕，卻是一個十分正直、性格堅強的女子。

這可能還不是他們的第一次鬧翻。馬雅可夫斯基在這次的爭吵中的表現，也很有個性：他懇求他的朋友們，在任何情況下都要站在他一邊。以往每當發生衝突，他的反應都情緒異常衝動，甚至以死相威脅，如對

莉麗婭，他就曾揚言要自殺。不過這次對埃莉，他倒是還沒有到達這地步，因為她答應他，他們「會始終在一起」。

過了兩人沒有任何聯繫的三天後，一天早晨，馬雅可夫斯基的房東打電話給埃莉，說馬雅可夫斯基病得很重，一直沒有起床。於是，埃莉買了雞湯趕到第五大街馬雅可夫斯基所住的公寓，見馬雅可夫斯基臉朝牆壁躺在床上。她想，看他那麼一副沮喪的模樣，真的絕對是病了。當她把雞湯加熱，拿給他喝時，馬雅可夫斯基就哀求她說：「別去工作了。不要走。我不願一個人待著。對不起，我傷害您了。我不是有意的。」

但是埃莉還是得走，有工作需要她去做。不過她答應他，等工作完成後再回來。當埃莉傍晚回來時，她驚訝地發現，馬雅可夫斯基正站在那裡等她。於是，兩人又和好如初了。這使馬雅可夫斯基再次深信，埃莉畢竟還是愛他的。

危機過去後，埃莉把家搬到離馬雅可夫斯基很近的格林威治村。只要他在紐約，他們都天天見面，天天都在一起，彼此很密切。馬雅可夫斯基在短詩《挑戰》中寫道，「一排丈夫／會目瞪口呆，／為眼前的無禮不勝驚愕！──／不顧一切法律（！）／我們要在哈德遜河上／親吻／你們的／長腿的老婆。」詩中的「我們」，在原稿中，用的不是複數的「我們」，而是單數的「我」。研究者據此認定，馬雅可夫斯基這裡寫的就是他自己第一人稱的「我」對埃莉‧葉莉扎維塔的吻。

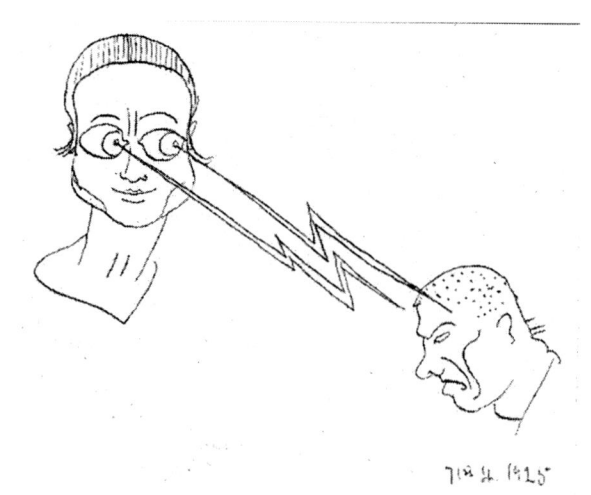

十、美國之旅前後——
他就像蘇維埃俄羅斯本身一樣質樸而偉大

馬雅可夫斯基畫他和埃莉的激情，
他是苦悶的光頭，她有一雙電死人的大眼睛

兩個多月後，馬雅可夫斯基不想再在紐約待下去了。於是在10月28日乘一條「羅尚博」號小輪船離開。

就要離別了，埃莉剪下一段她金黃色的髮辮贈給他，作為傷感的標記。本來馬雅可夫斯基已經買過冬天的服裝給埃莉。但是他還是想為她添幾件冬天的衣服。埃莉說她自己能買，但是馬雅可夫斯基堅持，說她沒有工作，而毛料裙子、大衣和帽子，價格都很昂貴，特別是那天，氣候突變，變得記不起有哪一天曾經這麼冷過。於是他不顧埃莉反對，仍然帶著她去了曼哈頓列剋星敦大街和59街路口那家著名的布魯明戴爾百貨商店，買了一條棕色的毛料裙子給她，又買了一件埃莉認為「我們所見到過的最便宜花呢大衣」。另外，馬雅可夫斯基還為埃莉付了一個月的房租50美元。但馬雅可夫斯基自己卻非常節約，只買了一件簡樸便宜的外衣。

離開紐約時，朋友們都前來送行。埃莉原來是不想去的，但是馬雅可夫斯基說服了她。在碼頭上，馬雅可夫斯基吻她的手，然後進了輪船上最廉價的五等倉。

輪船離岸後，查爾斯‧雷希德送埃莉回家。一回到家，「我就想躺到床上大哭一場」，埃莉後來這樣回憶，「但是我躺不上去，因為我的床上鋪滿了鮮花——勿忘我。」這讓埃莉異常的感動。她想，馬雅可夫斯基很少有錢，但這樣做卻正是他的一貫作風。他喜歡這麼做：他總是不送一支花或者一束花，而是「鋪滿一床的花」。埃莉認為，馬雅可夫斯基要取悅一個女人，他就送她——不是一籃花，而是好幾籃花；不是一箱巧克力，而是十箱；他不是送一張樂透，而是全堂的樂透……這就是馬雅可夫斯基典型的辦事風格。

跟埃莉的關係是馬雅可夫斯基1915年認識莉麗婭‧勃里克以來所曾有過的最熱烈的感情關係。如今，馬雅可夫斯基已經非常非常理解莉麗婭的生活、個性和人品了，他覺得自己不在有義務需要忠實於她了。他曾告訴埃莉：「我們（指他與莉麗婭）的關係已經全完了」。他還曾跟埃莉說過，莉麗婭曾經企圖服藥自殺，因而她有一個短暫的時期眼睛失明。但當他在巴黎等待去墨西哥的簽證時，從熟人處得知莉麗婭曾和男性朋友一起去伏爾加度假，他對她仍舊產生過妒忌。「這很有趣，我是偶然從熟人那裡聽說這事的，我有興趣了解此事僅僅是因為知道你一定已經明白過來了。」他相信熟人說的話是因為他知道，或者是猜想，莉麗婭從來沒有單獨出去度過假。莉麗婭也懷疑他，她要他「詳細寫出你（那幾天）是如何過的」。

對於他們兩人這種互相指責，瑞典的馬雅可夫斯基傳記作者本特‧揚菲爾德這樣評論：

他們兩人都有說不完的性冒險。所不同的是，馬雅可夫斯基得知莉麗婭和別的男人有外遇時感到極其痛苦，而莉麗婭似乎反而慶幸他和別的女人有風流事，只要不威脅到她和奧西普的共同生活。這兩個男人在道德上和現實上都給予她外遇的權利和自由。不論怎樣，對地球另一邊

十、美國之旅前後——
他就像蘇維埃俄羅斯本身一樣質樸而偉大

（指在美國）的求愛，（莉麗婭）是沒有什麼可擔憂的！只不過與埃莉・瓊斯的關係，遠比涉足任何黨派所能產生的後果更為深遠罷了。

在回國的途中，馬雅可夫斯基有一個多星期的時間可以沉入思考。思考的結果是她對未來主義感到徹底的絕望，認為除了在特寫中已經表達過的有關美國的經濟和社會生活的看法外，他著重想到：「列夫」的任務並不是「要為技術唱讚歌，而是要為人類的利益制止它」，「需要的不是在美學上欣賞鐵鑄的消防樓梯，而是普通人的居住環境」。

「羅尚博」號於 11 月 5 日到達法國的海港城市勒阿弗爾，在這裡，馬雅可夫斯基獲知母親生病的消息。於是，他立刻打電報給姐姐們，請她們「立即復電告知母親的健康狀況」。隨後，他從這裡乘火車，於 12 日第二次到達巴黎；並在 14 日趕往柏林，18 日由柏林經立陶宛，最後在 11 月 22 日回到了莫斯科。整個 10 月裡，他先後 3 次匯 950 美元給莉麗婭，讓她去義大利帕爾馬附近的薩爾薩馬喬勒（Salsamaggiore）旅遊，但很少寫信給她。他哪來的這些錢呢？研究者相信有些是借來的，有些一定是賭博贏來的。

1926 年 6 月 15 日，埃莉在美國生下馬雅可夫斯基的女兒，取名海倫・帕特里西婭，也像她母親那樣叫埃莉。馬雅可夫斯基得知這一消息時，並不覺得意外，因為兩人當時親密時，他曾經問過埃莉，他們這樣，她是否會害怕產生的後果。埃莉平靜地回答說：「愛就意味著要有孩子。」實際上，馬雅可夫斯基離開美國時，已經知道或者已經猜到埃莉懷上他的孩子了。正是因為有這種心理，當年底他發電報時給埃莉，曾暗示性地強調，要她「把什麼事都告訴我，一切的一切。」然後才祝她「新年快樂」。但是埃莉當時沒有跟他說。她是擔心她的信若是被蘇聯當局截獲，了解馬雅可夫斯基有一個敵對國美國的情人，會給他帶來麻煩。直到臨床前的 5 月 6 日，埃莉最後才告訴馬雅可夫斯基，說她即

臨近分娩，請他在經濟上給予支持。埃莉一般是非迫切需求，不會說這話的。不過這次說了，也沒有提這錢的真正用途，而只是開了一個帳單給他：「三個星期中我已經給醫院付了 600 美元。」請求他「如果可能，將錢匯到以下地址⋯⋯我認為你能理解我為什麼沒有說。」信中還表示：「如果我死了—— 對，只要我不死，我們還會見面。」馬雅可夫斯基發了一通電報回覆她說「客觀環境」妨礙他不能匯錢給她。自然也是怕被蘇聯當局發現，引起麻煩。

儘管馬雅可夫斯基警惕自己，對於跟埃莉的關係要謹慎，但當他得知他就要成為父親時，就高興得忘記了寫信會暴露這一祕密。他馬上急不可耐地和埃莉聯繫：「看到妳的信，我是多麼的高興啊，我的朋友！為什麼，為什麼不早寫信告訴我？」好在沒有出事。埃莉在 7 月 20 日的回覆中責怪說：「我一直非常衰弱。幾乎不能走路。不能寫那麼多。我不能想像分離之後的噩夢般的春天。現在我至少還活著。但我馬上就會很好的。」最後還說了一句「原諒我這封討厭的信使你感到不快。」

其實，埃莉等馬雅可夫斯基的信已經等很久了。她一直無法相信怎麼沒有馬雅可夫斯基的信，她猜想，也許是他把回信留在抽屜裡了，忘記發出來？她內心無比感慨：「啊，弗拉迪米爾，弗拉迪米爾，您是真的不記得（我）這親愛的筆跡了嗎？您多麼古怪呀。或許我們有一天要去求助佛洛伊德了。」

一定是懼怕他和埃莉的關係被人發現，馬雅可夫斯基對埃莉的反應僅是在當年的筆記本上不在意地寫了一個詞：「дочка」（女兒），而且特地避開寫在一個空頁上，而不跟記述埃莉的事寫在一起。這多年來都讓研究者破費猜測：女兒，誰的女兒？馬雅可夫斯基有女兒嗎？

馬雅可夫斯基深知有一個美國情人的女兒，對他這個蘇俄無產階級詩人來說具有多大的危險性，只好如此隱約地表達心中的喜悅。不

十、美國之旅前後——
他就像蘇維埃俄羅斯本身一樣質樸而偉大

久,他又「懷著特別的熱情」寫了一個劇本《孩子》,使他做一個父親的感情獲得了釋放。劇本是寫一個美國的整天挨餓的礦工家庭,母親的名字是埃莉,女兒叫艾爾瑪。這自然是屬於講述資本主義不人道的陳詞濫調。「但是,」本特·揚格菲爾德說,「當馬雅可夫斯基讓艾爾瑪受邀去蘇聯見俄羅斯的少先隊員時,這就不是空論,而是這位父親嚮往有一天能見到他的女兒。」

莉麗婭大概很快就知道馬雅可夫斯基和埃莉相愛的事,研究者猜測消息來源是她的在契卡工作的丈夫奧西普·勃里克。但是她何時得知他還有一個女兒呢?

也可能是這年6月底,莉麗婭去克里米亞任《猶太人在這片土地上》(Jews Work the Land)的助理導演。這是一部什克洛夫斯基編劇,試圖表現猶太人在克里米亞開拓農業的影片。影片拍攝完成後,她和馬雅可夫斯基一起在克里米亞待了十四天。或許就在這時,她聽說埃莉為馬雅可夫斯基生了一個女兒。

埃莉沒有對丈夫瓊斯隱瞞自己生了馬雅可夫斯基的女兒。瓊斯也寬容地接納了這個孩子,收她為養女。孩子有兩個名字,一個是她外祖母的名字「埃莉」,另一個是她愛爾蘭教母的名字帕特里西婭,於是,這女孩她通常就用埃莉·帕特里西婭·瓊斯這個名字。但母女不能公開自己的身分,擔心馬雅可夫斯基這個名字會招致危險。

馬雅可夫斯基畫的艾麗·瓊斯

埃莉·瓊斯，布林柳克畫

埃莉·瓊斯

209

十、美國之旅前後——
他就像蘇維埃俄羅斯本身一樣質樸而偉大

兩年後,馬雅可夫斯基在法國的尼斯見到兩個埃莉:埃莉・瓊斯和他的這個女兒小埃莉。

埃莉和馬雅可夫斯基的女兒小艾麗在尼斯

埃莉・帕特里西婭・瓊斯後來成長為一位哲學學者,任教於紐約的萊曼大學,並從事家政學和女性研究,除了專業方面的二十二部著作外,她還根據她母親留給她的六盒講述她自己生活的錄音,並採訪了母親和馬雅可夫斯基的朋友和熟人,寫出有關他父親的《馬雅可夫斯基在曼哈頓:一個愛情故事》(*Mayakovsky in Manhattan : A Love Story*)、《馬雅可夫斯基:幽靈父親》(*Mayakovsky : Phantom Father*)。

1991 年夏，年已 65 歲的埃莉·帕特里西婭，帶著馬雅可夫斯基 1928 年 10 月 26 日寫給她母親的信，還有她母親留給她的那一束青絲，和他兒子羅傑應邀第一次回到俄羅斯，在莫斯科見到了生父馬雅可夫斯基的親屬和他的朋友。他們特地去到新聖母公墓的馬雅可夫斯基墓前，俯身吻著俄羅斯的土地，把母親的骨灰埋在父親墓碑一旁。小埃莉說：「母親去世後，我一直希望有這樣一天。生前，他們一起度過了幸福的三個月，死後，他們將永遠相守。」

　　埃莉·帕特里西婭於 2016 年 4 月 4 日九十歲時去世，生前她一直深深地記著她母親和父親馬雅可夫斯基的故事。在 2010 年 11 月的一次採訪中，他毫無保留地回答了俄羅斯記者阿納絲塔西婭·奧爾良斯卡婭（Анастасия Орлянская）提出的問題。下面是其中的一部分問答：

　　問：……她（您母親）是怎麼認識馬雅可夫斯基的？

　　答：她第一次看到我父親還是在莫斯科的里加車站。他和莉麗婭·勃里克站在一起。母親說，莉麗婭冷酷的目光使她感到震驚。下一次見到他，是 1925 年在紐約。當時他像是奇蹟般地來到美國。……在他到達紐約時，他參加一位著名律師的雞尾酒會。我母親也在那裡。

　　問：她對這次見面說過什麼沒有？

　　答：媽媽很喜歡詩歌，她讀的是歐洲語言的詩。她受過良好的教育。在給他們互相介紹時，她幾乎是馬上就問他：「您是怎麼寫詩的？」馬雅可夫斯基差不多不會說外語，她自然喜歡說俄語的聰明女孩。他覺得我母親非常漂亮，她經常受邀去做模特兒。她具有一種天生的美。我保留有一幅大衛·布林柳克畫的我母親的像。馬雅可夫斯基可能是第一眼就愛上了我的母親，隨後的幾天他們幾乎沒有分開過。

　　問：您知道他們常去的地方嗎？馬雅可夫斯基在紐約有哪些他喜歡的地方？

十、美國之旅前後——
他就像蘇維埃俄羅斯本身一樣質樸而偉大

答：所有的招待會，他們都在一起；還一起會見記者和出版商。他們去動物園，去看布魯克林大橋。《布魯克林大橋》這首詩就是他和母親參觀大橋後寫出來的。她第一次聽他朗誦這首詩。

……

問：您母親是馬雅可夫斯基當時生活中的唯一女性嗎？

答：對，我完全相信這一點。媽媽跟我說，他非常呵護她。他對她說：「要忠於我。我在這裡——只有妳一個人。」他在紐約的時候，他們的關係總共持續了三個月。母親說，每天早晨，他都打電話給她：「女僕剛剛走了，妳的髮夾在喊妳！」還留下一幅他們爭吵過後馬雅可夫斯基作的畫：他描繪我母親眼睛閃著光，他自己垂著頭，恭順地向她鞠躬。

問：有沒有一首就是獻給妳母親的詩？

答：她跟我說，有一次，他告訴她，他正在寫一首關於他們的詩。不過她不准他寫這詩，說是「我們只要保持我們的感情就好。」

問：您是否即是他們計畫中的孩子？

答：馬雅可夫斯基問過媽媽，她是不是要有防護措施？她當時回答他說：「愛就意味著要有孩子。」在這個問題上，她毫不懷疑，他們不可能不永遠在一起。他當時就對她說，說她是不是瘋了。但是在一部劇作中，他使用了她的這句話：「應建起愛的橋梁，生下孩子。」——這是（劇作中的）教授說的。

問：馬雅可夫斯基離開美國的時候就已知道您母親懷孕了嗎？

答：不，他不知道，她也不知道。他們的離別是非常感人的。她送馬雅可夫斯基上去往歐洲的輪船。當她回來時，發現她公寓裡的床上布滿了勿忘我。他是花盡所有的錢在這些花上，所以他是乘最差的四等艙小船回俄羅斯的。媽媽知道她已經懷孕時，馬雅可夫斯基已經在蘇聯了。

問：小時候您用的是瓊斯的名字吧……

答：我出生時，母親已經與喬治·瓊斯正式結婚。她懷了孕，這是一件非常謹慎的事，特別是在那個時代。但是瓊斯非常善良，他讓我用他的名字辦出生證明，他幫了我們很大的忙。媽媽並沒有因為私生子而受到譴責，我有美國檔案：他成為我合法的父親，我非常感謝他……

十、美國之旅前後──
　　他就像蘇維埃俄羅斯本身一樣質樸而偉大

十一、娜塔莎 ──
你為什麼不說你愛我呢？

十一、娜塔莎──
你為什麼不說你愛我呢？

　　1925年11月從美國之旅回來後，莉麗婭與馬雅可夫斯基之間的感情，開始發生了變化，他們兩人不再有肉體之愛。這是在莉麗婭感到自己已經很難接受馬雅可夫斯基的愛之後所做出的決定。幾年後，她在所寫的回憶錄中說：「（美國）回來後，他就沒有要求過我肉體上的親密。他十分清楚，他對每一件事都非常了解，他對自己說，他知道，『我要是再這樣，她就會離開我。』我是會這樣做的，因為我已經決定，我不希望再成為他的性伴侶了。」

　　但是莉麗婭又覺得，她決定不再讓馬雅可夫斯基做她的情人，不允許親密她，是一種拒絕的態度，就像當年，她和勃里克結婚後的一年，勃里克失去她做愛的興趣時，她感到自己受到了傷害。所以莉麗婭認為，她這樣的態度一定也會讓馬雅可夫斯基感到自己受到了傷害。可是出乎她意外的是，在馬雅可夫斯基從美國回來，和她在柏林重聚時，雖然他們也像往常那樣住旅館都分開兩個房間；吃過飯後，她等他到她這裡來，儘管不是盼望與他做愛，等到馬雅可夫斯基真的來到她的臥室，並沒有走到她的床前，而只是面對房門站在那裡，溫和地說：「晚安，寶貝。我不願再使妳痛苦了。」不免令她吃驚：聽到馬雅可夫斯基說了這話，她先是有一種寬慰之感，但在他離開、她躺到床上之後，她發現自己竟然哭了。

　　不過像以往那樣，莉麗婭這次的哭，或者說她的痛苦，並沒有持久，似乎同樣也只是一時的情緒。在這之後，莉麗婭仍舊有過多次非常隨意的情事。可惜沒有一個情人使她感到滿意，都是因為對他們不感興趣，不知道怎麼辦，一開始就中斷了。一次，她對剛因影片《母親》而嶄露頭角的導演弗謝沃羅德·普多夫金頗為痴情，對他有所表示，但遭到他拒絕。這讓莉麗婭感到異常鬱悶，甚至產生自殺的念頭，服下過量的安眠藥，不過沒有成功。

竟然遭男人拒絕，這使莉麗婭深感自己正在老下去，青春不再；且奧西普·勃里克也沒有在感情上給予她支持，據說當時他正另有所愛。

　　不僅和馬雅可夫斯基是這樣。其實，莉麗婭從來沒有與哪個男人有過成功的肉體關係。性的不滿足增加了莉麗婭的不耐煩情緒。在這種時候，麗塔·賴特覺得她真是太可憐了，有如此多的男人取悅於她的美貌和魅力，她卻擔憂找不到一個使她滿意的性伴侶。大概是在她和馬雅可夫斯基一起搬進根德里科夫公寓的最後階段，有一次，莉麗婭跟麗塔說起幾個新認識的男人時，顯得十分激動。麗塔說，這時，看到「她眼睛都發亮了」，於是便問她：「您覺得會持續多久？」莉麗婭很認真地回答說：「今日美好，唯求永久。」但是後來好像又不怎麼提起了，一定是又中斷了。

　　莉麗婭覺得自己的確老了。是啊，對於一個女子來說，雖然還不到30歲，但已經不能像年輕的少女那樣具有青春的美艷光彩了。加上她縱使身體健康，但她很難控制飲食，這也會影響她的身材。好前幾年她就曾對她年輕的妹妹愛爾莎產生過嫉妒心理。有些來她居所的客人，也有這樣的印象。以《美國的悲劇》和《嘉莉妹妹》、《珍妮姑娘》等小說而聞名的美國作家西奧多·德萊塞（Theodore Dreiser），在1927年碰到勃里克夫婦和馬雅可夫斯基時，就曾注意到莉麗婭臉色蒼白。德萊塞認為莉麗婭是「一個不再很年輕的白皙女子，她的皮膚和眼神，看起來要比一般的俄羅斯知識分子，顯得睏倦。她寬闊、潔白的前額具有許多俄羅斯女子的嫵媚；她的眼睛清晰、敏感善解人意，她的微笑異常撩人。」

　　勃里克夫婦和馬雅可夫斯基一起共同生活了十年之後，開始各顧自己了。這對莉麗婭來說是，對勃里克來說大概也是，而對馬雅可夫斯基來說則有幾分是——他們這種生活方式的正當理由，是他們三人都像當

十一、娜塔莎——
你為什麼不說你愛我呢？

時那一代馬克思主義知識分子，包括布爾什維克黨的領袖弗拉迪米爾·列寧在內，受到作家尼古拉·車爾尼雪夫斯基的小說《怎麼辦？》的影響。

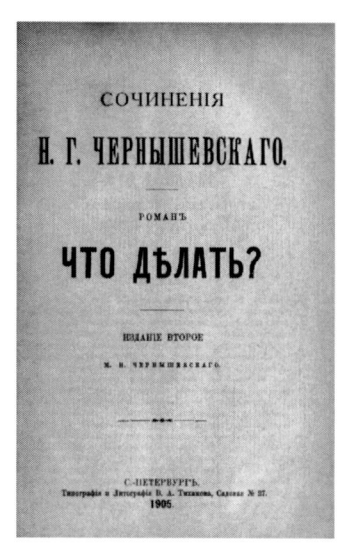

車爾尼雪夫斯基的《怎麼辦？》1905年版

這部小說是俄國最為人所知的作品之一。莉麗婭回憶說：

> 車爾尼雪夫斯基的小說《怎麼辦？》是我們（三人）的代言人。我們如果有什麼問題，我們就作一個選擇：我們或者互相勸說，或者我們就去讀一讀車爾尼雪夫斯基。他的哲學和我們的哲學非常接近。馬雅可夫斯基讀的最後一本書可能就是《怎麼辦？》。因為這書就放在他的沙發旁邊。車爾尼雪夫斯基在書中說，女人是創造之王，什麼都屬於她。他這樣說也許是因為那時女子無權的關係。
>
> 一天，我見到一位認識多年的女人。她問我：「莉麗婭，您能解釋解釋（您們）三人是如何一起生活的嗎？」
>
> 她的問題可以比作是讓一個老師解釋，蒸汽的效能是如何讓一架蒸汽機工作的。隨後老師就問學生，還有什麼問題。於是一個學生便問：「沒有蒸汽，蒸汽機也能工作嗎？」這表明，這個學生是什麼都不理解。現在人們對我與馬雅可夫斯基和勃里克的生活，什麼都不理解。他們認

為這是一宗嚴重的原罪。

但是，我們都有另一種完美生活的夢想。這就是車爾尼雪夫斯基所舉薦的生活，也就是車爾尼雪夫斯基引導我們去思考的他認為應該如此的生活。您一定要讀一讀《怎麼辦？》，來理解我們的關係，我們三個人一起的生活。我們偉大的永恆的友誼今日依舊沒有結束，這友誼哪怕是勃里克和馬雅可夫斯基已經不再在世都仍然存在。

1928 或 29 年的照片，這「三人之家」已經破裂

如今，車爾尼雪夫斯基的這部小說，即使在蘇聯也被認為已經過時了。但是莉麗婭堅信她對馬雅可夫斯基的愛只能按小說中說的來理解。當馬雅可夫斯基走進她的生活的時候，她覺得，她們的情況便是像車爾尼雪夫斯基在小說中描寫的那樣。她和奧西普結婚之後不久，奧西普就為她念《怎麼辦？》，她又複印了一冊《怎麼辦？》給馬雅可夫斯基。馬雅可夫斯基對這部小說並不怎麼著迷，不過對莉麗婭來說，此書差不多就是她的聖經。莉麗婭把自己看成是車爾尼雪夫斯基小說中的女主角薇拉·帕夫洛芙娜第二。

十一、娜塔莎——
你為什麼不說你愛我呢？

在這方面，勃里克也是一個理性主義者。幾年裡，他對妻子和馬雅可夫斯基之間的這種關係，也曾產生過嫉妒心理，不過只是剎那間的嫉妒。那是在 1916 年，莉麗婭與馬雅可夫斯基一起去莫斯科短期旅行；兩人成為情人之後，莉麗婭回來時興奮得容光煥發。勃里克自然意識到發生了什麼。他後來告訴一位親密朋友說：「我的心煩透了。不過馬雅可夫斯基明白，莉麗婭和我永遠不會因為我們這種人類共有的偉大關係而分開。我們的持久友誼和親密關係並不是沒有緣由的，也不會毫無緣由就結束。」這就是勃里克最早讀過《怎麼辦？》之後的認知。

在馬雅可夫斯基方面來說，自從為演講的事和莉麗婭發生爭吵之後，嫉妒之心差不多時時刻刻都在折磨著他。雖然《怎麼辦？》中對愛情的定義清楚且合邏輯；莉麗婭也相信，馬雅可夫斯基只要是認真讀過《怎麼辦？》這本書，他就一定能夠接受她的看法。只是她忽略了一個事實，就是馬雅可夫斯基從他早期的未來主義階段開始，就沒有從像車爾尼雪夫斯基的《怎麼辦？》之類的舊書中得到過什麼啟示，他肯定也不是一個理性主義者。事實上，馬雅可夫斯基不但不是理性主義者，相反是一個浪漫主義者，他對車爾尼雪夫斯基書中的模式是深感懷疑的。他們三人都曾不止一次想去讀《怎麼辦？》，但不知到底讀得怎麼樣。明確的是，馬雅可夫斯基曾經誠心誠意地跟莉麗婭說，他認為勃里克是《怎麼辦？》中的「『新人』的一幅藍圖」。只不過對於容易激動的馬雅可夫斯基本人來說，他卻是不可能成為「新人」這個角色的。在公開的場合，馬雅可夫斯基可以是共產主義烏托邦的代言人，在私下裡，他對《怎麼辦？》的局限性卻有非常清楚的認知：有一次，他這樣問一位朋友：「您讀過車爾尼雪夫斯基的《怎麼辦？》嗎？我現在正在讀。這本書從一個特別的角度使我感興趣。當時的問題是如何跨出家庭；現在則是如何進入家庭，如何建立一個家庭。這是非常非常困難的，從時間上來看，倒還是建起

一座城市更容易些。」

就在一個深信《怎麼辦？》中的原則，一個則懷疑這一原則的時候，馬雅可夫斯基認識了一位年輕漂亮的女大學生，並和她產生了愛情。

美國回來後，馬雅可夫斯基不再撰寫廣告詩了。在自傳《我自己》「1926年」一節中，他這樣概括自己這一年裡的工作：「在工作上我有意把自己變成一個報人。我寫雜感，寫標語……多半在一些不負責任的副刊上發表文章……給《消息報》、《勞動報》、《工人莫斯科報》、《東方曙光報》、《巴庫工人報》以及別的報紙寫稿。第二件工作——我繼承中斷了的吟遊詩人的傳統。到許多城市去朗誦。到過諾伏契爾卡斯克、文尼查、哈爾科夫、巴黎、羅斯托夫、梯弗里斯、柏林、喀山、斯維爾德洛夫斯克、土拉、布拉格、列寧格勒、莫斯科、沃龍涅什、雅爾達、葉夫巴多里亞、維爾特加、烏發等等等等地方。」

他稿費多，收入很高。不過也常碰到不如意的事，甚至為錢而發愁，搞得他精疲力竭。在1926年7月8日從烏克蘭辛菲羅波爾發給莉麗婭的信中，馬雅可夫斯基訴說：

在敖德薩賺的錢已消耗得所剩無幾了，一路上只得靠演講來賺生活費用。

遺憾的是，演講幾乎分文未得，比如，在塞瓦斯托波爾，演講的組織者們不僅拒絕按合約支付費用，而且還在現場破壞演講，當眾用種種我認為是不堪入耳的語言來斥責我、組織我的演講，最後不得不花費一整天的功夫來解決這個問題。當地政府召集了州委書記處的人開會，州委書記訓斥了那個做事過頭、行為蠻橫粗暴的人。事情這樣處理，雖說我精神上得到了滿足，但口袋裡仍是空空的……

現在最讓我感覺不愉快的是你大概正身無分文地待在家裡，所有的人都糾纏著你，而奧西卡也沒錢去窩瓦河……

十一、娜塔莎——
　　你為什麼不說你愛我呢？

　　信中仍然不忘向莉麗婭傾訴他無愛的孤獨：「我不能沒有妳們，我親愛的人，絕對不能沒有，沒有妳們的日子孤獨難捱。我在這裡沒有任何新鮮的事——這切特爾達格峰和艾佩特里峰上除了日出之外再無別物，現在就連這日出，報紙也不再報導。」信的末尾，馬雅可夫斯基照樣不忘深情表示：「愛我，不要忘記我，我是全部屬於妳們的。」

　　正好，這段時間，莉麗婭要跟導演列夫·庫列肖夫一起去南方拍攝電影和度假，於是，馬雅可夫斯基便覺得是可以跟莉麗婭會面的好機會，他還可以為她朗誦他剛剛完成的新作，長詩《好！》。於是，當他因為演講而獲得一項「特權」，在雅爾塔「享用一間房和一張桌子，為期兩週的時間」時，便迫切希望莉麗婭過來。他無比興奮地聲言：「要是能在雅爾塔小小的陽臺上見到妳，我一定會激動得頭暈目眩」。

　　7月20日，馬雅可夫斯基寫信給莉麗婭說：「週一（25日）在哈爾科夫演講。週一夜12點30分妳的列車抵達哈爾科夫。車站接妳。想妳，吻妳。」還要求莉麗婭回莫斯科途中在哈爾科夫待一天。

　　馬雅可夫斯基一直期待和莉麗婭見面。但是當週一深夜莉麗婭的車到達哈爾科夫站時，她只是從車窗裡把一個行李箱扔給在迎接她的馬雅可夫斯基，她本人仍乘著列車繼續她的行程，而沒有下車與他見面。馬雅可夫斯基只是透過車窗，看到她身旁坐著庫列肖夫或者別的哪個男人。

　　馬雅可夫斯基的《好！》是為慶祝即將到來的「十月革命」十週年而創作的。他從1926年底開始，在普希金諾別墅寫了一段時間後，到1927年7月底，就進入最後的潤色階段。長詩最初以布爾什維克武裝向臨時政府所在地聖彼得堡的冬宮發起總攻、建立蘇維埃政權的那天——俄曆1917年10月25日為名，題為《十月》，後曾改為《1917年10月25日》。

1927年8月5日，他從雅爾塔給正在編輯他五卷本或六卷本作品的國家出版總局寄去該詩的最後兩章，並將題目定為《好！》。他自信「《好》是一綱領性的東西」，盧那察爾斯基對它也有很高的評價，稱讚它是「十月革命的青銅塑像」。在《好！》的第13、14章，馬雅可夫斯基曾這樣寫到他和莉麗婭他們一起在1919年-1920年寒冷和飢餓的冬天的愉快生活：「十二／平方公尺的住房。／房間裡／住了四口──／莉麗婭、奧夏、／我／還有／舍尼克小狗。」雖然各方面條件都很困難，他從雪橇上拉回一塊木頭，還找來一根破柵欄，用生鏽的削筆刀來刨這塊木頭，他也仍舊「很高興。／腦袋／發熱，溫度上升。／草原上百花怒放，／五月／在我耳邊／歌唱……」在這「白樺木劈柴／正在熊熊燃燒」的時刻，他想到的是：「我／到過／許多溫和的地方。／但只有／在今年冬天／我／才／領會／愛情、友誼／和家庭的／溫暖。」以致他甚至表白，說在「這些／不太飽／也／不太餓的日子。如果／我／寫過寫什麼，──／這都由於／那天空般的眼睛，／我愛人的／大眼睛的／罪過……」

可是現在，這個帶給他溫暖的愛人就這麼公開與別的男人一起生活。這就加大了他和莉麗婭之間原有的裂痕。

8月28日，馬雅可夫斯基從雅爾塔發去電報給國家出版總局，說：

我明確通知你們對我的十月革命的詩作如下更改：

1、封面：馬雅可夫斯基《好！》（請在以後的報紙廣告上用這個題目）。2、標題頁《好！》（十月的詩）。3、全詩不分章節，分別按阿拉伯1至23的次序。

接收馬雅可夫斯基這份電報的娜塔莉亞·布柳哈年科。娜塔莉亞與馬雅可夫斯基已有一年多的情感維繫。

娜塔莉亞·阿列山大羅夫娜·布柳哈年科（Наталья Александровна

十一、娜塔莎——
你為什麼不說你愛我呢？

Брюханенко）是一位 21 歲的女大學生，學習之餘，她還在國家出版總局作一名助理編輯（也有說她是在出版總局的圖書館打工），以補貼生活。

布柳哈年科身材高挑，年輕漂亮，人們都喜歡叫他的愛稱娜塔莎。

娜塔莎‧布魯哈年科 1927 年

像其他許多年輕的女學生一樣，娜塔莉亞——娜塔莎也非常喜歡馬雅可夫斯基的詩，她不僅能在同伴中朗誦他的《向左進行曲》、《我們的進行曲》，還能背誦他的《穿褲子的雲》。因此，每次當馬雅可夫斯基來國家出版總局時，她總是懷著熱切的心理，設法前去見他。馬雅可夫斯基每次來出版總局，在樓梯上或者走廊上見到娜塔莉亞時，也總是要叫住她，讓她和他一起去辦事。後來，當她發現馬雅可夫斯基對她特別注意的時候，她對他卻又產生矛盾的心理：她賞識甚至愛上詩人的英俊的外表，自然也欽佩他的才華，但另一方面，她對他又產生一種謹慎的或

說是不信任的態度。

　　1926 年春的一天，在出版總見到娜塔莉亞・布柳哈年科後，馬雅可夫斯基就立即請她去出版總局附近的一家咖啡館。在咖啡館裡，他們真巧碰到奧西普・勃里克。馬雅可夫斯基像孩子似的坦率，指著娜塔莎對奧西普承認：「這麼一個身材高挑的美貌女子正是我所需要的。」等奧西普走後，馬雅可夫斯基便請娜塔莎跟他一起去他盧比揚大街的住所。在他的家裡，馬雅可夫斯基招待她喝香檳、吃巧克力，並以低得幾乎像是私語似的給她朗誦他的詩；據說送給她他的詩集，上面寫滿他的題獻。「後來，」娜塔莉亞回憶說，「他走到我跟前，突然，將我的長長的髮辮解開，要求說我是不是能喜歡他。」但當娜塔莉亞跟他說，她希望離開時，馬雅可夫斯基也就沒有反對了。在下樓的過道上，馬雅可夫斯基請娜塔莉亞注意，手不要碰著扶梯的欄杆，因為一位性病專家就住在下面的一間公寓套房，而她卻沒有戴手套，是會被染上病的。

　　本特・揚格菲爾特評論說：「這段插曲表明馬雅可夫斯基瞬間失態了：他的臆想症，他的衝動，他對即時滿足的需求，常常突然從一種情緒轉向另一種情緒。或者全有，或者全無 —— 就在此刻，而不是以後！馬雅可夫斯基不能控制他的感情，令人害怕，尤其讓女人感到害怕，這意味著他存留的全部溫情難以獲得他所需要的溫情和愛情的滿足。十一年前也是這樣，他向莉麗婭『發起進攻』，莉麗婭的反應是有幾年和他保持距離。」

　　這次，娜塔莉亞看到她心目中的這個「非凡的詩人」原來也是一個「普通凡人」，不免有點失望，也感到害怕。結果也有一年時間，她和馬雅可夫斯彼此都沒有見面。另有一個說法是說因為娜塔莉亞患了傷寒，從大學肄業了，所以兩人沒有再見面。直到 1927 年 6 月，馬雅可夫斯基要在國家出版總局出版他的多卷本文集。再次當見到娜塔莉亞時，馬雅

十一、娜塔莎——
你為什麼不說你愛我呢？

可夫斯基責怪她竟「不揮一揮手」就離開了他。他請她吃飯，非常認真地請求她不要再從他身邊逃開。娜塔莉亞回憶說：「我對他表示感謝，並答應以後不再離開他了。」

隨後，也就是莉麗婭和庫列肖夫的羅曼斯最親密的那些日子裡，馬雅可夫斯基也比一年前更渴望這個「身材高挑的美貌女子」了。於是，從這天起，他們每天見面，有時甚至見好幾次面，而且他對娜塔莉亞的稱呼也改為用她的愛稱娜塔洛琪卡。每天，娜塔莎一下班，就來到他這裡。在他的小房間裡，他讓她坐到沙發上，在她面前擺上水果、糖。他自己則坐在桌子旁或者踱來踱去，思考他詩的音節。他不願意獨處，孤獨使他備受壓抑，他需要有人陪伴。和多數作家不同，馬雅可夫斯基不喜歡長時間一成不變地坐在房間裡工作，他都是單獨或者讓人陪同，一邊散步，一邊用他結實的手杖擊打詩句的節拍，再講韻律寫到他的筆記本上。娜塔莎不得不適應他的這個習慣，並竭盡可能地滿足他的要求。

馬雅可夫斯基是 1927 年 8 月 2 日開始他前往氣候溫和、風景秀麗的南方之行的。去前，他就給娜塔莉亞·布柳哈年科寫過信，邀請他也來雅爾塔遊覽。

對於馬雅可夫斯基的邀請，娜塔莉亞最初有點猶豫，因為她沒有休假時間。但是 8 月 2 日，也就是馬雅可夫斯基到達雅爾達這天，她又接到馬雅可夫斯基發來的電報：「莫斯科。國家出版總局。布柳哈年科。等您。請在 13 日來塞瓦斯托波爾。請今日去購票。詳情電告雅爾塔俄羅斯旅館。熱烈問候。馬雅可夫斯基。」兩天後，娜塔莎又再次接到馬雅可夫斯基從雅爾塔發來電報催她，要她「速來」。於是，娜塔莉亞決定應約前去雅爾塔。當她在 8 月 13 日早晨 7 點抵達塞瓦斯托波爾車站時，馬雅可夫斯基已經在那裡等她了。她看到空蕩蕩車站的月臺上，一個拄拐杖高個子的人，正是馬雅可夫斯基：他穿了一件灰白色的襯衫，打著紅色

的領帶，紅色法蘭絨的褲子，皮膚被太陽晒焦了。

從8月下旬到9月上旬，娜塔莉亞和馬雅可夫斯基差不多有一個月時間都在一起。早晨，馬雅可夫斯基和娜塔莉亞還有他的朋友在家吃了早飯，然後，其他人都去海灘散步，他自己開始一天的工作。午餐前，他會坐到戶外閱讀報紙和其他寄給他的資料。午餐後有時休息，也常在娜塔莎的陪伴下去撞球室。娜塔莉亞陪他去克里米亞和高加索各地朗誦，日日夜夜兩人彼此都互相陪伴。有一次，他們乘巴士去雅爾塔時，馬雅可夫斯基考慮自己個子大，便訂了三個座位，免得坐起來太擠。在娜塔莉亞生日那天，他也像對埃莉·瓊斯那樣，表現得同樣的慷慨大方，或者說過於如此。這天，當娜塔莉亞一醒來時，便接到一把玫瑰，這麼一大把，大到只好放到一個桶子裡去。當他們一起出去散步時，他又進一家一家商店，買了一瓶又一瓶最昂貴的 eau de cologne（科隆香水）。當他們覺得買的生日禮物太多，帶都帶不動了，他又走進一家書報亭買別的花。娜塔莉亞跟他說，他們在旅館裡已經有整整一大桶花了，他回答說：「一桶算什麼，我希望給妳的不是一大把玫瑰，而是書報亭子裡的所有的玫瑰和雅爾塔全城的 eau de cologne。」

馬雅可夫斯基和娜塔莉亞沒有隱瞞他們兩人之間的關係。娜塔莉亞不但去他的書房，也去他在根德里科夫巷弄和普希金諾的住處，他倆還一起去劇院；不論在克里米亞還是在高加索度假期間，她都一步也不離開他。雖然奧西普至少有一次見到娜塔莉亞，莉麗婭是從來沒有見到過她，因為馬雅可夫斯基開始他和娜塔莉亞的羅曼斯的時候，她正和庫列肖夫一起外出旅行。不過莉麗婭對馬雅可夫斯基和娜塔莉亞之間的關係，或多或少還是了解的。只要看在娜塔莉亞剛到達克里米亞之後的第三天，即8月17日，她就給馬雅可夫斯基寫了一長封信，信中先是說了許多事務性的雜事，如五隻小狗如何貪吃、愛打架，他的長詩《列寧》正

十一、娜塔莎──
你為什麼不說你愛我呢？

在國家出版總局排版，他們常常打麻將賭錢，還希望馬雅可夫斯基再寄點錢作裝修用，等等。嚴肅地提醒馬雅可夫斯基：

> 我是非常強烈地愛著你，請不要真的結婚，因為每個人都在讓我相信，說你正被人狂熱地愛著，說你一定會結婚！我們三人彼此全都已經結婚，要再結婚就是犯罪。

多位老家莉麗婭和馬雅可夫斯基關係的人都曾在回憶中說到，莉麗婭不想跟馬雅可夫斯基結婚，但又一心要設法把馬雅可夫斯基捆綁在她身邊，好讓有豐厚稿費收入的馬雅可夫斯基可以為她購買奢侈品，又不讓馬雅可夫斯基愛上別的女子，處處破壞他和其他女子的愛情。

馬雅可夫斯基可能由於對莉麗婭的愛，而對她不能有充分的認知，或者實在不願隔斷與她的感情，也可能已經看清了她，不想和跟攤牌。反正，他接到莉麗婭的信後，於8月26日回電時，好像根本沒有看到她所提的結婚之事，而只請她「通知國家出版總局，將《十月的詩》更名為《好！》，副題為『十月的詩』。不要分成幾部分，各段用阿拉伯數字標出序號」；最後照例表示「吻我獨一無二的小貓咪和奧夏（奧西普）一家」；甚至幾天後，仍舊一如既往地匯錢給她，繼續訴說「沒有妳們的音訊我很傷心，想必大家都把我忘了。」

馬雅可夫斯基和娜塔莎在9月15日回到莫斯科。恰巧在火車站碰見莉麗婭和麗塔・賴塔。娜塔莎回憶：「我這是第一次見到莉麗婭。不過只有一秒鐘，因為我立即就轉身回家了。」事實是，莉麗婭曾跟麗塔說，娜塔莎不知道在這種場合如何應對。

麗塔・賴特

馬雅可夫斯基和娜塔莎繼續每天見面。他們一起散步，一起去玩，一起去進電影院，大導演謝爾蓋・愛森斯坦為紀念布爾什維克十月革命的影片《十月：震撼世界的十天》1927年剛上映，他們就去看了。兩人一點都不迴避眾人。

11月28日是娜塔莎的生日。馬雅可夫斯基雖然身子在外，也沒有忘記這個日子。這天，娜塔莎收到馬雅可夫斯基祝賀她生日的電報，還有500盧布的匯票。第二天一早，娜塔莎就給莉麗婭打電話，請她告知馬雅可夫斯基的詳細地址，以便可以向她表示感謝。當時莉麗婭還在睡覺，不過她接電話時也沒有多問，只回答說馬雅可夫斯基是在羅斯托夫哪個哪個旅館。莉麗婭的反應，就像她原來期望庫列肖夫的妻子對她的反應一樣，明白卻不嫉妒。顯然，莉麗婭來很清楚，這個年輕的圖書管理員，不會威脅到馬雅可夫斯基——勃里克夫婦之間的三角關係。據此，娜塔莉亞認為，莉麗婭是一個有自信的人，而不是她的競爭對手，也就認同和順從她們的「原則」了。也可能是娜塔莎當時就已經意識到，

十一、娜塔莎──
你為什麼不說你愛我呢？

實際上她後來也被迫承認，馬雅可夫斯基真正愛的只有一個女人，就是莉麗婭・勃里克。

事情的確如此。馬雅可夫斯基和娜塔莉亞・布柳哈年科的關係持續到 1928 年春。在這兩年裡，馬雅可夫斯基的確是真誠地愛著娜塔莎的，娜塔莎也的確是真誠地愛著他的。不過此前，他們兩人大概各自也都預料到終是會有分離的一天。娜塔莎清楚記得他們曾經有過一次開誠布公的交談：

「你認為我溫文有禮又長得漂亮，你還說需要我，你甚至說我有一對美腿。那麼你為什麼不說你愛我呢？」

「我愛莉麗婭。我可以喜歡所有其他的人，或者喜歡她們很多人。不過對她們的愛都只屬於從屬地位。妳不希望我從屬地位地愛妳吧？」

「不！要是這樣，還不如你出來沒有愛過我，我說。」

雖然已經不再有愛了，娜塔莎仍舊繼續去看望馬雅可夫斯基，保持他們的友誼；她還成為莉麗婭和奧西普的一個朋友。這正是莉麗婭所期望的，也像她生活中所經常出現的：馬雅可夫斯基的女性朋友，也是她的朋友。

十二、塔基亞娜 ——
反正有一天我要帶走妳 ——
把妳一人,或和巴黎一起

十二、塔基亞娜——
　　反正有一天我要帶走妳—把妳一人，或和巴黎一起

　　1928年5月4日，馬雅可夫斯基接到導演符謝沃洛德·梅耶荷德發自斯維爾德洛夫斯克的電報：「最後一次請您慎重考慮。劇院危在旦夕。沒有劇本。被迫拒絕古典作品。不想降低劇目等級。請給一個確鑿的回答。我們能否得到您夏天寫出的劇本。請回電：斯維爾德洛夫斯克中央旅館。梅耶荷德。」

　　梅耶荷德以現代戲劇的新觀念，1920年在莫斯科建立了一所劇院，並從1923年起以他自己的名字命名這個劇院。在此之前，他就曾與馬雅可夫斯基合作，演出這位詩人創作的劇本，如馬雅可夫斯基1918年夏創作的《宗教滑稽劇》，就是由他和馬雅可夫斯基共同導演，同年11月7、8、9三天，在一借用的劇院連演了三場。這次，梅耶荷德是提醒和催促馬雅可夫斯基，不要忘記1926年5月簽約為劇院撰寫劇本的義務。

莉麗婭和馬雅可夫斯基1928年8月在海灘

　　馬雅可夫斯基自然沒有忘記。幾天後，他就給梅耶荷德回電：「我認為，會有一個好劇本的。」隨後，他們兩人在劇院交談，確立劇作的主題，寫一部諷刺劇，並開始動筆。但是，未及完成，他又要外出了。

　　1928年10月8日，馬雅可夫斯基前往柏林，隨身帶著這部未完成的

諷刺小市民習氣的《臭蟲》，在火車上繼續書寫。他在柏林待到 10 月 15 日，然後轉往巴黎。

馬雅可夫斯基這次來巴黎是為了拍攝電影《玻璃眼睛》和商談他作品的出版事宜，但是情況並不理想。10 月 20 日，他在巴黎寫信給莉麗婭說：「很遺憾，我還待在巴黎，這座城市已讓我厭煩到漠然、噁心和嫌棄的程度。」在信中，他還說到自己工作得太累，如果「再不休息，我已無法繼續工作！」因此，他說，「我今天要去尼斯待兩天，然後再選擇到底去哪裡療養：要麼在尼斯住上 4 星期，要麼回德國。」他在「去尼斯待兩天」一句後面，解釋性地在括號裡加上一句說：「偶然碰上了一位熟人」。這好像是隨意提起的一件無關緊要的事，實際上涉及一個不得與莉麗婭言明的他生活中的重要之人。這個「熟人」，即是埃莉·瓊斯。

埃莉 1928 年 10 月和女兒小埃莉在尼斯

十二、塔基亞娜──
反正有一天我要帶走妳—把妳一人，或和巴黎一起

馬雅可夫斯基無疑並非「偶然碰上」埃莉·瓊斯。他的傳記作者阿·米哈伊洛夫說：「完全可以肯定，馬雅可夫斯基預先知道她們（埃莉和她女兒）的到來，基本可能存在事先的約定」。

那天，馬雅可夫斯基在旅館裡再次見到埃莉，還見到她帶來的他的女兒小埃莉。他站在埃莉面前，長時間擁抱她。因為下著傾盆大雨，埃莉走不了，就在旅館待了一晚。兩人淚如泉湧，整整談了一個長夜，彼此抱在一起入睡直到天明。但是他們沒有做愛，因為儘管埃莉覺得很難阻止馬雅可夫斯基的衝動和誘惑，但她懼怕會再次懷孕。他們兩人都很清楚，不論在美國還是蘇聯，他們都不可能建立家庭，他們的關係是沒有前途的。

回到巴黎之後，馬雅可夫斯基寫了一封信給他的「兩個甜蜜的埃莉」：

我想再見到妳們都已經快要想死了。做夢都想來，最遲在下星期能見到妳。妳會接受我嗎？會擁抱我嗎？

請回答。巴黎香檳路29號伊斯特里亞飯店。

（真希望不要成為一個夢想。如果可能，我會在週三──週四去尼斯。）

很抱歉這次突然意外的旅行不能讓我有機會愉快地鼓起腮幫（接受妳們的吻）。妳對這會怎麼想？

希望我能在尼斯向妳展示我的笑容的美。

請立即回信。

吻妳們的八隻爪子。

差不多是同時，10月27日，埃莉寫了一封信給馬雅可夫斯基，但這封信可能遺失了，如今只留下一個信封。還發現在接到馬雅可夫斯基

的信後的兩天，埃莉又寫了一封信給馬雅可夫斯基。在這封信中，埃莉寫道：

當然，我們都會很高興，你這個壞蛋！……你決定後就立即發一通電報來。我們會和你相見！……四隻爪子（指女兒）正在睡覺！她代表沃洛佳吻了右臉頰，代表媽媽吻了左臉頰。當時，他們花很長時間來溝通，為什麼沃洛佳的吻是在右頰，以免有什麼不理解的……你如果不來，你會知道在尼斯會有兩個非常失望的埃莉，那也要常給我們寫信。從莫斯科給我們寄一個雪球來，我想，只要我去那裡，我都會高興得發瘋的。我是無時無刻都在想你。

馬雅可夫斯基似乎也沒有寫回信給埃莉。是擔心他和埃莉的關係被蘇聯官方知曉嗎？

倒是埃莉寫了第二封信給他。這是一封長信，所署的日期是11月8日，郵戳日期為11月11日。信的第一頁已經遺失，從其餘的內容看，既表達了她的溫情，又帶有一點指責，是這兩種情感的混合表達。

你說：「我們還能生活很長時間。」現在我要說：「如果你在這裡說的每一句話都是出於禮貌，那就保持禮貌吧，只要對你來說不太困難。」你不能想像，這個星期裡，我的神經已經受到多大的損傷！我不知道你是怎麼想的——因為這對我來說太困難了——我只不過是愛，但不會太愛。那為什麼對我來說更加痛苦呢？在那種情形下，你沒有必要來，寫了第一封信就夠了。我曾要求你發一封電報！沒有時間嗎？你已經忘記你的兩個埃莉了嗎？要不，或者是你不喜歡我的信？或者是已經沒有興趣跟這兩個女人聯繫？

親愛的！望永遠都不要愚蠢地離開我。我就要發瘋了！如果你不願寫信，那就說：這是我最後的信，別讓人覺得像是在寫。或者像是那麼回事。但請注意和小心，過道上的每一聲腳步、房門上的每一把鎖都是可怕的……

十二、塔基亞娜——
反正有一天我要帶走妳——把妳一人，或和巴黎一起

（孩子）整天跑到陽臺上去，以為你會乘車子來。後來我哭了，她安慰我，並威脅說她什麼好吃的東西都不要了。我試圖向她解釋，說「沃洛佳 ist dumm und ungezogen（是個不懂事的頑皮孩子），他不但不來，而且還沒有寫信。她顯然同意說他沒有教養，但她仍然硬是說，沃洛佳 ist nicht dumm（並非不懂事）……

……真的，弗拉迪米爾，別讓你的女性友人傷心難過，你曾經準備把你的肝臟掏出給一隻狗，可我們的要求非常低。我們也是動物，有腿，有眼睛！我可以相信，是兩個特別的動物，只是沒有被關在籠子裡。

埃莉這裡說的是馬雅可夫斯基在《關於這個》這首詩中曾寫到：「我喜歡動物。／您看那隻小狗——／牠站在麵包店門口——／一隻癩皮狗——／為了牠／我也可以把我的肝臟掏出。／吃吧，親愛的！／絕不吝惜我的肉。」於是，埃莉接著說道——

我們都極其需要心靈的平和，因為我們知道，旁人都在議論我們——至少議論了我們一個月（孩子的生日是 15 日）！請寫信來，如果沒有時間，你就在答應給雜誌或報紙寫的時候抽一點時間出來……

答應我，照顧好你自己！……

來吧！……隨時都希望你來，雖不滿足，也算擁有。

埃莉給馬雅可夫斯基的信不是寄到巴黎，而是寄往莫斯科的盧比揚卡巷弄。這就意味著馬雅可夫斯基不會注意到她這信。因為馬雅可夫斯基告訴埃莉，說他是要回莫斯科，他實際上仍回到法國的首都巴黎。

不過馬雅可夫斯基和埃莉·瓊斯的這段短暫的故事，埃莉·瓊斯一定跟她女兒說起過，至少在留給她的錄音帶中有過詳細的敘述，使孩子一直記得異常清晰。在 2010 年 11 月接受俄羅斯記者阿納絲塔西婭·奧爾

良斯卡婭的訪談中，小埃莉就和這位記者說到她母親和馬雅可夫斯基見面那天的幾件趣事：

問：葉琳娜‧弗拉基米洛夫娜，您一生中就見過一次您父親嗎？

答：是的，(那時)我不到三歲。1928年，我和母親去了尼斯，她在那裡解決了有關移民的某個問題。當時馬雅可夫斯基就在巴黎。一位我們雙方都認識的人告訴馬雅可夫斯基，說我們在法國。

問：他立刻就到你們這裡來啦？

答：是的，他一得知我們在尼斯，就立刻來了。我母親幾乎暈過去了。她沒有料到會見到他。媽媽告訴我，他來到門口就說：「我這就來了。」

問：你自己還記得什麼嗎？

答：我所記得的只是他的很長的腿。還有，您可能不相信，但我的確記得我是如何坐到他的膝上、他如何撫摸我的。我認為這是一種動覺記憶（кинестетическая память）。我記得他如何擁抱我的。母親還告訴我，當他看到我睡在嬰兒床上時，他是多麼的高興。他說，「大概沒有什麼比睡著的孩子更吸引人的了。」還有一次，我把他的手稿翻得亂七八糟，媽媽看到要打我的手。馬雅可夫斯基卻說：「你任何時候都不應該打孩子。」

問：以後再也沒有見過面了嗎？

答：是的，這是唯一的一次見面。但對他來說，這次見面非常重要。這次見面之後，他發了一封信給我們。這封信是我媽媽最主要的財富。這是《給兩個埃莉》的信。馬雅可夫斯基寫道：「我想再見到妳們兩都已經快要想死了。做夢都想來……請立即回信。吻妳們的八隻爪子……」這是一封非常感人的信。他從來沒有給任何人寫過這樣的信件。父親請求我們再見面，但是沒有實現。我和媽媽去義大利了。不過馬雅可夫斯基帶上他在尼斯幫我們拍的照片。他的朋友們都說，這張照片一直擺在父親的桌子上。

十二、塔基亞娜──
反正有一天我要帶走妳──把妳一人，或和巴黎一起

馬雅可夫斯基是在 10 月 25 日回到巴黎的。就在這一天，愛爾莎和謝爾蓋・西蒙醫生有一個約會，並讓馬雅可夫斯基也去參加。馬雅可夫斯基也就去了。

當他們坐在那裡交談的時候，進來一個年輕女子。這女子後來談到：「我進沙龍的時候，見到這位醫生，愛爾莎・特萊奧里，還有一個高個子男人，優雅地穿一身裁剪得很得體的套裝，漂亮的鞋子，坐在一張長沙發上，看起來有些厭倦的樣子。我一進來，他就以警覺而冷靜的目光盯住我看。我立刻認出，這個剪短髮的英俊而強壯的男子就是馬雅可夫斯基。」馬雅可夫斯基一聽說她的名字是塔基亞娜時，也馬上就知道，她即是在巴黎的幾個俄羅斯熟人曾經跟他說起過的那個女孩，而且他自己也曾給她發過不具名的問候。

塔基亞娜・雅科夫列娃

其實，馬雅可夫斯基和塔基亞娜的這次見面是事先安排的。

愛爾莎·特萊奧里和醫生的俄國妻子娜傑日達是朋友，她告訴娜傑日達，馬雅可夫斯基在巴黎很鬱悶，得有人陪伴。她剛在馬雅可夫斯基來巴黎的前的幾天，在一位朋友的家認識塔基亞娜·雅科夫列娃。當時，她的第一反應就是說：「您個子像馬雅可夫斯基一樣高。」並開玩笑說要介紹他們認識。她覺得塔基亞娜是一個合適的俄國女子：她說俄語，長得也漂亮，又喜歡詩。於是，當塔基亞娜來電話，說懷疑自己患支氣管炎時，西蒙醫生便請她馬上來，他妻子則聯繫愛爾莎，請她和馬雅可夫斯基也在這天晚上過來。

愛爾莎雖然不是第一次為他人牽線，但依照這樣的特殊原則來牽線則是第一次。愛爾莎解釋說她把塔基亞娜介紹給馬雅可夫斯基大概是不錯的。不過，本特·揚格菲爾德問：「為什麼她如此倉促，為什麼馬雅可夫斯基從尼斯剛回來這天就安排見面？塔基亞娜在巴黎的俄羅斯人圈子非常活躍，完全可以把這見面安排在蒙帕納斯的一家咖啡館裡。愛爾莎的做法有別的動機嗎？愛爾莎了解──莉麗婭也知悉馬雅可夫斯基在尼斯和埃莉的會面嗎？是否為了讓馬雅可夫斯基分心，使他如莉麗婭所需要的不再想起埃莉母女？是莉麗婭擔心馬雅可夫斯基會受到誘惑去美國陪伴他女兒和她母親嗎？是莉麗婭在信件或電話中請愛爾莎為馬雅可夫斯基物色一個女人嗎？」這些都只能是猜測。

塔基亞娜·雅科夫列娃和馬雅可夫斯基見面這年 22 歲。

十二、塔基亞娜——
反正有一天我要帶走妳—把妳一人,或和巴黎一起

塔基亞娜・雅科夫列娃約 1928 年

她 1906 年生於聖彼得堡,1913 年起,移居離莫斯科東面 350 英哩的奔薩。這是一座只有 300 多年歷史的小城,後來很快就以機器製造業而聞名。在那裡,她做建築師的父親亞歷克塞・雅科夫列夫曾接受委託為城鎮新建一座劇院。塔基亞娜還有一個比她小兩歲的妹妹莉拉 —— 柳德米拉。

內戰中,奔薩遭受戰爭的毀壞,她父母也離婚,父親於 1918 年移居美國,留下她和她妹妹歸母親一個人撫養。她母親在 1921 年重新結婚,嫁給一位原來富有、但在革命中財富傷盡的企業家。不久,當地出現大饑荒,繼父死於肺結核和營養不良。母親雖然在 1924 年再次結婚,但一家仍然近於餓死。

1922 年,可能是繼父的傳染,塔基亞娜也患了肺結核。1925 她 19

歲那年，得到她在巴黎事業成功的叔叔、畫家亞歷山大·雅科夫列夫和叔叔的朋友，大企業家安德烈·雪鐵龍的幫助，使塔基亞娜得以來到巴黎。巴黎還有她的已在那裡多年的奶奶和她的姑姑桑德拉，姑姑是一名歌唱家，常跟夏里亞賓一起演出。

最初幾年裡，塔基亞娜只希望自己能恢復健康，夜晚不許外出，但當她最後一在巴黎的核心人物中間露面，便立即獲得成功。

塔基亞娜身材修長，差不多一百八十公分高，有一雙美麗的長腿，她的性魅力讓許多男子，包括俄國的石油大亨列夫·曼塔雪夫入迷。由於她的美貌，她立即找到工作，做一名臨時電影演員和香奈兒的服裝模特兒。此外，她在招貼畫上做女襪廣告，巴黎人都能看到。她還以做女帽業務員謀生，這後來成了她的職業。她還透過她的叔叔，和作家讓·科克托、音樂家謝爾蓋·普羅科菲耶夫等文化名流交往，普羅科菲耶夫就是她碰到馬雅可夫斯基的前一天晚上在演出約翰內斯·布拉姆斯的作品時認識的。

不管愛爾莎撮合馬雅可夫斯基和塔基亞娜是怎麼想的，總之她只願他們兩人逢場作戲的目的已經落空。

這天，塔基亞娜只是嚴重感冒，而不是支氣管炎。一副厭倦模樣的馬雅可夫斯基雖然有點憂鬱，但是一見到塔基亞娜，立即就愛上她了，他主動提出要去看看她的家。他們叫來一輛計程車，感到車裡很冷，他就脫下外衣蓋到她的腿上。這給塔基亞娜留下了好印象。她回憶說：「從這一刻起，我就感受到他的一種應有的溫柔和體貼。」途中他還跪下向塔基亞娜求婚。他狂野又衝動，發瘋似地堅持說他已經深深愛上了她。

在帶塔基亞娜去吃中飯時，馬雅可夫斯基還發現除了她的美，她還有另外一些特點：塔基亞娜不但熟悉安娜·阿赫瑪托娃和亞歷山大·勃

十二、塔基亞娜——
反正有一天我要帶走妳—把妳一人，或和巴黎一起

洛克的詩，還跟他一樣愛這些詩。塔基亞娜後來告訴朋友說：「馬雅可夫斯基無法相信，一個生活在巴黎的白俄女孩子會像他那樣懂俄國詩人的詩。我認為這是我們之間各種關係的真正的開始。」從此，塔基亞娜就瞞著家人，或編織謊言，去見馬雅可夫斯基。坐在旅館的餐桌前，馬雅可夫斯基給塔基亞娜朗誦詩，朗誦像《左翼進行曲》之類的政治詩，塔基亞娜便給他朗誦他其他的詩作為回報。他奉承她說：她有很好的記憶力，比他記得都好。他後來告訴朋友，說雅科夫列娃對詩具有絕對的聽覺，就像一個音樂家具有絕對的樂感。

愛爾莎對塔基亞娜的行為，感情很複雜。她看到，塔基亞娜不但是一個時髦的美麗女子，「她富有青春活力，是生命力充溢的證明；她還游泳、打網球，接待求婚的人……」而且他的生活也真是太安逸了。至於她自己，今已年過三十，與安德烈·特里奧萊的婚姻也已經結束，現在她作為作家的生活很難預料，甚至連是不是待在巴黎也不能肯定。她既羨慕，又嫉妒，同時還擔憂她與馬雅可夫斯基的關係，覺得無法接受這關係的嚴重後果。她解釋說：

因為塔基亞娜是瓦洛佳的朋友，我不能不考慮到她，我對她如此高估他的愛情特別感到煩惱。應該記住，她是多麼的年輕，她認識他的時間又是多麼的短。此外，他馬上就要去莫斯科。他們彼此認識只有三四個月。自然，她認為她可以是馬雅可夫斯基生活中唯一的愛。而他的狂亂，他的占有慾，他想單獨占有她或者和她一起在巴黎的野心，她怎會知道這是他生活道路上曾經感受過的第一次還是最後一次？

但是塔基亞娜沒有像她那種想得那麼多，他們的愛情在繼續。愛情賦予馬雅可夫斯基以靈感。

馬雅可夫斯基以前寫的愛情詩都是寫給莉麗婭·勃里克的，現在這愛情詩就只寫給塔基亞娜。如今在巴黎，他也寫宣傳詩，一寫好就讀給

塔基亞娜聽。11月的一個晚上，他的筆記本上，整整有九頁都是為塔基亞娜寫的詩：《關於愛情的本質從巴黎寫給科斯特羅夫同志的信》和《致塔基亞娜・雅科夫列娃的信》。塔拉斯・科斯特羅夫是《共青團真理報》和《青年近衛軍》雜誌的編輯，是馬雅可夫斯基的朋友。詩人在詩中這樣描寫他和塔基亞娜的見面：「試想：／大廳裡／走進一位美人，／穿著高貴的皮衣，／珠光閃爍。我／挽著這位美人／對她說：／——不知說得對，／還是錯？——／『同志，我——／來自俄國，／在國內我享有聲望，／我見過／更美麗的少女，／我見過／更苗條的女孩。／女孩們／愛捧詩人。／我既聰慧／又口若懸河，／只要樂意聽——／我就／信口開河。」在詩中，馬雅可夫斯基還坦率地表述了他強烈的愛的激情：「……我都在受著／無盡的折騰，／我傾聽：／愛情在轟鳴——／這是人類的，／純樸的愛情。／這是颶風、／烈火、／洪水／一齊在怨訴中出現。／誰／還能夠／致勝它？／您能嗎？／試試看……」

認識塔基亞娜之後，馬雅可夫斯基有兩個星期沒有好好和莉麗婭聯繫，期間雖然寫過一兩封信，也都只有一兩句話。直到11月10日、11日，才跟莉麗婭說起她要求購買雷諾汽車的事，但也沒有告訴她，是他的這個新愛上的人，雅科夫列娃幫他挑選這輛「灰色，6馬力4缸，有通風設備，內部裝飾美觀」的「很漂亮」的雷諾車。這麼一來，在莉麗婭對塔基亞娜還毫無覺察的時候，塔基亞娜對莉麗婭卻已有所了解。

馬雅可夫斯基和塔基亞娜兩人天天在一起，他們在咖啡館和旅館裡見面，或是去歌劇院。不過大多都去不太有人認識他們的價格比較便宜的地方。通常，馬雅可夫斯基都在早晨給塔基亞娜打電話，相約什麼時候、去什麼地方。因為塔基亞娜的家人不喜歡他們在一起，而早晨的時候，電話才不會被她奶奶接到。「奶奶和姑姑都是『傳統守舊的人』，」塔基亞娜給她在奔薩的母親寫信說，「自然不理解（馬雅可夫斯基）這樣

十二、塔基亞娜——
反正有一天我要帶走妳——把妳一人，或和巴黎一起

的一類人，他的詩她們也都不懂。」不過當馬雅可夫斯基去她家接她時，倒都受到「難以置信的親切的」對待。一般是，在和塔基亞娜約定後，馬雅可夫斯基就常坐在計程車裡等在她家的門口，然後驅車劇院或者去看愛爾莎去看他們熟悉的朋友。一位經常看到他們在一起的熟人回憶說：「他們是絕妙的一對。馬雅可夫斯基是一個非常新潮的高個子男人。塔尼亞（塔基亞娜）也很漂亮——修長、苗條，跟她非常般配。馬雅可夫斯基給人的印象是文靜地愛著。她被她迷住了，對她十分欽佩，為他的才華而感到驕傲。」

但是，不論是馬雅可夫斯基，或是塔基亞娜，都無意於展示他們的關係：在她，是因為她的強烈反蘇的家庭曾經遭受蘇聯帶來的巨大痛苦；在馬雅可夫斯基，是因為一位蘇維埃的無產階級詩人，不應該和一個俄羅斯的僑民女孩交往。不過，在他們的關係中，政治似乎沒有主要作用。他們交談的主要詩歌。為馬雅可夫斯基留下深刻印象的不只是塔基亞娜的外在魅力，還有她對詩歌的非凡的記憶力，她憑記憶就能背誦好幾個小時的詩。另外，她自己也寫詩，只是不敢告訴馬雅可夫斯基。在塔基亞娜看來，馬雅可夫斯基，如她對她母親說的，「是第一個在我心靈中留下良好印象的人。他是我所曾見到過的，而且也是我喜歡的領域中最有才華的人。」在這裡，塔基亞娜雖然為了安全考慮沒有用「愛」這個詞，但也可以看出她對馬雅可夫斯基感情的深入。但在幾個星期的相熟之後，馬雅可夫斯基要求她作他的妻子，和他一起去莫斯科時，她還是懷有戒心。她對他的反應，使他將他潛伏在內心中的詩情釋放了出來。上述那首《致塔基亞娜·雅科夫列娃的信》就是在這天晚上寫的，等第二天他們在「香彌爾酒店」（La Petite Chaumiere）見面的時候，他就朗讀給她聽，作為對她的遲疑態度的回答。這是馬雅可夫斯基所曾寫出的詩中最溫柔、最親切的詩篇之一。

244

在長詩《關於這個》中，馬雅可夫斯基在不斷呼喚莉麗婭「在哪裡，親愛的，／在哪裡，我的乖乖」的時候，曾經反問莉麗婭說：「在哪裡／——在歌聲中！——／我曾經背叛過我的愛？」事實是，直至寫這首詩的時候，這個「只能用詩去愛，／在散文中是啞巴」的詩人就都沒有背叛過她，他所有的詩都是獻給她的，他在巴黎出版的他的選集第一卷上，他也寫上「獻給莉·尤·勃」。現在，他寫獻給塔基亞娜的詩，是他在詩歌中第一次「背叛了」莉麗婭，也是他 1915 年以來沒有在抒情詩中將莉麗婭作為抒情對象的第一首愛情詩，詩中寫的「只有妳一個人／身材和我相當，／眉毛挨眉毛／請站到我身旁。／讓我們／推心置腹地／談一談／這個／重要的夜晚。」是他所寫出過的最優美的詩句之一。又說像塔基亞娜這樣的人：「我們莫斯科／也需要妳們，／那裡缺少／長腿的人。／妳的／兩條／腿，／踏過風雪，／經過傷寒病地帶，／妳不能在這裡／和石油家們／共餐時／讓他們／觀賞喜愛。／妳不要猶豫了，／瞇縫起眼睛，／把彎彎的眉毛舒展開，／過來吧，／到我這粗大的／笨拙的／雙臂中來。」甚至表示「反正／有一天／我要帶走妳——／把妳一人，／或和巴黎一起。」

　　雖然馬雅可夫斯基不想展示他與塔基亞娜的關係，但他曾向愛爾莎，還在一些俄羅斯人中朗讀過這首詩。

　　馬雅可夫斯基在詩中表現出來的愛，讓塔基亞娜感動。她寫道：「他天生具有暴烈的愛。我從來不知道，一個男人心中會有如此強大的愛——他的愛是突然爆發的。就像他在關於愛的詩中說的，『誰／還能夠／致勝它？／您能嗎？／試試看……』」他把他對她的愛賦予詩的地位使她高興，但她忍受不了他這強烈的熱情，要求他不要在報刊上發表這詩。看起來，她好像就要被他說服和他一起回莫斯科了。不過，最後她還是沒有同意，只是和馬雅可夫斯基約好，暫時離開一段時間，考驗一

十二、塔基亞娜——
反正有一天我要帶走妳——把妳一人，或和巴黎一起

下各人的感情，盡可能早日再次相見。

離開巴黎前，馬雅可夫斯基交代一位花商，每個星期天的早晨給塔基亞娜送一束玫瑰，直到他回來。每一束花還附一張名片，背面寫有詩和畫。

馬雅可夫斯基懷著希望和不安的雙重感情，在12月3日動身離開巴黎。塔基亞娜和少數熟人，包括愛爾莎·特里奧利去車站送行。第二天早晨，一到達柏林，他就發一通電報給塔基亞娜，並打電話給她。

馬雅可夫斯基於12月8日回莫斯科。兩天後，他寄出他剛出版的選集第一卷給塔基亞娜，上面題有這樣的獻詞：「我將／我的著作／贈給我親愛的朋友，／它會代替我／直到我們／五月再見面……」5月是他和塔基亞娜約好下一次去巴黎見面的日期。

回到莫斯科後的第一天，馬雅可夫斯基就去看望塔基亞娜的妹妹柳達米拉。柳達米拉希望移居巴黎。塔基亞娜此前曾請馬雅可夫斯基幫她弄一份簽證。

馬雅可夫斯基在巴黎期間，莉麗婭對他和塔基亞娜那極樂的羅曼斯就留有印象。那段時間，馬雅可夫斯基在11月12日給莉麗婭的信中說：「我的生活狀況有些奇怪，沒有大事，但瑣事不斷，把它們作為素材寫進信中太囉嗦，只能等我把箱子一個一個搬進屋裡時當面講給妳聽。這一點最晚在（12月）8-10日我就能做到。」如果說這段敘述還不能使莉麗婭特別感到不安，那麼馬雅可夫斯基在信中提出的要求，「請電匯30盧布至：奔薩，紅色大街52號3室，柳德米拉·阿列克謝耶夫娜·雅科夫列娃收」，定然會引起她懷疑發生了什麼事。因為莉麗婭是第一次聽到有這個「雅科夫列娃」的女人名字，怎麼不引起她的警惕呢！很快，莉麗婭就清楚意識到，這個雅科夫列娃確是一個馬雅可夫斯基已經愛上並且要

設法帶她去莫斯科的女子。12月17日，她驚慌失措地給她妹妹寫信說：「親愛的愛爾莎！寫信告訴我，一個什麼樣的女人讓沃洛佳因她而心煩意亂，以至於想要帶她去莫斯科，還寫詩獻給她（！！）我很難相信一個巴黎的俄羅斯女帽推銷人會是清白的！不要跟任何人說我問過妳這件事，請寫信把詳細情形告訴我。」

莉麗婭懷疑塔基亞娜的「清白」，表明她把塔基亞娜看成是一個貪財的人，但塔基亞娜絕不是這樣的人。馬雅可夫斯基在她那裡獲得了沒有一個別的追求者所能提供的滿足。塔基亞娜在1828年聖誕節寫給她母親的信中說：「我真的依然思念他。我四處遇到的大多都是『社會人』，他們不需要運用他們的腦子或者混亂的思想或感情。」同一天，馬雅可夫斯基也寫信給塔基亞娜，說：他盯著她的名字看，就像看一條懸在「城市大廳上的橫幅」，沒有一公釐的偏斜。一個星期後又說：

我不喜歡在紙面上說我自己⋯⋯如果我定要將我在心中對我自己說的，所有沒有寫下來的信和沒有說出來的有關妳的親熱情感全寫下來，那麼我得選集可以增加三倍，而且那還只是詩體語言！

我親愛的！

我真的不願沒有妳。再考慮考慮，並把妳的想法（和妳的情況）整理整理，打開妳的心扉，希望妳能投入我的懷抱，讓我帶妳去莫斯科⋯⋯讓我們把我們的分別變成為一次考驗。

只要我們彼此相愛，我們為什麼只能透過電報的兩極來「相見」，而荒廢我們的愛情和我們的時間呢？

新年除夕這天，在根德里科夫巷弄的公寓裡，大家的情緒都不好。馬雅可夫斯基整天都在想塔基亞娜的事，當午夜鐘聲快要響起來的時候，他真是「滿懷著渴望」。莉麗婭是再也克制不住她的嫉妒心了，她對

十二、塔基亞娜——
反正有一天我要帶走妳—把妳一人，或和巴黎一起

著馬雅可夫斯基大喊道：「你既然那麼難受，為什麼你現在不馬上就到她那裡去呢？」勃里克也很陰鬱。

馬雅可夫斯基是很樂意立即回巴黎，回到塔基亞娜身邊去。但是他不能。他待在巴黎時便已經在寫的那個劇本已經完成，而且預定要在梅耶荷德的劇院上演。他向塔基亞娜保證，等《臭蟲》彩排結束，他就離開莫斯科；他的創作和他對她的思念就是他「唯一的歡樂」。

塔基亞娜·雅科夫列娃 1932 年

塔基亞娜和她丈夫 Bertrand du Plessix

十三、最後一根稻草 ——
維羅妮卡是他最後的愛

十三、最後一根稻草──
維羅妮卡是他最後的愛

竟說塔基亞娜·雅科夫列娃這個在巴黎做過推銷女帽生意俄國女子,「很難相信會是清白的」,無疑是她出於嫉妒而有意的誣陷。塔基亞娜是一個純潔的女子,她對馬雅可夫斯基的感情,既無小市民的市儈之心,也無奸商的詐欺之意,而完全出於真正的愛,雖然她從不輕易言「愛」。阿·米哈伊洛夫相信:「塔基亞娜心靈上具有浪漫氣質,少女的純潔性未被巴黎的(壞)習氣所薰染」。塔基亞娜在給她母親的信中,曾這樣坦言她和馬雅可夫斯基的關係:

……如果我什麼時候曾對「追求我的人」表示過好感,那麼在相當程度上是由於馬雅可夫斯基的才華,但還有一大部分原因是由於(他)對我不知疲倦的和確實令人感動的態度。在追求和關心(甚至是溺愛──原文如此)的意義上說,他是令人驚嘆的。我直到現在都仍在想念他。……馬雅可夫斯基刺激了我,迫使我清醒,而主要是(引發我)痛切地回想起俄羅斯。

他使我身中對俄羅斯的思念翻騰起來,並真切地思念你們所有人,我幾乎想回(俄羅斯)去了。……他的身體和道德都是如此的強大,以至於在他走了之後,(我感到)是一片沙漠。這是第一個能在我心靈中留下痕跡的人。你們別害怕!這在任何情況下都不會是無望的愛情。

米哈伊洛夫認為,馬雅可夫斯基「也經常出現類似的情況」,那就是他的「憂鬱、寂寞與無聊」,「應這樣理解,即『無時無刻的思念』只能在兩個交談者在心靈上都迷戀對方時才會發生」。

塔基亞娜對她的一位最親密的女性友人也說起過她對馬雅可夫斯基的情感:「我的親人不知道我們關係的親密程度。我從來也未曾對任何人說起過我們關係中隱祕的方面」,「我喜歡馬雅可夫斯基作為男人,作為詩人,作為我永遠了解和愛戴的人。」

但是她的這種真情,勃里克是不理解的,因為很多人都相信,她

越是到後來越是一個只想到自己的人，她更多的是對馬雅可夫斯基的利用。

在巴黎的時候，馬雅可夫斯基曾將他《關於愛情的本質從巴黎寫給科斯特羅夫同志的信》寄給莉麗婭，讓她交給雜誌發表。莉麗婭讀過之後，認為是一首優秀的詩篇，沒有在意詩中涉及的感情糾葛，覺得至多不過是馬雅可夫斯基另一次與某個女人的逢場作戲罷了。但當馬雅可夫斯基回到莫斯科，給她朗讀《致塔基亞娜‧雅科夫列娃的信》時，莉麗婭聽到，馬上就吃驚得大叫了一聲：因為這時她從這首詩中感覺到，馬雅可夫斯基已經對她不忠了。她在回憶錄中說：

當他回到莫斯科給我讀那首寫塔基亞娜‧雅科夫列娃的詩時，我哭了。並不是我聽得高興，而是因為他在詩中寫了『在我的歌裡，哪裡有假情假意虛假的愛情？』在某種意義上，他已經對我不忠，當然也已經無情。不過我的情緒很快就會過去了。我的性格是很開朗的。

在正式發表的馬雅可夫斯基的這首詩中，沒有「在我的歌裡，哪裡有虛假的愛情嗎？」這一句。不知是馬雅可夫斯基當時為莉麗婭讀的時候，確有這麼一句，後來被刪去了；還是莉麗婭記憶有錯，或是別的什麼原因，無從得知。只是實際上，莉麗婭的悲傷並沒有「很快過去」，好多天裡她都感到非常懊惱。

1928 年 12 月 26 日，馬雅可夫斯基邀請朋友來他根德里科夫巷弄的住所，聽他朗讀他剛寫出來的劇本《臭蟲》。梅耶荷德聽了之後，坦率而熱情地表示，決定立即上演。隨後，馬雅可夫斯基又在劇院朗讀了一次；在劇院的文藝——政治擴大會議上朗讀了一次，同樣在一片「Ypa」（烏拉——萬歲）的歡呼聲中被接受，雖然也提了一些意見。擴大會議認為，《臭蟲》「無論從思想方面，還是從藝術方面來看，都是蘇聯戲劇史上最意義重大的作品，同意將其列入排演劇目。」可以想像，這段時間，

十三、最後一根稻草——
   維羅妮卡是他最後的愛

馬雅可夫斯基的工作就非常忙碌了。他寫信告訴塔基亞娜說:「我工作得兩眼模糊,背都要斷了。除了寫,我現在每天還要朗讀和彩排。我希望一個月內完成我的工作。然後我會休息一下。當我十分睏倦的時候,我就自言自語說:『塔基亞娜』,又重新像牲口那樣地去啃紙頭。」

彩排《臭蟲》期間,馬雅和梅耶荷德、肖斯塔科維奇在一起

《臭蟲》於 1929 年 2 月 13 日正式演出,觀眾的反應十分熱烈。第二天,還沒有看報刊上的評論,馬雅可夫斯基便急急忙忙回巴黎去見塔基亞娜了。

馬雅可夫斯基這次在巴黎的時間比較長,一直待到 4 月底。他仍舊在繼續勸說塔基亞娜跟他一起回莫斯科去。現在,塔基亞娜的家庭已經勉強認可他們的關係,她和馬雅可夫斯基兩人也可以無需顧忌,一起去法國北部諾曼底海濱的旅遊勝地勒圖凱 —— 巴黎沙灘(LeTouquet-Paris-Plage)遊覽。在那裡,馬雅可夫斯基有幾天時光沉迷於賭場。這段時間,馬雅可夫斯基第一次沒有寫信給莉麗婭,雖然莉麗婭隔週都打電報給她,報告稿費的情況:「錢很快會匯到」(19290227)、「國家出版總局答應即刻匯款」(19290310)等等。他也像往常一樣給她寫了一封信,告

訴她在巴黎的情況,但是沒有發出去。

塔基亞娜還是在猶豫。馬雅可夫斯基仍然想說服她,希望她回莫斯科去和她結婚,她則希望在巴黎結婚,然後兩人可以一起回俄羅斯。只是,僅僅是莫斯科還是巴黎的問題嗎?

前此當馬雅可夫斯基在莫斯科忙於準備《臭蟲》的演出事務時,塔基亞娜就常去看望其他男人。現在,馬雅可夫斯基回來之後,她仍然不能和這些男人保持距離。一次,馬雅可夫斯基在去塔基亞娜家看過她之後,曾告訴愛爾莎,說他瞥見有一個男人在黑洞洞的過道裡等她;他遠遠地窺視她幾分鐘,還見到她和那人在接吻。這讓馬雅可夫斯基感到絕望。後來,塔基亞娜曾向馬雅可夫斯基解釋,試圖安慰他。但馬雅可夫斯基一氣之下,斷然回答說:「不,結束了。一個破了的杯子可以黏合起來,但總歸是破過的。」

馬雅可夫斯基心情很不好,在3月裡離開巴黎,單獨去了一次尼斯作「賭博之旅」。幾天後回到巴黎,和塔基亞娜又仍舊像以前那樣形影不離。他把塔基亞娜介紹給包括作家伊利亞·愛倫堡等他所有的朋友,她也把他介紹給她認識的人。在此期間,塔基亞娜又透過她的事業很成功的叔叔,認識了被譽為「世界低音之王」的俄國歌唱家費多爾·夏里亞賓(Feodor Chaliapin),在巴黎的俄羅斯芭蕾創始人謝爾蓋·達基列夫等名人。

3月20日,莉麗婭發電報給馬雅可夫斯基,說國家出版總局告訴她,本應給他的版稅,由於「外匯匯款遭到拒絕」,所以不可能把錢匯給他了。這就使馬雅可夫斯基意識到,因為沒有錢,他就不能再在巴黎待下去,而非回蘇聯不可。另外,至1929年4月,他的護照也已到期,所有他只好回莫斯科,他相信塔基亞娜答應他的話,同意在10月與她結婚。但是等他回到莫斯科,莉麗婭立即與他發生激烈的爭吵。莉麗婭

十三、最後一根稻草——
維羅妮卡是他最後的愛

說，塔基亞娜永遠不可能來莫斯科，她從來就不同情蘇維埃政府。但是馬雅可夫斯基堅持說，她會在10月和他一起回到蘇聯。莉麗婭大發脾氣，把漂亮的杯子等摔個粉碎。

儘管心中頗感憂鬱，但是受《臭蟲》的成功所鼓舞，馬雅可夫斯基仍然繼續創作，希望急速完成新劇本《澡堂》，賺些錢來，好與塔基亞娜結婚。他既寫信、又打電報給塔基亞娜：「我現在剛剛開始工作：我要把《澡堂》寫出來⋯⋯請不要埋怨我，也不要責備我。我已經感受過太多的不快了──大大小小的不快──因此，妳一定不能生我的氣。」並說：「我不能想像10月（我們確定了的日期）之後沒有妳的生活。9月我就開始預定機票，好讓我能夠飛到妳身邊。」

在馬雅可夫斯基極想回到塔吉婭娜身邊的時候，塔吉婭娜正在外地旅遊。她在7月13日給她媽媽寫信說，她還沒有答應馬雅可夫斯基。她說：「我的生活中有很多戲劇性的事。如果我跟馬雅可夫斯基一起的話，那伊利亞怎麼辦呢，除他之外，還有另外兩個人，都是有影響的人。」她所說的「兩個人」，其中一個是貝特朗・杜普萊斯（Bertrand du Plessix），一位以隨員的身分在法國駐華沙大使館工作的法國子爵。塔吉婭娜後來還回憶說到，當時她曾想到，「我如果同意與他（馬雅可夫斯基）一起回去，他就會強迫跟我結婚，我就不能有別的選擇了。」

塔吉婭娜想的是這樣，馬雅可夫斯基卻一直在渴望與她結婚。他寫信給她：「我非常憂鬱⋯⋯難以想像的憂鬱⋯⋯極端的憂鬱⋯⋯從未有過地渴望妳⋯⋯時時刻刻，近日甚至比往常都時刻渴望妳。」他甚至幽默地求她回俄羅斯去做一個「工程師」，他們可以一起遷徙到蘇聯的某個遙遠地區去。於是，在9月15日《澡堂》的創作一完成，他就積極準備去往巴黎。但是，無疑是因為莉麗婭和奧西普的「契卡」朋友雅科夫・阿格拉諾夫在暗中作梗，10月剛過一個星期，他申請出國護照遭到了拒

絕，不允許他離開蘇聯。當他把這告訴塔吉婭娜後，塔吉婭娜給她媽媽寫信說：「這個冬天他不到巴黎來了」。她後來在回憶錄中承認，當她得知（馬雅可夫斯基）再也不會來了時，她說：「我明白，這一切都應該結束了。」隨後，她就答應嫁給那個一直在向她求婚的杜普萊斯子爵。

　　貝特朗·杜普萊斯子爵和塔吉婭娜·雅科夫列娃的婚禮於12月23日在巴黎舉行，新婚後，他們前往佛羅倫斯、那不勒斯、卡普里度蜜月。塔基亞娜後來談到杜普萊斯時曾說：「我並不愛他，但這也是逃避馬雅可夫斯基的一種方式。」

　　隨著，塔吉婭娜的結婚，馬雅可夫斯基時刻所掛牽的巴黎之約，也就關上了大門。他的心情不難想像。愛爾莎曾經寫到：一次，

　　我們幾個人靜靜地坐在根特里科夫巷弄的吃飯間。沃洛佳在等車。他準備去列寧格勒作幾場講演。他把收拾好的箱子鎖上，放到地板上。這時有人送一封愛爾莎的信進來。我拆開信封，像往常一樣開始大聲念信。信中說了幾件新聞之後，愛爾莎寫到塔吉婭娜·雅科夫列娃……就要跟一位子爵結婚，我想她會在一個教堂裡舉辦婚禮，披一襲潔白的繡橙色花的婚紗，認為她會得意忘形，不讓沃洛佳得知，而造成一椿醜聞，會害了她自己，甚至會使這婚姻破裂。因此，在信的末尾，愛爾莎請我們什麼都不要告訴沃洛佳。但是這信已經唸了。沃洛佳臉色像雷電一樣陰沉。他站起身，說：「那好吧，我得走了。」「你要去哪裡？車子不是還沒有來嗎。」但是他提起箱子，吻了吻我就出去了。司機回來後，他跟我們說，他在華倫佐夫街碰到弗拉迪米爾·弗拉基米羅維奇（馬雅可夫斯基）了，他砰的將箱子扔進車子，把司機大聲訓斥了一頓，這是以前從來沒用過的。後來他就一路沉默無言。他們到達車站後，他對司機說：「我很抱歉，加馬辛同志，不要生我的氣。我心痛呀。」

　　第二天，愛爾莎給馬雅可夫斯基打了電話，說她為他擔心。據說，他引用一句古老的猶太軼事中的話作為回答：「既然這匹馬已經騎過了，

十三、最後一根稻草——
維羅妮卡是他最後的愛

我只好換一匹新的。」並讓愛爾莎相信,她沒有必要為他擔心。

對照愛爾莎的日記,可以認定,她給馬雅可夫斯基打電話的「第二天」,應該是1929年的10月17日。愛爾莎這天的日記寫道:「擔心沃洛佳。早晨打電話給列寧格勒的他。請他不要因塔基亞娜而把子彈射進他的前額 —— 他們在巴黎都很擔心。他說:『告訴那些笨蛋,這匹馬已經騎過了,我會另外換一匹。』晚上我去彼得堡。」

這另外的一匹是誰呢?

從巴黎回來後,馬雅可夫斯基在參賭賽馬時,在場上認識一位年輕的女演員維羅妮卡·波隆斯卡婭(Вероника Полонская)。也有人說是在維羅妮卡工作的劇院認識的。

維羅妮卡·波隆斯卡婭

維羅妮卡·波隆斯卡婭是小劇院和無聲電影的著名演員維多里特·波隆斯基的女兒,平時,人們都歡喜叫她的愛稱「諾拉」。當時,奧西普·

勃里克是國際工人援助會電影製片廠文學劇本部的負責人之一，正帶領一個攝影組，根據莉麗婭撰寫，並協助維塔利·澤姆楚茲內伊導演，拍攝一部半記錄半諷刺西方的影片《玻璃眼睛》，隨機選了漂亮的維羅妮卡·波隆斯卡婭，來扮演影片下半部中的一個可笑的角色——美國電影明星。

波倫斯卡雅在電影《玻璃眼睛》中的扮相

維羅妮卡·波隆斯卡婭雖然生於 1908 年，但與同在莫斯科藝術劇院的演員米哈伊爾·揚申結婚已有四年之久。不過他們的婚姻是不幸福的，兩人大部分時間都各管各生活。

馬雅可夫斯基一見到維羅妮卡，立即便被她漂亮的容貌吸引住，深深地愛上了她，要求她再見面。第二天下午，兩人又見面了。這時，諾拉回憶說：「馬雅可夫斯基留給我的印象與上一天完全不同。他至少不像上一天那樣，情緒激烈，說話大聲，而是難以置信的溫柔和文靜，而且說的也是一些最普通、最容易理解的事。」他們一起散步、聊天，並且立即就互相親切地稱呼「諾拉」和「沃洛佳」了。幾天之後，馬雅可夫斯基邀請諾拉去他盧比揚卡的家。在那裡，他以「他掌握得那麼熟練的深沉有力的聲音」，向她朗誦他的詩。朗誦過後，馬雅可夫斯基就問她：「您

十三、最後一根稻草──
維羅妮卡是他最後的愛

喜歡我的詩嗎,維羅妮卡?」在維羅妮卡做出肯定的表示後,他「突然固執地」去擁抱她。當她表現出反抗的時候,他顯得「極為驚訝,像一個受到傷害的孩子」;他「悶悶不樂,情緒沮喪」,說:「哦,那好吧,請把手給我。不會再發生了,既然妳那麼容易生氣!」不過這也讓她意識到,他可以「成為我生活的一部分」。雖然她曾有過猶豫,原因是她當時對劇院裡的一位叫里尼諾夫的英俊男子發生興趣;而馬雅可夫斯基,她覺得,「對我來說,似乎老了一點。他已經有36歲,而我只有22歲。」但很快,她被他的才華征服了,改變了主意。於是,過了幾天,兩人就第一次同床了。

像別的女人一樣,馬雅可夫斯基的變化無常的情緒,也常常使波隆斯卡姬感到吃驚。她說:「他很會走極端。我未曾見過馬雅可夫斯基有過情緒穩定的時候。他要麼心情愉快,大聲喧鬧,高高興興,難以置信的招人歡喜;或是一直朗誦他的詩,唱他自己以這詩編成的歌;或是就心情極壞,連續幾個小時都一言不發。」

馬雅可夫斯基這種變化無常的情緒,是因為他當時所面對的環境,主要是「拉普」(РАПП)中的一些人對他的歧視。

「拉普」是「俄羅斯無產階級作家聯合會」的簡稱。它是1928年由蘇聯的各個無產階級團體組成,於1929年獲得正式批准,它的綱領是以蘇聯的第一個五年計畫為創作的唯一主題。拉普自命為官方的代表,把非無產階級出身的作家視為異己。他們聲稱要捍衛無產階級文學的戰鬥原則,反對各種非政治傾向,只根據上面委派的任務而寫作呆板的文學作品。他們妄自尊大,獨斷獨行,認為「沒有同路人,不是同盟者就是敵人」;對待「同路人」作家以及不同派別、不同寫作方法的作家採取粗暴的無情打擊的態度。最後,官方在1932年來了一個大轉彎,拉普被取消,另成立一個兼收並蓄的「蘇聯作家協會」。

在「拉普」看來，馬雅可夫斯基，如他們中的有些人所宣稱的，是「脫離了勞動階級的知識分子」，「對於我們的革命來說，他是陌生人」，他的美國組詩「是塗了紅色的惡劣之作」。1928年是蘇聯第一個五年計畫開始的一年，馬雅可夫斯基的詩《致塔基亞娜·雅科夫列娃的信》所表達出來的個人主義浪漫情調，與五年計畫的總方針和布爾什維克的文化政策是相違背的。當科斯特羅夫將這首詩發表在他主持的《青年近衛軍》雜誌1929年第1期上的時候，立即激起馬雅可夫斯基的敵人們的憤怒。馬雅可夫斯基「20年工作」的展覽在1929年底在作家俱樂部舉行，展出他的大約100種著作，以及發表和報導他文學活動的報紙、雜誌、攝影材料，但是沒有一個作家前來捧場。另外，《澡堂》原是馬雅可夫斯基經過五次修改的精心之作，首演時卻遭到來自拉普的猛烈抨擊，報刊上發表了大量負面的評價。

在創作20年展覽會上

　　在這種政治環境之下，馬雅可夫斯基的心境本來就十分憂鬱，整天悶悶不樂。加上得知娜塔莉亞·雅科夫列娃出嫁後，希望與娜塔莉亞結婚的夢想徹底破滅。他是焦躁不已，神經難以放鬆，在許多場合裡都高興不起來。所有這些，對他來說都成了一個打不開的「結」。

十三、最後一根稻草——
　　維羅妮卡是他最後的愛

　　他只有盡力控制自己免於衝動，希望在維羅妮卡·波隆斯卡婭身上尋找愛情，維羅妮卡是他最後的愛，對她的愛和建立家庭的希望，已經成為馬雅可夫斯基的最後一根稻草，只有與維羅妮卡在一起的時候，他才有愉快的心情。

　　夏季裡，馬雅可夫斯基和維羅妮卡的關係確實也更加親密了。

　　7月，馬雅可夫斯基去克里米亞做每年一次的旅遊朗誦，維羅妮卡與藝術劇院的女性友人們也在克里米亞度假。他和諾拉兩人還一起在索溪和霍斯塔待過幾天。但是大約一個星期後，當他們計劃在雅爾塔見面時，維羅妮卡卻覺得自己病了，走不動了。馬雅可夫斯基請求她來他那裡，如果她實在來不了，那麼他去索溪看她。諾拉發了一封電報，回覆說，他們最好在莫斯科相見。她是擔心有關他們的流言蜚語會傳到她丈夫那裡。

　　8月22日，馬雅可夫斯基回國。六天後，在維羅妮卡回莫斯科，他去車站迎接她，手裡拿著兩支玫瑰，而不是他原想送她的一大束。原因是如他向維羅妮卡的母親說的，他不希望讓人看起來像「一個生相思病的中學生」。

　　維羅妮卡不懷疑馬雅可夫斯基的感情，她已經計劃與馬雅可夫斯基共同生活了。雖然他「要求我屬於他」，會「使我幸福」，但有一點讓她感到不快，那就是他怎麼從來沒有談到他們「未來的關係」。後來，在她與馬雅可夫斯基同居之後，由於馬雅可夫斯基對愛的要求過於執著，使她感到萬分懊惱，甚至感到厭煩。她回憶說：

　　我在這時為他懷孕了。做了流產手術。這對我的心理方面很有影響，因為我厭倦了謊言和雙重生活，而那時來醫院探望我的是揚申……又不好撒謊。令人十分受折磨。

在並不很順利的手術之後，我對生活的一切都感到索然無味，主要的是對肉體關係產生了某種厭惡的情緒。弗拉迪米爾·弗拉基米羅維奇（馬雅可夫斯基）對此怎麼也不能遷就。他為我的性冷淡而感到痛苦。因此多次發生爭論，痛苦，累人，愚蠢之極。

　　……而弗拉迪米爾·弗拉基米羅維奇卻認為我的這種冷淡是發狂。他經常固執己見，甚至十分冷酷無情。他神經質地對待所有的人，他好發火，還在瑣碎的小事上挑眼。

　　我越來越人道地愛他，珍惜他，理解他並在他不在時想念他；而當我來到他身邊時，（我們）又開始互相傷害和埋怨。我真想從他身邊逃掉。

　　維羅妮卡與她丈夫的婚姻純粹是一種正規的夫妻關係，他們除了正常、友好之外，就「再也沒有別的什麼」了，也就是談不到愛情什麼的。維羅妮卡說：「揚申把我看成一個小女孩，不關心我的生活或工作，我也沒有融入到他的生活和思想中。」雖然揚申也算不上是一個忠誠於婚姻的人，但是維羅妮卡覺得她與馬雅可夫斯基的這種關係，尤其是在他們兩開始想找一個地方一起共同生活時，是對婚姻的背叛。她深深感到她不能這樣下去，她必須把自己與馬雅可夫斯基的關係，原原本本地對丈夫說明白。

　　馬雅可夫斯基仍然得去開會和演講。但是明顯可以聽出，他的聲音有些緊張，而且他與聽眾之間的交流也顯得比較困難。3月初，他進了莫斯科的一家醫院，醫生檢查過後，認為是神經受損，但似乎更像神經衰弱。他被留院休息一個短時期，然後重新投入工作。朋友們對他的模樣、他憔悴的臉色、他注意力不集中的態度以及深重的壓抑，都感到十分驚奇。「但是，」安妮和塞繆爾·查特斯在《馬雅可夫斯基傳》指出，「沒有一個人完全意識到，他已經是多麼的絕望。」

　　1930年4月11日，馬雅可夫斯基第一次沒有去演講。早上，負責幫

十三、最後一根稻草──
維羅妮卡是他最後的愛

他安排活動的助手帕維爾・拉夫特像往常那樣去根特里科夫巷弄叫他，使他感到很奇怪，因為發現馬雅可夫斯基破例竟不在家。他問了馬雅可夫斯基的家庭女工帕莎，請她轉告今天在莫斯科大學分校有他的演講，帕莎說，馬雅可夫斯基記得演講的事。拉夫特讓帕莎再提醒他一次，並把該去的地址告訴帕莎，讓她轉告馬雅可夫斯基。但是一個小時過去了，馬雅可夫斯基仍然沒有露面，而大批聽眾卻一直在那裡等著。於是，拉夫特就立即駕車去找，先是去盧比揚卡小巷，然後又回到根德里科夫巷弄，見那裡停了幾輛私人的小車。拉夫特下了車，見有一輛雷諾牌車。他讓司機擋在這輛車前頭，看清正是馬雅可夫斯基，維羅妮卡和他一起坐在車裡。馬雅可夫斯基告訴拉夫特，說他一點也不記得有朗誦的事，便砰的關上了車門，開走了。拉夫特只好回到演講大廳，向聽眾解釋，說馬雅可夫斯基病了，朗誦只好延期。

拉夫特離開後，馬雅可夫斯基帶著維羅妮卡讓車子在路上停下，兩人出現過一個「激烈的場面」。

其實，維羅妮卡說，事情的起因是一件「絕對的小事」──幾天前，她對馬雅可夫斯基撒了一次謊。

原來，維羅妮卡因為很厭煩馬雅可夫斯基一次又一次地要她離開她丈夫，於是，她就對他說，她要去進行彩排，實際上是和她丈夫一起去看電影了。發現後，第二天，馬雅可夫斯基把維羅妮卡帶到盧比揚卡小巷，對她說，他不能忍受撒謊，他永遠不會原諒她這件事，他們之間的關係，一切都已經結束。他還把維羅妮卡送給他的戒指和手帕都退還給她，並說，他們常用的兩個酒杯早晨又打碎了一個，「命定就是這樣」。說著，他又把剩下的那個杯子也摔到牆上打碎，還說了許多粗魯的話語。維羅妮卡氣得大哭。這時，馬雅可夫斯基好像有點冷靜了下來，跑

到她跟前，說請她原諒。但是到了第二天，又仍舊是不斷地爭吵和折磨。維羅妮卡回憶說，因為「他對我不公正，真的傷害了我。我們兩個都很煩躁，都不能控制自己。我覺得我們的關係已經走到了極點。我要求他離開我，我們在徹底失望中分手。」

隨後，維羅妮卡抱怨說，馬雅可夫斯基又繼續往劇院打電話給她，查問她在做什麼；他還在劇院外面等，根本不考慮她的處境，也不肯在別人面前隱瞞自己對她的感情。他又往她家裡打電話，一打就是一個鐘頭，有指責，有嫉妒，因為維羅妮卡和丈夫的親屬同住一起，他們很奇怪電話裡到底發生了什麼事，於是維羅妮卡不能多說什麼，只好含含糊糊地應一聲「是」或「不是」。這麼一來，她的一直都很寬容的丈夫對她和馬雅可夫斯基的見面，也開始表現出不滿了，使她，維羅妮卡說，陷入「一連串的事件和多方的指責中」，最後在「徹底失望中分手」。

12日上午十點半，拉夫特又來到根特里科夫巷弄，想和馬雅可夫斯基商量取消演講的事，見他還是躺在床上，床邊的椅子上有一張他原來在寫的紙頭。見拉夫特要跨步走向他時，馬雅可夫斯基把這張紙頭寫了字一面翻了過去朝下，對拉夫特說：「不要走過來，你要拿什麼？」又陰鬱地說：「我不去講演了，我覺得不舒服。明天再打電話給我吧。」拉夫特回憶說：

當時，他正在寫什麼東西。我站在房門口，當我想要走近他時，他沉著臉阻止我過去。「不要靠近我，不然你會被感染的。」我感到很奇怪。他有很多次在我陪伴下外出時也曾患過病，但是從沒有說過這樣的話。後來，我意識到，他是心裡有事。

雖然這樣，馬雅可夫斯基還是仍然去參加了有關作家權益的討論。但一起參加討論的人都看出他的情緒極其不好。中午回到家裡後，馬雅

十三、最後一根稻草——
維羅妮卡是他最後的愛

可夫斯基給諾拉打了電話，當時諾拉正在日場演出。馬雅可夫斯基說，他感到真的很是不好，並非只是此刻不好，而是整天都不好，只有諾拉能夠救他，沒有她，他周圍的東西，桌子上的墨水池、燈、鋼筆和書本都毫無意義；並強調說：只有諾拉才能給它們帶來生機。諾拉聽後，安慰他，叫他冷靜；她向他保證說，她的生活也不能沒有他，並答應她，說等她演出結束後就去看他。突然，馬雅可夫斯基又說：「聽我說，諾拉，我在給政府的信中提到您的名字，因為我把您看成是我的家屬。您不會反對吧，您願意嗎？」諾拉回答說，她不知道他說的是什麼意思，不過她還是向他表示，他要在什麼地方提她的名字就提好了。

在諾拉演出之後與馬雅可夫斯基見面時，馬雅可夫斯基已經精心做好準備，甚至已經擬定好一個與她談話的詳細提綱：

1、若是愛，每次談話都是愉快的

2、若是不愛，最好快些

3、我第一次不為過去的事後悔，如果再發生，我還會這樣做

4、只要知道我們的關係，不會覺得我愚蠢可笑

5、我的不快是

6、並非嫉妒

7、真誠的人性

絕不愚蠢可笑

8、交談我會冷靜的

就是到了十點鐘我們都未能見面

9、去乘電車焦急的電話您不在應該去電影院的地方縱使米哈·（揚申）不在那裡散步也沒有給我電話（原文無逗號）

10、為什麼在窗外交談

11、我不會自殺不會讓藝術劇院這麼舒服

12、會有流言蜚語

13、玩牌是一種辦法如果是我不對

14、乘汽車旅行

15、什麼是必須做的不再談了

16、馬上分手或者了解會發生什麼

維羅妮卡回憶說：當時，「弗拉迪米爾・弗拉基米羅維奇顯得十分可愛。我請她不要擔心，並說我一定會成為他的妻子……不過我必須考慮怎樣以最好、最妥善的方式來處理和揚申的關係。」這樣談過之後，馬雅可夫斯基心中的「結」好像已經解開了。但是維羅妮卡考慮到，他還處在「一種無法預料的病態」之中，還有他那變化無常的性格，便要求他去看醫生，至少也得好好休息幾天。維羅妮卡記得，他當時就這幾天的日子：4月13、14記到筆記本上了。

在送她回家的路上，維羅妮卡說想到要去看朋友列夫・格林克魯格，但是馬雅可夫斯基懷疑她是不是真的去看他。諾拉說：「只要是廖瓦（列夫的愛稱），你13、14日得好好休息，我們彼此不見面。」馬雅可夫斯基接受了這一挑戰。於是兩人下了車，爭先恐後地去往諾拉指定的列夫・格林克魯格的方向，結果見到的確是格林克魯格。格林克魯格注意到馬雅可夫斯基那副著急的神態，便說：「看樣子，您的生活（除了諾拉）好像沒有別的追求了。」馬雅可夫斯基似笑非笑地回答說：「我或許不呢？」

維羅妮卡挑戰勝利了。馬雅可夫斯基答應諾拉，說他願意去看醫生，並且也會休息兩天，還答應這兩天不去找她。

晚上，馬雅可夫斯基給諾拉打電話，兩人作了一次愉快的長談。他告訴她：他現在又在寫東西了，他情緒很好；並說現在他意識到，過去

十三、最後一根稻草——
維羅妮卡是他最後的愛

許多事情都是他的錯,也許他們確是還是暫時不要見面的好。

似乎一切都很順利。但是,後來發生的事是維羅妮卡所沒有預料到的。

十四、「事情已經了結」——
愛的小舟在生活的暗礁上撞碎。

十四、「事情已經了結」——
愛的小舟在生活的暗礁上撞碎。

雖然維羅妮卡和馬雅可夫斯基說好，兩人暫時不要見面，馬雅可夫斯基也表示同意。但是第二天，也就是4月13日，馬雅可夫斯基就打電話給她，要她跟他一起去看賽馬。維羅妮卡回答說，她已經答應揚申和幾個藝術劇院的另外幾個演員一起去活動。維羅妮卡並說，她記得，他曾經答應過，說這兩天是不去找她的。馬雅可夫斯基問她，今晚有什麼活動沒有。維羅妮卡說，原來是計劃去看當時很走紅的作家瓦連京·卡達耶夫的，但還沒有最後決定。到了晚上十點鐘左右，維羅妮卡由她丈夫揚申和演員鮑里斯·里凡諾夫等陪著來到卡塔耶夫家時，出乎他意料之外，出來迎接她的竟是馬雅可夫斯基。馬雅可夫斯基的第一句話就是：「我知道，妳會來這裡的。」他臉色陰沉，而且喝過很多酒。維羅妮卡回憶說，她此前從沒有見到他這副樣子。平日裡，馬雅可夫斯基也每天喝酒，不過只喝淡淡的葡萄酒和香檳，而不喝烈性的伏特加，而且也從不喝醉。

現在，不論是維羅妮卡，還是馬雅可夫斯基，兩人心裡都不舒服，都感到自己受到了傷害：維羅妮卡是因為馬雅可夫斯基答應過她，這兩天互相不見面，此刻卻來到她跟前；馬雅可夫斯基是因為維羅妮卡在電話中沒有肯定告訴他說要去看卡達耶夫，而現在卻來了，覺得她是在騙他。兩人在氣頭上，說話的聲音都很大，以致不僅是揚申，連其他的客人也都聽到了。兩人都越來越生氣。突然，馬雅可夫斯基叫了一聲：「我的上帝！」使維羅妮卡嚇了一跳，奇怪馬雅可夫斯基的口裡怎麼會說出這麼個詞來，便問他說，他是不是真的相信上帝。馬雅可夫斯基回答說：「哦，這些天，我自己也不知道我相信什麼！」過了一會兒之後，為避免引起眾人的注意，馬雅可夫斯基掏出一本精緻的筆記本，在上面寫了幾個字，撕下一頁，讓在座的畫家弗拉迪米爾·羅斯金交給坐在他旁邊的維羅妮卡。

兩人如此往返寫了幾張紙條之後，馬雅可夫斯基便立起身來，走到隔壁的一個房間裡去。卡達耶夫妻子害怕會出事。但是卡達耶夫說：「別擔心，馬雅可夫斯基不會自殺。這些現代的情人都是不會自殺的。」維羅妮卡還是跟了過去，見馬雅可夫斯基正坐在扶手椅上喝香檳。而當維羅妮卡在他旁邊的椅臂上坐下，伸手去摸他的頭，看他是否身體不適時，馬雅可夫斯基厭煩地說：「快把妳的腿縮回去。」他還威脅說，要當著大家的面把他們的關係跟揚申講。維羅妮卡後來回憶他和馬雅可夫斯基最後的這次相處時說：

他非常粗暴，盡可能地侮辱我。但是我不因他的粗魯和侮辱而覺得受到羞辱，因為我理解，在我面前的是一個不幸的病得很重的人，他任何時候都可能說出最荒唐的話語，做出不該做的醜事，使他在人們面前得不到尊重，陷入愚蠢境地……我愛他，並溫柔地對待他，請求他冷靜。但是我的溫柔反而使他惱火，使他生氣和暴怒。

他掏出一把左輪手槍，宣稱要自殺，並威脅還要殺我，將槍口對準我。我意識到，我的存在只會使他神經更加糟糕，我決定不在這裡待下去了……

到清晨快兩點半時，客人們開始離開。在過道上，馬雅可夫斯基突然又友好地看了維羅妮卡一眼，說：「諾科契卡，摸摸我的頭。您很好，真的，很好……」馬雅可夫斯基和維羅妮卡是一起走的，有時走在眾人跟前，有時走在他們的後面。走著走著，他又陰沉著臉，威脅說要把事情全都向揚申抖落出來，他喊了揚申好幾次，但當揚申問他有什麼事時，他又回答，說「下次再說。」

就在這個時候，維羅妮卡突然大叫一聲，癱倒在地上。她跪到馬雅可夫斯基跟前，請求他什麼也不要說。他也表示同意，但有一個條件，就是要維羅妮卡答應，明天早上，也就是當天早上跟他見面。只是維羅

十四、「事情已經了結」──
愛的小舟在生活的暗礁上撞碎。

妮卡覺得，這個條件她辦不到，因為十點半鐘，導演弗拉迪米爾·涅米洛維奇·丹欽科要彩排。最後，兩人一致同意，讓馬雅可夫斯基在八點鐘去找她。到達維羅妮卡的家門口兩人分別時，馬雅可夫斯基跟揚申說：明天他有重要事情跟他說。

4月14日星期一。這是一個不常有的陽光明媚的春日，也是復活節的第一天。早上九點十五分，馬雅可夫斯基打電話給維羅妮卡，說他來接她了，出租車正在等著，他的司機這天休息。維羅妮卡來到門前，見他是一副筋疲力盡的樣子，也不奇怪，因為他只睡了幾個小時，而且身上全是酒精的氣味。「看，陽光多好，」她說，問他是不是還在想「昨天的糊塗念頭」。他回答說，他可不在乎什麼陽光，但「我也不再有糊塗念頭了」，「我已經意識到，為了我的母親，我不會做那件事，她是我唯一在乎的人。等到了我家，我們一切都可以談。」

十點，或者稍差幾分鐘，他們到達沃多庇雅內弄堂。維羅妮卡又向他解釋，說十點半她有一場重要的彩排，這是她第一次扮演一個重要重要角色，她不能不到。馬雅可夫斯基請計程車司機等著，他們上他房間去。「別又是這個劇院！」馬雅可夫斯基一下子發火了。「我恨它，讓它見鬼去吧！我再也不能忍受了。我不讓你去彩排，甚至不讓你離開這房間！」他過去將房門鎖了起來，把鑰匙放進衣袋，他是那麼的激動，又過於緊張，竟未能留意他沒有脫下外衣和帽子。維羅妮卡在長沙發上坐了下來，馬雅可夫斯基一下子蹲到她旁邊的地板上，失聲痛哭。維羅妮卡幫他脫下外衣和帽子，摸摸他的頭，試圖讓他平靜下來。

過了一會兒，有人敲門。是國家出版總局的一名送信的，帶來一卷《蘇維埃百科全書》。馬雅可夫斯基讓他交給隔壁房間的那個女人，他已將書款交給這女人，以防書送來時他不在家。送書的走了後，他又把房門重新鎖了起來。他緊張到了極點，心理狀態從一個極端轉到另一個極

端。「弗拉迪米爾‧弗拉基米羅維奇差不多跑著，在房間裡快步走來走去，」維羅妮卡回憶說：

他要求我和她一起待在那個房間裡，不向揚申做什麼解釋。他說，等有一套公寓是愚蠢的，我該馬上離開劇院，今天也不要去彩排了，他會親自去劇院，跟他們說我不回去了。劇院不會因為沒有我而垮臺。他還會親自跟揚申談，他永遠不會讓我再去他那裡了。他會把我鎖在這個房間裡，自己去劇院，然後把我在這裡生活所需要的每樣東西都買來。我會有我在家裡每件東西。我不必害怕離開劇院。他對我的態度就是要我立刻忘掉劇院。他會把他所有的時間，從最重要的方面，到我長筒絲襪上的皺褶，都奉獻給我的生活。我不應因為我們年齡上的差別而嫌棄他，他畢竟充溢青春活力。昨天發生的事令人厭惡，他已經意識到了。不過再也不會發生了。今天我們兩都很粗野，表現得很傻、很丟臉。他這麼粗魯真是不能原諒，今天他為此鄙視他自己。不過我們不應該再去考慮這些事了。不錯，就像什麼都沒有發生過。他已經將筆記本上昨天交談過的那幾頁都毀掉了。

維羅妮卡回答說，她愛他，但是她不能不跟揚申談清楚就待在這裡，她也不能離開劇院。他不明白，這會在她的生活中造成一個無法填補的空白嗎？而且，第一個感到受影響的就是他。不，她不能不去彩排，然後她去家裡，把一切都跟揚申說清楚，今晚她會到來，和馬雅可夫斯基永遠在一起。但是馬雅可夫斯基不同意，她堅持說，這一切要麼全都立刻就做，要麼全都不做。當維羅妮卡重複，說她不能像他所希望這麼做時，於是就有這樣的對話了：

「那麼，妳一定要去彩排？」他問。

「是的，我要去。」

「妳還要去跟揚申見面？」

十四、「事情已經了結」──
愛的小舟在生活的暗礁上撞碎。

「是的。」

「非常好！這樣的話，妳現在就可以走了，馬上走！」

我說，現在離彩排還早，我過二十分鐘走。

「不，不，現在就走。」

「不過我今天還可以來看您嗎？」我要求說。

「我不知道。」

「不過你至少能在今天五點鐘左右打電話給我嗎？」

「好的，好的，好的。」

隨後，馬雅可夫斯基快步走到桌子前。維羅妮卡只聽到紙張的聲音，但沒有看到他在做什麼，因為他的身體被桌子擋住，看不見。後來，他打開桌子的抽屜，又砰的一聲關上，轉過身子在房間轉了一圈。

「您就不願意來看我了嗎？」我問他說。

他走到我跟前，吻了吻我，說得非常溫和，極富柔情：

「不，我的女孩，妳自己走吧……不要擔心我……」

他微微一笑，並說：

「我會打電話的。妳有付計程車的錢嗎？」

「沒有。」

他給了我 20 盧布。

「那麼你會打電話嗎？」

「是的，是的。」

聽到他答應之後，維羅妮卡就離開房間。她剛走到房門的另一邊，就聽到一聲槍響。她大叫了一聲，急忙回到房裡。馬雅可夫斯基躺在地上，頭對著房門，一支毛瑟槍就在他的身旁。「您做出什麼事呀？您做出什麼事呀？」維羅妮卡高聲喊叫，但沒有得到任何回答。馬雅可夫斯

基眼睛叮著她看，試圖抬起頭來，他似乎想要說什麼。但是，維羅妮卡回憶，「他的眼睛已經凝固不動了。」隨後他的頭也垂下來了，時間正是十點十五分。

維羅妮卡大步出了房間，喊叫救命——「馬雅可夫斯基自殺了！」在家裡聽到槍聲但不知發生什麼事的鄰居們，迅速跑出房門，來到馬雅可夫斯基的房間和維羅妮卡一起。

其中一個叫克里夫佐夫的電氣技師立即打電話叫救護車。在回答警察的問話時，克里夫佐夫說：「馬雅可夫斯基躺在地上，槍傷在胸部，」當時「波隆斯卡婭正站在門檻上，淚如雨下高喊救命。」另一個鄰居催促諾拉下樓到院子裡去接待救護車，救護車到達後，醫生們確認馬雅可夫斯基已經死亡，只是據鄰居尤里·巴爾申的兒子說，馬雅可夫斯基在開槍自殺之後，還活了大約五分鐘。

維羅妮卡後來告訴警察說，在她確認馬雅可夫斯基已經死亡，她自己也感到「很是不適」之後，她離開公寓，乘計程車去往劇院，乘的是她和馬雅可夫斯基來時乘過的同一輛車。自然，不可能參加彩排了，她只是在劇院內的庭院裡走來走去等待揚申。在揚申十一點鐘到來時，她將發生的事告訴了他，並打電話給她母親，請她和她一起回家。但警方找到她，要她回盧比揚卡小巷接受問話。

在調查組領導人伊凡·索爾佐夫問詢時，維羅妮卡堅持說她「（與馬雅可夫斯基）沒有性關係，雖然他曾堅持，但我不願意。」她還宣稱，她曾向他解釋，說「我不愛他，我不想與他一起生活，我也不想離開我的丈夫。」當問到，她認為馬雅可夫斯基自殺的動機是什麼時，她說，這個她「不知道」，但她猜想，「主要的原因」是她「拒絕回報他的感情，還有《澡堂》的慘敗和他脆弱的精神狀態。」

十四、「事情已經了結」——
愛的小舟在生活的暗礁上撞碎。

維羅妮卡的這段陳述，根本與她後來在回憶錄中所說的不同。最簡單也是最可信的解釋就是在警方問訊時，諾拉因顧忌揚申而撒了謊。但據同時代人的已經得到證實的資料所說，諾拉當時曾告訴主要問訊人，說她已經和馬雅可夫斯基生活在一起，但要求在聞訊的謄抄本中刪去這段話。而她的回憶錄是她在 8 年之後和揚申離婚很久之後寫的，已經不需要如此謹慎，何況她寫這回憶錄也不是為了出版，因此她才說了實情。

帕維爾·拉夫特在救護車來了之後很快就到達了。一天前，他和馬雅可夫斯基已經約定，兩人 11 點鐘在根德里科夫巷弄碰頭。但是在他到達時，震驚不已的家庭女工帕莎告訴他，說馬雅可夫斯基已經在盧比揚卡小巷的房間裡自殺，他立即招計程車到了那裡。進入室內，見馬雅可夫斯基半睜著眼，直挺挺地躺在地上。他探探他的額角，仍然還是溫的。他抓起馬雅可夫斯基桌子上的電話機，打電話給共產黨中央委員會、蘇維埃作家協會和馬雅可夫斯基的妹妹柳達米拉。打電話的時候，他看到維羅妮卡正透過門口，由藝術劇院導演的助手陪著，躓躓跟跟地走向正在隔壁房間等她的主要調查人員。

「全莫斯科」都聽說馬雅可夫斯基自殺的消息了。起初，許多人都相信這是愚人節的笑話，因為 4 月 14 日那天正好是當時教會仍在奉行的俄羅斯舊曆 4 月 1 日。

很快，安全部門的代表們就來到現場。「格伯烏」（蘇聯俄羅斯祕密警察）總部就在街的對面。他們的迅速到達不只是因為地理位置靠近，還因為馬雅可夫斯基的死被認為是全國都關心的一件大事。不只是部裡的警員急忙趕來，高層人物也都來查看了。

在阿格拉莫夫身旁的，是反間諜行動組的官員謝明·根金，以及組

裡的兩個小頭目阿里耶夫斯基和雷勃金。雅科夫・索洛維奇・阿格拉諾夫(1893-1938)於 1919 年 5 月入「格伯烏」，1920 任特別處副處長，負責對西線紅軍的監查肅反工作；1921 年 1 月起任特別處第 16 特別組組長，4 月 28 日調任政治組重案專員。1922 年，他直接受命於列寧和捷爾任斯基，擬定了一份應被驅逐的俄國知識分子的名單，11 月開始，負責對反蘇知識分子的驅逐工作。1923 年 2 月，阿格拉諾夫調任祕密政治處重案專員，隨後任國家政治保衛總局保密處副處長，1929 年升為正處長。

此刻，阿里耶夫斯基和雷勃金看了馬雅可夫斯基的信件，然後將它放進抽屜裡封好。毛瑟槍則被根金沒收，這名官員還點了他的現金，共 2,500 盧布。稍稍做過醫學檢查之後，馬雅可夫斯基的遺體被抬到長沙發上拍照。

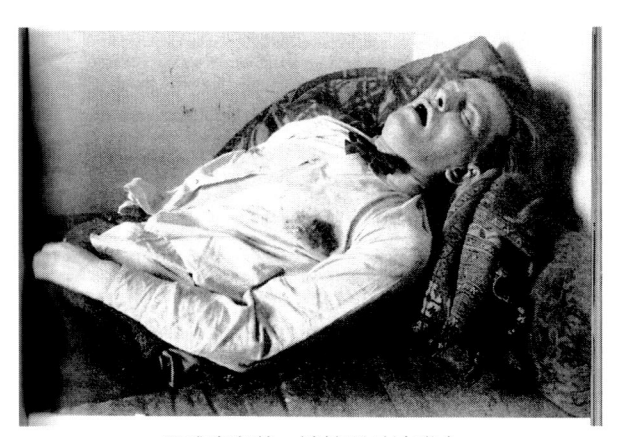

馬雅自殺後，被抬到長沙發上

在打電話請示負責國外間諜活動的「格伯烏」副主任斯丹尼斯拉夫・梅辛格之後，阿格拉諾夫下令將屍體放置到根特里科夫巷弄。馬雅可夫斯基的傳記由格伯烏控制編寫，最高當局該全國報紙的官員下令，所有有關自殺的新聞都得由中央的「羅斯塔」(POCTA)新聞社統一釋出。列寧格勒一家晚報因在「羅斯塔」統一釋出前刊登了，結果被取締。

十四、「事情已經了結」——
愛的小舟在生活的暗礁上撞碎。

在根特里科夫巷弄，給馬雅可夫斯基穿上一件淡藍色的開領襯衫，下半身蓋了一條厚毯子。人們對馬雅可夫斯基的死都深感震驚。什克洛夫斯基淚流滿面，帕斯捷爾納克和大家擁抱，哭得無法控制。基爾薩諾夫來時，先是直接進了馬雅可夫斯基的房間，然後又哭著急急匆匆地出來。馬雅可夫斯基的母親沉浸在無言的悲痛之中，大姐柳達米拉俯身吻她的弟弟，眼淚滴在他的臉上。他的妹妹奧爾迦是一個人來的，據帕斯捷爾納克回憶，她「人還沒有到，哭聲已經飄進室內」：

她獨自上樓時，已在大聲跟某人說話了，很明顯，她是在跟她弟弟說。後來她走過每個人的身邊，好像他們都是垃圾，等她到達她弟弟的門口，她舉起兩手，然後放了下來。

「瓦洛佳！」她大聲喊道，聲音穿越整座房子。過了一會兒。「他不會說話！」她說的聲音更大了。「他什麼都不會說。他不會回答。瓦洛佳！瓦洛佳！多可怕呀！」

她就要昏倒了。他們立刻抱住她，迅速設法帶她離開。但是當她一心想要走向屍體、急於重新打開她這無法滿足的對話時，她就很難恢復常態，蹲到了地上。

第二天，4月15日起，馬雅可夫斯基的遺體被轉到作家俱樂部，葬禮安排在4月17日舉行，並將這個日期告知莉麗婭和奧西普，讓他們回莫斯科。

此刻，這對夫婦全天都在荷蘭阿姆斯特丹遊覽，剛給馬雅可夫斯基發了一封收信人永遠不會收到的的明信片，信面上的「荷蘭花田」(Hollandse bloemenvelden)的景色，就像信中所描述的：

瓦洛西克！

這裡的花開得美豔極了！競向開放的鬱金香、風信子和水仙花，一簇簇，一叢叢 —— 就像一張張真正的地毯……

吻你們的小臉蛋。

莉麗婭、奧夏（兩隻小貓）

他們原來想去看的鑽石工場正好關門，後來遇到幾個從猶太會堂出來戴黑色帽子、手拿祈禱書的哈西德教派的猶太人（Hassidic Jews）。他們對一座具有瑞士著名建築師勒科比西埃（Le Corbusier）風格的建築物，還有無數的香菸和菸斗店感到極大的興趣。莉麗婭在這天的日記裡說：「我們買了一支手杖和一個菸盒給瓦洛佳。現在我們要去柏林了。」奧西普回憶說：「4月15日，像往日一樣，我們到達庫爾弗斯滕斯大街（Kurfürstenstraße）的庫爾弗斯滕斯大飯店，我們受到女老闆和小狗施內德的熱烈歡迎。保全交給我們幾封信和一份莫斯科發來的電報。『瓦洛佳發的』，我想，沒有拆開便塞在衣袋裡。我們乘電梯來到我們的房間，取出電報，但是在以後才裁開。」電報是格林格魯克和阿格拉諾夫簽發的，他們讀到的報文是：「馬雅可夫斯基今晨自殺。」

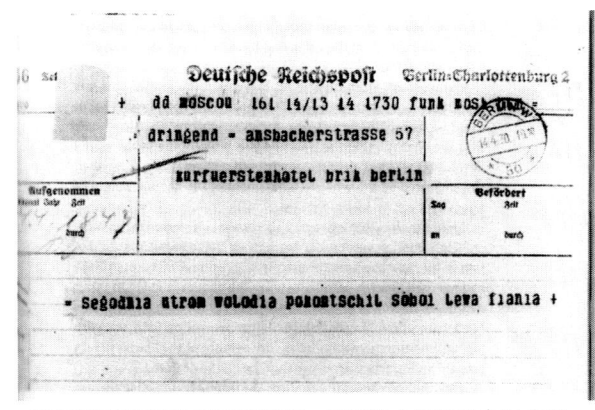

告知莉麗婭和勃里克的電報：「馬雅可夫斯基今晨自殺」

「大使館已經得知一切，」奧西普繼續回憶，「他們立即為我們辦理必要的簽證，於是，我們當晚就回莫斯科。」

馬雅可夫斯基一死，就開始準備撰寫他的傳記。阿格拉諾夫明確指

十四、「事情已經了結」──
愛的小舟在生活的暗礁上撞碎。

示，這項工作要在政府領導下，由格林格魯克主持進行。下午三十分，雕塑家尼古拉·德尼索夫斯基為他的做了臉模。更有悖於馬雅可夫斯基隱私的是，在馬雅可夫斯基死後一個半小時，「大腦研究所」的領導者和他的同事們取出了他的大腦。這個研究所為發現天才大腦的物質基礎，曾在1928年研究過包括列寧在內的天才人物的大腦。現在，手術時在場的藝術家尼古拉·傑尼索夫斯基回憶說：「他們切開顱骨說這是真正的大腦。」它重達1,700克，一般正常人的大腦都只是在1,300-1,400克之間，比天才列寧的大腦超出360克。可能是油膏用得不夠，使馬雅可夫斯基右臉頰上的皮膚受了點損傷，影響臉模沒有做好，需得另外再做一個臉模。因此直到午夜，才將馬雅可夫斯基的遺體轉到作家俱樂部，計劃在那裡舉行葬禮。

馬雅可夫斯基的死訊傳遍全國各地。15、16、17三天，大約有十五萬人從各地前來這裡弔念。一個革命詩人在第一個五年計畫期間自殺，還有另一位詩人謝爾蓋·葉賽寧也在五年前上吊自殺，使當局處於十分尷尬的境地。對馬雅可夫斯基自殺的動機，引起人們的普遍猜忌。一般的解釋，他的自殺是個人的原因：「馬雅可夫斯基因一個女人而自殺。」這樣成為官方的解釋。蘇共機關報《真理報》4月15日就這樣公布的：

昨天，4月14日上午10時15分，詩人弗拉迪米爾·馬雅可夫斯基在他的書房（盧比揚小巷3號）自殺。調查組組長舒爾卓夫同志告訴我報的工作人員，初期的調查表明，自殺的動機純粹是由於個人的原因，與詩人的社會和文學活動完全無關。自殺前，詩人長期患病，從未真正獲得康復。

「長期患病」是指馬雅可夫斯基患流行性感冒，以及由高爾基和楚科夫斯基從1918年以來就散布出來的有關梅毒的流言。

雖然當局樂於見到把馬雅可夫斯基的自殺看成是私人的原因，但是很少有人同意把這位偉大的革命詩人與梅毒這種可恥的疾病關聯在一起。為了預防流言進一步擴散，決定對馬雅可夫斯基進行屍體解剖。於4月16日至17日完成的屍檢，證明有關梅毒的傳言沒有根據。但是仍舊不能防止高爾基發表在報上的一篇文章中說的，馬雅可夫斯基感到他患有「無法治癒的疾病」，是一種「損傷人的尊嚴」、使人去自殺的病。

否認馬雅可夫斯基的自殺「與詩人的社會和文學活動完全無關」也許是最為非馬克思主義的。因此，當阿格拉諾夫看到他的遺書時，便立即把它扣了下來。當天，他就把它讀給馬雅可夫斯基的幾位朋友聽。4月15日的《真理報》和其他幾家報紙就透過發表死者的「絕命書」《致所有的人》，來表明他的死是出於個人的原因：

致所有的人

關於我的死別賴給任何人，也請別造謠生事。死者最不喜歡這一套。

媽媽，二位姐姐和同志們，原諒我吧 —— 這不是個辦法（我不勸別人這樣做），但我沒有出路。

莉麗婭，愛我吧。

政府同志，我的家屬 —— 就是莉麗婭‧勃里克、媽媽、二位姐姐和維羅妮卡‧維陀爾多芙娜‧波隆斯卡婭。

你如果能為他們解決生活問題 —— 就謝謝了。

已經開始的詩篇，請交給勃里克夫婦，他們會辨認出來。

正如人們所說 ——

「事情已經了結。」

愛的小舟

十四、「事情已經了結」——
　　　愛的小舟在生活的暗礁上撞碎。

　　在生活的暗礁上撞碎。

　　我跟生命已交割清楚，

　　何必再提

　　彼此的痛苦、

　　不幸

　　和怨懟。

　　祝你們幸福。

弗拉迪米爾・馬雅可夫斯基

12 ／ Ⅳ —— 30 年。

瓦普同志們，不要以為我膽怯。

實在說，—— 沒有辦法。

敬禮。

告訴葉爾米洛夫，可惜 —— 把標語拿掉了，應當對罵到底。

弗・馬

我抽屜裡有兩千盧布 —— 請拿去交稅。

其餘的到國家出版局去領。

弗・馬

馬雅可夫斯基的遺書

誰都知道，馬雅可夫斯基遺書所謂的「別賴給任何人」，是許多自殺者的常用的說法，當不得真。但這正可以讓當局藉此來開脫。因此，在同一天的《真理報》上，不僅有馬雅可夫斯基的作家朋友，還有阿格拉諾夫等三個「格伯烏」成員都這樣看：「在我們這些熟悉和熱愛他的人看來，馬雅可夫斯基和自殺是兩件無法統一的事。如果一般來說，自殺在我們的圈子裡永遠都是沒有正當理由的，那麼我們就不應把憤怒和責備加到馬雅可夫斯基身上。」

莉麗婭和奧西普勃里克從柏林開出的火車，於4月16日傍晚六點，到達白俄羅斯和波蘭中間涅戈勒洛耶站。馬雅可夫斯基出國時曾多次經過這個站頭。這時，瓦西里·卡達尼揚就在這裡迎接他們。卡達尼揚和馬雅可夫斯基同是「列夫」的成員，現在得到特許來這邊境「已故的馬雅可夫斯基的家屬」。

要不是阿格拉諾夫的電報和柏林報紙上的一些消息，莉麗婭和奧西普不會知道發生過什麼事情。他們也沒有想到馬雅可夫斯基留下一份遺書。卡塔尼揚把他所知道的一切都告訴了他們，還憑記憶引述了遺書中

281

十四、「事情已經了結」——
愛的小舟在生活的暗礁上撞碎。

的話。在明斯克火車站,他們才拿出15日全文刊載這遺書的《真理報》。

當他們第二天早上到達莫斯科時,在車站碰到許多朋友。朋友回憶說,和以前相比,最近幾天以來,莉麗婭模樣已經大變。

他們直接來到作家俱樂部。此地原是費多爾·索洛古勃伯爵的府邸,拍攝電影《戰爭與和平》時,曾經以它作為伊利亞·安德烈耶維奇·羅斯托夫伯爵的宅第。幾個月前,馬雅可夫斯基曾在這裡朗誦過他的《放開喉嚨歌唱》。此刻,在聚光燈下,他躺在鮮花裝飾的棺材裡。他的曾經發出洪亮聲音的嘴唇呈青紫色,他的頭髮,因做過臉模的關係,留下的已經很少了。

馬雅躺在莫斯科作家協會:前右起是馬雅的母親、莉麗婭、奧西普

莉麗婭的到來,使絕望中的馬雅可夫斯基的二姐奧莉亞情緒大爆發。她一下子跪倒在地,大聲哭叫:「今天在新的人兒腳前拜倒在地!／被染飾成／火紅色的人兒,／我歌唱你。(《脊椎橫笛》)」馬雅可夫斯基的母親比較鎮靜,只是簡單地對莉麗婭說了一句:「如果妳在這裡,這種事就不會發生了。」這天,奧西普、莉麗婭和克拉斯諾雪克的女兒盧埃

拉大部分時間都待在那裡。莉麗婭時不時就去吻馬雅可夫斯基的前額，還讓盧埃拉也這樣做：「去吻一吻瓦洛佳，親愛的。」

在馬雅可夫斯基的屍體擱置在作家俱樂部大廳裡的三天時間裡，數以千計的人從他的由市民和士兵護衛著的棺材旁經過，瞻仰他的遺容。莉麗婭和奧西普，還有盧埃拉、帕斯捷爾納克、阿塞耶夫、特列嘉柯夫、卡敏斯基、卡塔尼揚和盧那察爾斯基，還有「拉普」中的馬雅可夫斯基的同事們也都參加護衛。

馬雅可夫斯基的葬禮4月17日下午3時在作家俱樂部的院子裡舉行。4月21日出版的《文學報》作了這樣的報導：

沃羅夫斯基街道被封鎖了。人群間的衝撞，騎警很難控制。俱樂部的院子裡擠滿了人。所有建築物的窗戶上、屋簷上、房頂上全是人。數十架照相機升到頭頂上拍攝。

「每個聽說馬雅可夫斯基死訊的人起初怎麼都不能相信此事，」阿・瓦・盧那察爾斯基說，「馬雅可夫斯基是熱烈燃燒著的生命。更重要的是，在他成為最偉大的社會運動的喉舌，他在為數百萬人的命運發言時，就是這熱烈燃燒著的生命。他倒下了……但是富有社會責任感的馬雅可夫斯基，革命代言人的馬雅可夫斯基並沒有被擊敗，誰也不能擊敗他，他以紀念碑式的完整性站立在我們面前。您聽他的歌聲，你找不出任何一點謊言，任何一點懷疑，任何一點猶豫。幾乎在死亡之前，他也在「放開喉嚨歌唱」，宣稱要忠誠於他把自己的生命和偉大的天才奉獻給它的宏偉事業。馬雅可夫斯基——我們的馬雅可夫斯基是一位無產階級詩人。馬雅可夫斯基是我們正在建設、正在為之奮鬥的未來的詩人。我們不會讓戰士馬雅科夫斯基的形象黯然失色。為了他的榮譽，還會有許多人歌唱……他為自己豎立起了一座在世界文學史上如此閃閃發光、如此不同尋常的非人造的紀念碑，使我們此刻在他的墓前不僅會低頭，還會在心中喜悅得發抖。」

十四、「事情已經了結」──
愛的小舟在生活的暗礁上撞碎。

作家協會的康·費定說:「馬雅可夫斯基在我們及他的同時代人中間占用很高的地位。馬雅可夫斯基曾經是、現在仍然是我們的導師。他指出,如何才可能將『兩把劍』,為繁榮文學而鬥爭的劍和為人類最崇高理想的勝利而鬥爭的劍完善地結合起來。蘇維埃的作家們現在無法表達充溢在他們心中的情感。他們只有向這位時代最偉大的詩人致敬。」

在葬禮上,謝·基爾沙諾夫朗誦了馬雅可夫斯基的近作《放開喉嚨歌唱》。

披著紅色和黑色幔布的棺槨從俱樂部內出來,慢慢搖晃著,在光光的腦袋的海洋上方,漂浮到大門前。在索羅古勃大廈的大門後,棺槨被抬到一輛重型汽車上。在鋼鐵製作的平臺上,靈柩旁,是氣錘、飛輪和螺絲製成的花圈,上面的題詞是:「以鋼鐵製作的花圈獻給鋼鐵般的詩人」。

卡車開走了,跟隨它後面的是成千上萬望不到邊湧向阿爾巴特廣場的人群。只見全部路徑都擠滿了密集的人,有些是沿著平行的街道和小巷行走的。

晚7點左右,火葬場密集的人群中響起了《國際歌》。場面莊嚴肅穆,數以千計的勞動群眾,懷著布爾什維克的莊嚴肅穆,跟隨棺槨穿過全城來到這裡。在工人的戰鬥的歌聲中,馬雅可夫斯基的遺體被火化。

馬雅可夫斯基的一生已經落下了帷幕,把他曾經愛過的女人留在世上。

莉麗婭·勃里克,與奧西普離婚後,於1930年和維塔利·普里馬科夫將軍結婚。普里馬科夫是一位老布爾什維克,紅色哥薩克軍團的指揮官。因為涉嫌與莫斯科審判案中的「托洛斯基反蘇軍事組織」有關,在1936年被捕,1937年被處死。20年後,這一指控被撤銷。

1935年11月24日,莉麗婭·勃里克給約瑟夫·史達林寫信,聲稱

馬雅可夫斯基的詩的遺產被忽視了，他在社會上受到了冷落，說明我們「並不理解馬雅可夫斯基的巨大意義——他的鼓動作用、他的革命的迫切性，並對共青團員和蘇聯青年對他的特殊興趣估計不足。」

史達林看了他的信後作了批示，交黨中央幹部部部長尼古拉·葉若夫處理，批示中對詩人有一句一直被引用的評價：「馬雅可夫斯基過去是現在仍然是我們蘇維埃時代最優秀的、最有才華的詩人。對他的紀念、對他的作品採取漠不關心的態度是一種罪行。」

1938年，莉麗婭·勃里克再次與作家瓦西里·卡達尼揚結婚。卡達尼揚後來成為研究馬雅可夫斯基的專家，以他所編著的《馬雅可夫斯基年譜》而著名。他和莉麗婭共同生活了40年，直至她去世。

1978年8月4日，莉麗婭·勃里克因身患絕症而自殺，留下一些雕塑和文字著作，包括她和馬雅可夫斯基之間相處的回憶。

塔吉婭娜·雅科夫列娃與貝特朗·杜普萊斯子爵結婚後，在1930年生了一個女兒弗朗欣。幾年後，她與子爵離婚，再嫁一位俄籍猶太人的後裔，藝術家和時尚插圖畫家阿歷克斯·利伯曼。1941年，他們逃亡到了美國。在美國，她見到了分別多年的父親。後來，塔基亞娜在紐約著名的薩克斯第五大道精品百貨店取得女帽製造商的名號，利伯曼任《時尚》雜誌藝術編輯。史達林死後，塔基亞娜將馬雅可夫斯基獻給她的詩《致塔基亞娜·雅科夫列娃的信》和信件交給羅曼·雅各布森，雅各布森於1956年將它們發表在一家俄國流亡的猶太人雜誌上。1960至1970年代，塔基亞娜在紐約72街東她家裡辦起類似莉麗婭·勃里克在莫斯科辦的沙龍，常進她沙龍的俄羅斯人包括芭蕾舞巨星米哈伊爾·巴裡什尼科夫和她十分喜愛其詩作的詩人約瑟夫·布羅斯基。塔吉婭娜·雅科夫列娃於1991年去世。

十四、「事情已經了結」——
愛的小舟在生活的暗礁上撞碎。

在數以千計的人護送馬雅可夫斯基的棺材去火化的人群中，沒有維羅妮卡·波隆斯卡婭。維羅妮卡之所以避開，並不是她的自願，而是受到莉麗婭的壓力。這天，莉麗婭說她是一個「市儈」，她到場會產生出「不必要的事件」，「不要因妳的在場毒化全家與瓦洛佳最後的告別。」

雖然馬雅可夫斯基遺書中把維羅妮卡·波隆斯卡婭看成是他家屬的一員，但是人民委員會在多次研究給與馬雅可夫斯基家屬撫卹金的問題時，都沒有她。部分原因可能是馬雅可夫斯基的母親和姐妹認為她是馬雅可夫斯基自殺的唯一原因，部分是莉麗婭·勃里克根據政府的旨意勸她放棄這個權利。

維羅妮卡繼續在莫斯科劇院作一名演員，並與揚申離了婚，最後在葉爾米洛娃劇院退休，於1994年去世。她作為女演員，一生中沒有大的成就。她在1938年寫了一部回憶錄，聲稱直到1980年代才得以出版，她在回憶錄聲稱：「我過去愛過馬雅可夫斯基，他也愛過我。我任何時候都不會否認這一點」。

斯人已逝，一切都「已經了結」。只有馬雅可夫斯基的詩作，在蘇俄文學的歷史和世界詩歌史上，仍在為人們所注意。在他2013年120週年時，獨立機構列瓦達中心的民調顯示，馬雅可夫斯基在20世紀最受喜愛的詩人排行榜上排名第二。研究馬雅可夫斯基的熱情，在一度低落之後，近年又得到迅速上升。

後記

　　馬雅可夫斯基的聲譽特大，因為史達林稱他是「蘇維埃最有才華的詩人」，所以他的階梯式的詩，是我們最熱衷於閱讀和背誦的作品，儘管不理解他怎麼會自殺，也相信他是一個異常優秀的革命詩人。

　　1980年，在圖書館見到有一冊美國斯坦福大學斯拉夫語文學系榮譽教授愛德華·J·布朗的《革命以來的俄羅斯文學》（1963年）。瀏覽過書中的一些篇章，留下深刻的印象，感到這是一冊對俄羅斯文學進行過深入研究又時有新韻見解的學術著作。於是我就寫了一篇介紹文章，發表在於1991年的文學雜誌上。我特別對書中的「馬雅可夫斯基和左翼藝術陣線」一章，進行了認真的細讀，然後將它翻譯了出來，發表於1990年。

　　愛德華·布朗對馬雅可夫斯基詩作的分析對我影響很大，他認為馬雅可夫斯基的詩，最好的是他的愛情詩，而不是當時人們推崇的歌頌革命和革命領袖列寧的詩作。這非常符合我的審美情趣，我暗想：像「向左！向左！向左！」或者：「當我們說列寧，我們說的就是革命；當我們說到革命，我們說的就是列寧」，這類口號式的字句，都算是詩嗎？

　　即使你被送到海外，／藏在夜的洞穴裡——／我也要透過倫敦的霧／用燈籠般的火唇深吻你。

　　就是你在沙漠的酷熱裡列開商隊，／那裡縱然有雄獅守衛，——／我也要將撒哈拉般火熱的臉頰／靠向風塵撲撲的你，／緊緊依偎。

　　如果你把微笑鑲在唇邊，／注視著——／鬥牛士的俊俏臉龐！／我就會突然／用臨死的牛的眼睛／將妒嫉投上包廂。

後記

　　如果你想將蹣跚的步履挪在橋上——／投下去多好啊。／你想。／這是我／在橋下像塞納河一樣漫流，／呲露著殘缺的牙齒，／向你發出招呼的歌唱。

　　如果你同別人在烈馬賓士的燈火中／點燃斯特列爾卡或者索柯里尼基，／這是我，月亮一樣爬到那老高的地方，／光溜溜一絲不掛，期待著，陰悒孤寂。

　　身強力壯，／他們用得著我——／吩咐說：／到戰爭裡去把自己殺死！／那麼最好一個／凝結在被炮彈打飛的嘴唇上的，／將是你的名字。

　　……

　　如果我命該為王，——／我就發布命令：／在金光燦爛的我的錢幣上／鑄造上／你的俏容！／或者／在那世界因蘚苔而變色，／在那河流同北風打交道的荒野中，——／就在鎖鏈上刻上莉麗婭的名字，／而後在苦役的黑暗中把鎖鏈吻個不停。

　　這才是詩，才是感人的愛情詩！

　　1990年或1991年，我去友人劉再復家，在他的書櫥裡見到正好有一冊瑞典學者本特·揚格非爾特的俄文版《馬雅可夫斯基與莉麗婭·勃里克》，扉頁上有作者的親筆題簽：Liu Zai Fu with warm greeting, from Bengt Jangfekdt（Stockholm 9.12.88）（劉再復，本特·揚格菲爾特的熱情問候，1988年9月12日，斯特哥爾摩）。我猜測，1988年9月12日大概是再復跟我說起過的，是他受邀去觀賞這年諾貝爾獎頒獎禮的日子。臨走時，我要求將此書借我一用。

　　1992年底，我退休了，就開始細讀此書，並請一直幫助我很多忙的美國朋友金介甫為我複印了一冊《我愛：馬雅可夫斯基和莉麗婭·勃里克

的故事》(*Ann & Samuel Charters: I Love The Story of Vladimir Mayakovsky and LIli Brik*, Farrar Straus Giroux,1979.)，計劃據此兩書，就寫一冊「馬雅可夫斯基的愛情」。

「我愛」原是馬雅可夫斯基的用語大寫的 ЛЮБЛЮ，小寫的 люблю 是俄語動詞「любить」（愛）的第一人稱單數。ЛЮБЛЮ 正好是莉麗婭・尤里耶芙娜・勃里克三個首字母的連寫。於是，當馬雅可夫斯基將這 ЛЮБЛЮЛЮБЛЮ 循環刻到他送給莉麗婭的環狀金戒上時，便意味著他在表達他對她的不間斷的愛、反復的愛和持續的愛。

但在撰寫的過程中，遇到一個障礙。

1925 年 5 月，在與麗莉・勃里克的親密關係走到盡頭的時候，馬雅可夫斯基在老朋友大衛・布林柳克的幫助下，以藝術家的身份去美國舉辦招貼畫展為由，開始一次歷時六個月的墨西哥和美國之旅。期間他認識了一位美國女子埃莉・鐘斯，兩人沉入一場刻骨銘心的愛情。但是不論是揚格非爾特俄文版的《馬雅可夫斯基與莉麗婭・勃里克》，或是上述英文版的《我愛：馬雅可夫斯基和莉麗婭・勃里克的故事》，都沒有提這段愛情。可能是因為長期以來蘇聯和美國之間的緊張關係，傳記作家對此一直都不知詳情或者避而不言。直到 1991 年，一位名叫派特里西婭・J・湯普遜的美國學者專程來到解體之後的蘇聯——俄羅斯訪問，不但參加了 7 月 19 日馬雅可夫斯基生日這天傳統的詩歌晚會，發表了演講，接受了記者的採訪，還特地前去馬雅可夫斯基在新處女公墓的墓地，跪在馬雅可夫斯基的墓前，埋下她母親的骨灰，讓她和父親永遠在一起。至此，人們才知道，馬雅可夫斯基和他的美國情人在當年政治高壓之下默默相守的跨國之愛，不能留下一首獻詩，卻留下他們的愛的結晶——一個女兒。

後記

  於是,我再次設法,從國家圖書館借到一冊揚格非爾特著的《馬雅可夫斯基傳》(*Bengt Jangfekdt:Mayaakovsky: a Biography*,translated, 2014)的厚達五百多頁英譯本,最後寫完我的這冊小書《迷航的「小舟」:馬雅可夫斯基的愛情悲劇》。

余鳳高

馬雅可夫斯基的愛情悲劇：

愛情、革命與詩——反叛精神的俄羅斯文學巨匠，既是革命的喉舌，也是追尋愛情卻充滿矛盾的靈魂

作　　　者：	余鳳高，馮高
發　行　人：	黃振庭
出　版　者：	崧燁文化事業有限公司
發　行　者：	崧燁文化事業有限公司
E - m a i l：	sonbookservice@gmail.com
粉　絲　頁：	https://www.facebook.com/sonbookss/
網　　　址：	https://sonbook.net/
地　　　址：	台北市中正區重慶南路一段61號8樓 8F., No.61, Sec. 1, Chongqing S. Rd., Zhongzheng Dist., Taipei City 100, Taiwan
電　　　話：	(02)2370-3310
傳　　　真：	(02)2388-1990
印　　　刷：	京峯數位服務有限公司
律師顧問：	廣華律師事務所 張珮琦律師

-版權聲明-

本書版權為作者所有授權崧燁文化事業有限公司獨家發行電子書及繁體書繁體字版。若有其他相關權利及授權需求請與本公司連繫。

未經書面許可，不得複製、發行。

定　　　價：399 元
發行日期：2024 年 12 月第一版
◎本書以 POD 印製
Design Assets from Freepik.com

國家圖書館出版品預行編目資料

馬雅可夫斯基的愛情悲劇：愛情、革命與詩——反叛精神的俄羅斯文學巨匠，既是革命的喉舌，也是追尋愛情卻充滿矛盾的靈魂 / 余鳳高，馮高 著 . -- 第一版 . -- 臺北市：崧燁文化事業有限公司，2024.12
面；　公分
POD 版
ISBN 978-626-416-201-2(平裝)
1.CST: 馬雅可夫斯基 (Mayakovsky, Vladimir, 1893-1930) 2.CST: 傳記 3.CST: 俄國
784.88　　　　　113019356

電子書購買

爽讀 APP　　臉書